Poetic
Justice

北京上河卓远文化传播有限公司　出品

评论集 艺术

感知—政治—时间

目光的诗学

鲁明军

河南大学出版社
HENAN UNIVERSITY PRESS

图书在版编目（CIP）数据

目光的诗学 / 鲁明军著 . —郑州：河南大学出版社，2016.3
ISBN 978-7-5649-2357-0

Ⅰ.①目… Ⅱ.①鲁… Ⅲ.①诗学—研究 Ⅳ.①I052

中国版本图书馆 CIP 数据核字（2016）第 057848 号

目光的诗学

著　　者　鲁明军
责任编辑　蒋海涛　张　珊
责任校对　杨全强
封面设计　郑元柏

出　　版　河南大学出版社
地址：郑州市郑东新区商务外环中华大厦2401号　　邮编：450046
电话：0371—86059701（营销部）　　网址：www.HUpress.com
制　　作　北京大观世纪文化传媒有限公司
印　　刷　河南瑞之光印刷股份有限公司
版　　次　2019年10月第1版　　印　次　2019年10月第1次印刷
开　　本　787mm×1092mm　1/32　印　张　12.75
字　　数　224千字　　　　　　　　定　价　78.00元

版权所有，侵权必究

（本书如有印装质量问题，请与河南大学出版社营销部联系调换）

目 录

代序 目光的诗学及其历史 1

I 物与感知

引论 无边的当代与现代主义的重申 31

1 透视的推演与空间部署 51

2 浸入、晦暗物与被放逐的矩阵 64

3 移动的入侵：媒介与感知 85

4 感官的秩序与物的逻辑 96

5 脱体：感知的解放与"我"的重塑 111

II 正义剧场

引论 复象：作为一种剧场政治 125

1 IKEA、淘宝与摄像头：
  日常暴力与末世寓言 148

2 全景：视觉—剧场与监控的政治 164

3 恶克思话正义 185

4 边界、走私者与不可见的暴力 205

5　战争、贸易与进化共同体　214

III　世纪幻影
引论　"大众"视角与革命的"当代"　243
　1　离散的拼贴：记忆的纹理与伦理　266

　2　海滩：拓扑的影像与景观　285

　3　"精神高于一切"：仪式—游戏与策略　303

　4　玩偶、次现实与"地上"的狂想　324

　5　技术物的世界：幻影、周期与友情　342

代跋　重读《另类准则》：
　　　艺术作为职业，及其他　363

参考文献　389

代序
目光的诗学及其历史 *

技术或技术史在今天已经不是艺术史研究的新视角了,我们可以将其归为新艺术史或新文化史的范畴,但显然,它既不同于一般的视觉文化或文化研究,也有别于经典的风格史和图像学。

根据笔者的了解,目前比较典型的技术史取径和方法主要有这样三种:一是以马丁·肯普(Martin Kemp)和大卫·霍克尼(David Hockney)为代表,他们从画家的经验出发,侧重于其如何借助视觉技术进行创作这一历史面向;[①] 二是以乔纳森·克拉里(Jonathan Crary)为代表,在《观察者的技术:论19世纪的视觉与现代性》和《知觉的悬置:注意力、景观与现代文化》这两部经典著述中,他

---

* 本文原载于《美术观察》2015年第5期。
① 参见拙文:《制像术、绘画与艺术史》,《中国当代艺术研究》(第1辑:感官媒介与认知方式的转变),北京:中国青年出版社,2014。

深入讨论了19世纪技术、绘画与知识三者可能共享的一种时代认知机制;①三是本文即将讨论的法国媒介学家雷吉斯·德布雷（Régis Debray）的《图像的生与死：西方观图史》(*Vie et mort de l'image: Une histoire du regard en Occident*, Gallimard, 1992, 以下简称《图像的生与死》)一书。在这部著述中，他将图像视为一种媒介，区分了偶像、艺术与视像三种不同的图像发生机制和观看方式。和前面两种视角特别是与克拉里的不同在于，德布雷做的不是断代史或个案研究，而是纵贯古今（从旧石器时代到20世纪）的大历史叙述，他也并非将艺术、技术与知识放在一个平行、互动的结构中展开叙述，而是从宗教和技术两个角度的关联中，揭示图像的生成及其观看秩序的历史演变。

1940年9月2日，雷吉斯·德布雷出生于巴黎，早年曾赴古巴、玻利维亚，同情切·格瓦拉的革命实践。与其说他是一位媒介学家，不如说是一位思想家，因为其尽管致力于"媒介学"，但涉足的领域则包括文学、历史、艺术、哲学、政治学等。2010年曾应邀来华讲学，做了"知识分子与权力"的专题演讲。《图像的生与死》一书是1993年德布雷在巴黎一大的博士论文，可以说是一部

---

① 参见拙著《视觉认知与艺术史：福柯 达弥施 克拉里》（桂林：广西师范大学出版社，2014）中有关克拉里的讨论部分。

通过分析图像及其传播手段而建构的西方思想史。也是在这本书中,他第一次系统诠释了他所创设的"媒介学"(Médiologie)这一学科术语。① 实际上,"媒介学"最早是出现在他1979年的著作《法国的知识权力》中。按照作者后来的阐释,"媒介学"不是媒介社会学,也不是符号学,与传播学的路数也不同,因为它不聚焦于孤立的个体,而是采用一种跨学科的方法,论述的范围或论据来源包括历史(技术史、书籍史、美学理论和历史)和信息传播理论。② 因此,《图像的生与死》的影响自然不仅限于媒介学以及传播学,对于艺术史、思想史、文化史等也不乏启示和反思。就艺术史而言,其意义主要体现在两个方面,一是在图像的生产及其功能机制上,它开启了一种新的对于艺术的认知和理解,二是在此基础上,它重建了一个新的艺术史叙事框架及方式。

一 图像、语词与宗教

宗教史构成了《图像的生与死》这部著作的重要维度

---

① 雷吉斯·德布雷:《图像的生与死:西方观图史》译序,黄迅余、黄建华译,上海:华东师范大学出版社,2014,第1—2页。
② 雷吉斯·德布雷:《普通媒介学教程》导读,陈卫星、王杨译,北京:清华大学出版社,2014,第5页。

之一,这当然取决于图像的源起本身。德布雷研究发现,"图像"最早的出现与"死亡""巫术"和"幽灵"有着直接的关系,甚至可以说,在当时,"求助于图像,就是求助于魔法"①。因此,无论从影子的角度,还是从镜像的角度②,德布雷都不认为图像是一个实体,它"始于雕塑,而后描绘而成,就其渊源和功能而言,是一种媒介",是"一种杠杆"(图 X-1、图 X-2)。因此,"图像并非终极目的,而是一种占卜、防卫、迷惑、治疗和启蒙的手段"③。

从古希腊、罗马到中世纪,图像的历史一直伴随着与语词的斗争。在古希腊时期,图像成了现代性的一个隐喻,而遭到柏拉图及亚里士多德等哲学家的贬抑。其中涉及一个核心的问题,就是图像作为媒介,本身就具有一种传播的功能。因此,他们警惕的与其说是图像的内容,不如说是图像的媒介性及其传播性。就像在柏拉图的政治哲学里,这种带有民主色彩的传播本身就是对于政治秩序的一种危害。

特别是在中世纪,关于图像的斗争持续了将近一个多世纪,直到公元 843 年,才以"正统的胜利"而告终。

---

① 雷吉斯·德布雷:《图像的生与死:西方观图史》,第 17 页。
② 参见斯托伊奇塔(Victor I. Stoichita):《影子简史》,常宁生等译,北京:商务印书馆,2013,第 6—35 页。
③ 雷吉斯·德布雷:《图像的生与死:西方观图史》,第 16—17 页。

图 X-1 安东尼奥·滕佩斯塔,《井边的那喀索斯》,1606 年版奥维德《变形记》插图版画

其中,作为图像的敌人的"反崇拜图像者"或"破坏圣像者"大多存在于世俗的神职人员、王室和军队里,与之相对,支持图像的"图像爱好者"或"图像崇拜者"在正规教职人员、修士和主教里人数尤多。前者认为,神是不可描述的,所以神的所有图像都只能是"假借的"而非"等同的",是欺骗性的而非相似的。天主教打破了这一点,其非但不回避图像,反而试图尽可能地加以

图 X-2　巴托洛梅·埃斯特万·穆里洛,《绘画的起源》,布面油画,约 1660—1665 年

利用,以便对慕道者进行教育。对它而言,"耶稣之于上帝,就等于图像之于其原型"[1]。于是,图像便成了一个信仰的媒介,被作为传教布道的有效手段之一。这表明图像在此并不自足,只是作为信仰或宗教的象征而受制于宗教秩序。

相对于语词或文本,图像更具唯物的色彩。德布雷之所以称其为"宗教唯物主义",就是因为它本质上是一种人作用于人的活动。[2] 他认为,图像与文字的分歧就在

---

[1] 雷吉斯·德布雷:《图像的生与死:西方观图史》,第 62—65 页。
[2] 同上,第 89 页。

于二者的根本性质和指示方向不同。大多时候，文字让我们朝前看，图像则让我们朝后看。书写具有批评性，而图像却是鉴赏性的；前者起唤醒作用，后者则可以让我们躺下。比如在日常经验中，如果注意力不集中，书就看不下去，但是看电视节目、听广播或唱片，却还可以继续。因此，图像和声音、音乐一样，也是直接作用于我们的身体的。[1] 在德布雷看来，如果将语词和图像分别作为两种不同的思维方式，那么，图像影响下的人与根据文字思考的人实际并不处于同一时代。而这种错位则贯穿着整个艺术史和思想史。诚如他所说的，为什么但丁是"中世纪的诗人"，而同时代与他相差一年的乔托却是"文艺复兴画家"呢？……为什么特纳在热力学之前就预见了火的隐喻呢？为什么立体主义是法西斯主义出现前的法西斯主义？……为什么艺术史在揭示每个时代敏感之处的方面，总是比思想史，甚至比具体的事件超前一步呢？……[2]

进入 19 世纪，随着摄影和复制技术的广泛推行以及资本主义的发展，图像彻底被媒介化了。此时，艺术的"光环"也伴随着作品独特性的消失而逝去，而图像，在离众人太近的时候，也自然失去了其自身的权威。它可能

---

[1] 雷吉斯·德布雷：《图像的生与死：西方观图史》，第 93 页。
[2] 同上，第 97 页。

不再是绝对意义上的宗教媒介,更多是受制于资本的一种美学媒介,最典型的是以电视为代表的视像。格罗伊斯(Boris Groys)有着同样的体会和感慨,只是到了他这里,视像已经明显式微,替代它的是互联网,就像他所说的:"今天,数字化图像就像拜占庭像一样,成了一种新的宗教。"① 不过,即便是非物质化的互联网实践,也无法摆脱资本系统,相反它恰恰是彻底物质性的。②

二 技术、艺术与媒介

德布雷指出,希腊语中原本没有"创造者"这个词,也没有才华、天才、杰作、品味或风格等词。柏拉图的《法律篇》中提到的"艺术品"一词,准确应该是"技术成果"。③ 因此,古希腊、古罗马时期的"艺术家"并不自足,只是作为一种技术工匠存在。如果说其创作成果是一种媒介的话,那么,技术便成了媒介的支配者。而这也说明了为什么古罗马艺术作品大多都没有署名,就是因为下订单的客户比制作者有名。在这里,艺术家其实只是执

---

① 格罗伊斯:《数字化复制时代的宗教》。见格罗伊斯著:《走向公众》,苏伟等译,北京:金城出版社,2012,第196—197页。
② 格罗伊斯:《杜尚之后的马克思:艺术家的两种身体》。见格罗伊斯著:《走向公众》,第163—164页。
③ 雷吉斯·德布雷:《图像的生与死:西方观图史》,第152页。

行操作的工匠。①

前文也已提到,中世纪绘画只是作为圣像或一种信仰的媒介,而技术则服务于这一媒介机制。诚如拜占庭的基督教曾公开宣称的:"发明图像的不是画家,而是天主教会,是教会把图像建立和传播开来的;属于画家的只有技艺;谋篇布局显然都归功于历届教宗。"②值得一提的是,其实早在13世纪,欧洲就已经发明了暗箱。但当时的画家们并不借助类似的技术,大多时候暗箱只是作为一种秘密而不得示人。甚至在曾经发明了显微镜和望远镜的罗杰·培根眼中,暗箱成了黑暗之地,代表的是一种邪恶的幻觉。培根认为,暗箱中影像的颠倒本身就带有一种渎神的意味,所以它只能向有知识的人开放,而普通人一旦接触或许会滥用这些技术或知识,从而违背基督教义和教规。③实际上,这从另一个侧面也暗示我们,尽管图像此时作为一种媒介得到普遍的应用,可一旦涉及视觉技术的时候,其反而成了一个需警惕的对象。因此,我们可以说,这个时期的画家依然是技术工匠,而且对于技术本身没有很高的要求,所重视的只是图像本身作为信仰的媒介

---

① 雷吉斯·德布雷:《图像的生与死:西方观图史》,第162页。
② 同上。
③ 霍克尼:《隐秘的知识:重新发现西方绘画大师的失传技艺》,万木春等译,杭州:浙江人民美术出版社,2012,第234页。

是否具有传播功能及传播的有效性。

在德布雷笔下,直到文艺复兴,图像才从技艺中被解放出来成为艺术。贡布里希说:"世上没有艺术,只有艺术家。"贡氏这里指的实际是乔托,后者因为是第一个在画上署名的画家,所以被视为艺术家之艺术史的开端。① 然而在德布雷看来,"造就艺术的不是艺术家,而是因为有艺术概念,才将手工艺人变成了艺术家。所以,15世纪的佛罗伦萨,当画家们争得行会的独立(1378年)直到瓦萨利(Vasari)展现的米开朗基罗葬礼达到巅峰之时,艺术的概念才得以庄严地展现"②。另外,书中还举了一个例子也可以说明这一点。他说,如果下订单的人要的不是一幅耶稣十字受难图或耶稣诞生图,而是要一幅贝利尼或拉斐尔的画作,这表示圣像时代已经过渡为艺术的时代。③ 当然,德布雷同时也不忘提醒我们,尽管我们此时所依循的是图像的发生这一角度,但艺术的目的在这里还是不能完全等同于图像的目的。④ 因为作为艺术的图像,除了象征功能以外,还有美学和风格的要求。

问题在于,既有的艺术史叙事和考古学研究,大多并

---

① 贡布里希:《艺术的故事》,范景中译,林夕校,北京:生活·读书·新知三联书店,1999,第205页。
② 雷吉斯·德布雷:《图像的生与死:西方观图史》,第129页。
③ 同上,第208页。
④ 同上,第131页。

没有将文艺复兴或米开朗基罗以前的图像视为图像,而是依旧作为艺术来审视和处理。德布雷发现,1764年,温克尔曼《古代艺术史》出版后,很长一段时间人们都认为希腊人是艺术的真正发明者。后来,随着西班牙阿尔塔米拉洞窟和法国拉斯科洞窟岩画的发现,我们才将艺术史从希腊追溯到旧石器时代。古希腊也有艺术或技艺,但是图像并不受青睐,只有音乐家被列入"技艺之人"。所以,后来米开朗基罗才会费心将自己的艺术音乐化。不过,图像之所以同时存在,主要还是因为宗教,其目的是为了拉近人与超自然之间的距离。更何况,古希腊实际上也有美学,只是没有纯美学的分类,而是一种伦理学或形而上学,是诉诸"善"与"真"的一种方式。所以,古希腊美学不是一种艺术,而是一种哲学,美并不因为自身而具备意义。[1]而这一点延续到了中世纪,比如在圣托马斯·阿奎那这里,也是将美置于形而上学的范畴,艺术的概念依然被排除在外。[2]

由此可见,艺术诞生前的艺术,只是世界秩序中的外包加工业,其要么是原始秩序的表现,要么直接归属于神学,在古代则隶属于某种宇宙观[3],唯独与艺术家的品味、

---

[1] 雷吉斯·德布雷:《图像的生与死:西方观图史》,第153—155页。
[2] 同上,第163页。
[3] 同上,第164页。

经验和美学没有关系。这一转化尤其体现在"风景"实践和观念的历史演变中。

1549年,"风景"一词最早出现在人文主义者罗贝尔·艾斯蒂安(Robert Estienne)的笔下,所指的就是某一类画作,而非真实的乡间风景。作为一种文化现象,对于大自然的眼光首先是视觉的,而后才是文学的。这始于文艺复兴,在此之前并无这样的自觉。旧石器时代的图画中不见风景,埃及的装饰画也是如此,希腊的陶器和古罗马的画中偶有风景出现,但还是从属于画面题材背后的神话底本,只是对文本的一种阐释。吊诡的是,中世纪的经济贴近乡土,但画中却不曾出现风景。各种手稿、插图也总是只以象征或隐喻的方式表现自然风景(图X-3、图X-4)。

就"风景"是一种自然的表征而言,自古希腊以来的自然观念史印证了德布雷的这一叙述。就像赫拉克利特说的,"自然爱隐藏",在文艺复兴以前,自然(即伊西斯或阿尔忒弥斯)一直作为秘密不得公开,因为它同时也指一种神的秘密。所以,皮埃尔·阿多(Piere Hadot)说,我们单从揭开"伊西斯的面纱"这一隐喻便可以追溯人类对于自然态度的历史演变。其间,尽管也有像普罗米修斯这样的智者试图以科学改造自然,但无论柏拉图、色诺芬,还是西塞罗、奥古斯丁,无不反对强迫自然,反对揭

图X-3 乔托,《哀悼基督》,湿壁画,约1305年

开"伊西斯的面纱"。[①] 所以,当"风景"真正兴起于文艺复兴时期,也就意味着画家的目光从此背离了上天,放弃了隐喻,开始转向大地,转向自然。但事实是,此时风景并没有获得独立和自足的位置。德布雷认为,"风景"(paysage)一词本身含有"农民"(paysan)的词根,所以也代表了一种卑贱和丑陋。因此,在人文主义者眼中,亲近自然意味着对古典文化的一种侮辱,反之,似乎只有像

---

① 参见皮埃尔·阿多:《伊西斯的面纱:自然的观念史随笔》,张卜天译,上海:华东师范大学出版社,2014。

图 X-4　乔尔乔内,《暴风雨》(局部), 布面油画, 约 1508 年

佛莱芒人那样粗笨、老土、目光短浅的人才会将风景视为一种独立的存在。事实表明,风景就是在佛莱芒和荷兰得到了充分发展。在荷兰的风景画中,描绘性明显多于叙述性①,相比意大利的风景画,前者也更少受制于神话、文学或教权的文化。某种意义上,我们也可以说,加尔文在此禁止宗教绘画后,为画家留下的只是世俗空间的题材。

---

① 美国新艺术史家阿尔珀斯(Svetlana Alpers)也有类似的观点,认为文艺复兴绘画侧重叙事性,而 17 世纪以来的荷兰绘画更依赖于一种描绘性。参见 Svetlana Alpers, *The Art of Describing: Dutch Art in the Seventeenth Century*, Chicago : University of Chicago Press, 1984.

图 X-5 雷斯达尔,《林木环绕的池塘》,布面油画,约 1665—1670 年

可见,风景的历史经历了从文本到土地、从无形到固态以及从神灵之光到贴近地面的光照的过程(图 X-5)。①

与此同时,作为艺术的风景也在暗示我们,所有的艺术和精神追求一样,实际都是具有地域性的。而画家对于风景的热衷,恰恰来自于艺术所具有的劳作性。在德布雷看来,劳作中对于土地的贴近本身就带有风景实践的色彩,而亚麻油混合的油画颜料的丰润感和迟缓性带给人的感觉正如需要耐性的农场劳动一样。所以,20世纪中叶丙烯颜料的发明和后来的广泛使用,意味着它

---

① 雷吉斯·德布雷:《图像的生与死:西方观图史》,第 167—173 页。

缩短了绘画或劳作的时间,进一步也可以说,此时的绘画已经无法适应慢条斯理的乡土生活,而更符合都市行色匆匆的节奏。①

在这样一种分析和论述中,我们发现,德布雷已经悄然地将媒介从圣像机制转换到了他所谓的艺术机制。如果说在偶像或圣像机制中,媒介是在"教义/意义—图像/题材—图像观者"这样一个系统中运作的话,那么,在艺术机制中,它可能源自"风格/生活—图像/题材—图像观者"这样一种美学的媒介话语。

三 视像、网络与目光的颠倒

德布雷并不认同传统的历史断代方式,并未将图像的时间也划分为古代、近代、现代以及当代。在他看来,眼睛的历史并非"紧贴"国家机制、经济或军事的历史,至少在西方,它有着独特的、更根本的时间性。譬如,从他所谓的媒介学出发,显然得出一个不同的时间性,也就是前文已经提及的三个图像阶段,可以说支配这个区分的就是传递技术的演变,即:字符领域对应广义的偶像或圣像时代,它从文字发明一直延续到印刷术的发明;图形领域

---

① 雷吉斯·德布雷:《图像的生与死:西方观图史》,第177—178页。

对应的是艺术时代,包括从印刷术到彩色电视的时期;视像领域则对应视像即电视的时代。①

在此,德布雷不仅对三个不同的媒介阶段做了细致的分析和比较②,并且不惜笔墨地重点探讨了他所谓的第三阶段:视像领域。德布雷说,偶像是悲剧性的,可加以神化;作品是英雄式的,富于教益;探求是受媒体关注的,带有趣味。第一个力图反映永恒,第二个试图达到不朽,第三个则追求制造事件。每一阶段都有各自不同的行业组织方式,"古代图像制作者"组成行会;艺术家们组成学院;广告业者组成网络。因此,不同的行业自然有着不同的标志。对偶像作者而言是光环和光辉,因为他们受神学和圣宠的双重管控;对文艺复兴的大师来说,是镜子和指南针,因为他依赖光学和几何,依赖暗箱和透视法;对于视像行家而言,则是胶水和剪刀(或电脑上的剪贴功能)。于是,人工图像形成了三种不同的形式:临场、再现和模拟。③

而我认为,这里的关键还在于,为什么德布雷将电视或视像作为一个新的历史阶段的开端呢?

如果依照既有的艺术经验,或许我们都会认为摄影或

---

① 雷吉斯·德布雷:《图像的生与死:西方观图史》,第183—184页。
② 同上,第187—188页。
③ 同上,第188—189页。

电影，抑或是杜尚，才是这一艺术机制的终结者。但德布雷不以为然，他眼中的摄影、电影还是属于具有自然属性的艺术。至于杜尚的现成品，尽管艺术生产本身由此被媒介化了，美学也逐渐被博物馆/美术馆或艺术系统所替代，但问题是，艺术媒介学还是局限在艺术系统内部，并不具有开放性。与此同时，格林伯格在为抽象表现主义辩护的时候，也强调媒介性，但在这里媒介性被赋予了两个很重要的"前提"：平面性和纯粹性，这实际同样将艺术逼至一个狭仄的境地。因此，德布雷坚持认为，真正具有颠覆性的是视像，正是视像将图像从艺术的媒介结构中解放出来，从而转向了一个新的话语机制。这也是以沃霍尔为代表的美国波普艺术的历史意义所在。

然而，这并不意味着摄影、电影，以及现成品、达达主义等对于绘画缺少了有效的针对性，恰恰相反，德布雷不否认他们对于绘画或艺术的冲击。只是，他也并不觉得这些有多新鲜，因为他发现几乎每个世纪都会反复出现"艺术之死"，稍感不同的是，这次反艺术不像先前那样因忧郁而致，而是井井有条、有根有据地将放弃艺术本身作为艺术。遗憾的是，无论艺术还是反艺术，事实上都已经无法适应日常视觉要素的改变。因此，摄影、电影以及现成品都可以归为艺术领域，直到以电视为代表的视像时代的来临，艺术时代才被彻底颠覆。

20世纪70年代,雷蒙德·威廉斯(Raymond Williams)在《电视:科技与文化形式》一书中就曾指出,电视的发明不是一个简单的事件,也不是一些事件的简单积累。它依赖电力、电报、摄影、电影和广播等多种发明形成的技术网络。① 从媒介的角度也可以看出,实际上摄影、电影等还是未能脱离文艺复兴以来所形成的那套艺术机制,但是电视不同,图像不再是具体存在的,不是物质而是一种符号,其传播实际上是一种符号的传播。这不仅改变了信息体制,而且改变了人们的时空感知方式。② 除此之外,金钱、资本和消费已然成为其媒介结构的核心要素。电视的观者是大众,为了迎合大众,这一媒介首先需要资本的支持。从此,金钱闯入了图像,图像也同时进入了说服集体的领地,从而促使公民生活的空间被纳入到经济范畴内,使得法律上的平等日渐落到事实的不平等中。③ 按照德布雷的说法,电视就是意识形态机器,是民主的机器,不像电影是一种预示型的实践,它是一种印证型的尝试。所以,如果说电影还有一种引导意义的话,那么电视则纯是为了提高收视率,在迎合观众需要的同时也在支配着观

---

① 转引自劳伦斯·格罗斯伯格等:《媒介建构:流行文化中的大众媒介》,祈林译,南京:南京大学出版社,2014,第44页。
② 雷吉斯·德布雷:《图像的生与死:西方观图史》,第247页。
③ 同上,第301页。

众，在倡导民主时所释放的信息恰恰包含极端的不平等。而且不要忘了，视像自始至终都是由新富们所把控的，接受者几乎全是穷人。①

德布雷这本著作初版于1992年，虽然当时已经有了电脑，但是并没有数字网络或互联网。似乎，他也没有预见到网络在未来可能带来的种种变化。所以，他眼中的巨变还是发生在视像的模拟阶段，然而今天来看，互联网与数码无疑比视像更具颠覆性。

自20世纪90年代末以来，随着数字时代的来临和网络媒介的兴起，既有的知识机制及其话语结构又面临着一次新的危机和挑战。②因为它不仅是一种知识方式，而且几乎渗透了所有人的日常生活经验，可以说它吞噬了我们以往熟悉的所有时间和空间，取而代之的是一种由光线—速度所决定的时间和空间，保罗·维利里奥（Paul Virilio）称其为"速度层"，即两种介质之间的"界面"。在他看来，"界面所呈现的场景深度都是时间深度所构成的效果"，而所谓"实况时间的现在，就是一种加速之后展露于屏幕界面上的现在"。因此，网络认知机制的建立最终还是归于"速度的解放"。在这里，"速度不只是让我们更

---

① 雷吉斯·德布雷：《图像的生与死：西方观图史》，第299—301页。
② 约翰·哈特利（John Hartley）：《全民书写运动》，郑百雅译，简妙如审定，台北：漫游者事业文化股份有限公司，2012，第45—46页。

舒适快捷地移动,更重要的是,它改变了我们观看与构思世界的方式"①。

如果说视像只是"统治"了部分人群的话,那么网络则几乎是全民狂欢或全民服从。因此,相比电视,网络无疑更具革命性。某种意义上,可以说互联网将我们带入一个新的媒介时代。2011年,在与赵汀阳的通信中,德布雷也已意识到,真正的革命不是政治革命,而是技术革命。②不过,有一点是肯定的,无论电视还是网络,它们支配的不再仅仅是人的目光和意识,而是整个日常生活和认知经验的系统。

结语

显然,德布雷《图像的生与死》不像是一部我们所习见的艺术史著述,更接近一部图像媒介史。也可以说,是一部目光的历史,它包含了信仰的眼光、美学的眼光和经济的眼光三个历史阶段,三种眼光先后催生了偶像、艺术和视像。在德布雷看来,这不仅仅涉及我们的所见,而且

---

① 保罗·维利里奥:《消失的美学》导读,杨凯麟译,台北:扬智文化,2001,第4—6页。
② 雷吉斯·德布雷、赵汀阳:《两面之词:关于革命问题的通信》,张万申译,北京:中信出版社,2014,第23—24页。

还涉及整个世界的组织安排。①因此，它既非"高贵"的文化史或精神史，也非"次要"的技术史，而更接近非物质与物质之间的一个分界线。②

麦克卢汉说："媒介即信息。"而德布雷认为，信使决定信息。也就是说，媒介总是要与某种载体一起才能生效。如果媒介的作用在于产生一种精神作用的传递，那么，"'精神'以什么条件起作用？条件就是为精神配备一个传递装置"。③也就是说，媒介本身是一个能动的装置系统。它不同于或者说是大于媒体（具体指报刊、广播、电视、电影等），它也不是一种简单的信息传播和流通手段，确切地说，它是一种文化技术和文化体制的集合运作。④

那么，之所以将其作为艺术史来讨论，不仅是因为视觉文化对于艺术史的介入已经迫使传统的风格史和图像学淡出了历史的舞台，也是由于这样一种视角和讨论方式某种意义上的确拓展了我们对于艺术以及艺术史本身的认识和理解。尽管他关注的也是图像，但和经典的"图像学"与"图像理论"的不同在于，德布雷考察的是图像的发生机制及其观看方式，而潘诺夫斯基侧重于图像的传播及对

---

① 雷吉斯·德布雷：《图像的生与死：西方观图史》，第26页。
② 雷吉斯·德布雷：《普通媒介学教程》，第71—72页。
③ 同上（导读），第13页。
④ 同上，第4页。

其意义变化的揭示，W. J. T. 米歇尔的"图像理论"则将图像作为语言学予以论述。就此而言，德布雷和克拉里（也包括马丁·肯普、霍克尼）基本是一致的，他们都是在经典的风格史和图像学之外，为我们开启了一个新的艺术史维度。用德布雷自己的话说，如此这般"对视角习惯和社会性追本溯源"，显然"有助于我们重新考察艺术史"。①

事实上，德布雷自己无意将其视为艺术史。他曾经提到，视觉的历史包括以下相对独立的几个方面：艺术史研究制作技术、风格和流派的效应；圣像学和符号学研究作品的象征方面；思想观念史则探讨图像在社会中的影响和地位。这种分割从科学上来说是必要的，但却掩盖了其间的连接环节。而他关心的恰恰是各个环节之间的衔接，即"技术—政治—神秘"这一运作机制所构成的"媒介学"。②另外，这里还涉及一个问题，即对于"艺术"这一概念的理解和定义。如果按照他所谓的图像逻辑，直至文艺复兴"艺术"时代才来临，而此前，他认为是一个"偶像"或"圣像"的时代。到了20世纪中叶，随着电视的发明和广泛使用，"艺术"则逐渐被"视像"所替代，一个新的时代开始了。可见，他所谓的"艺术"只存在于自

---

① 雷吉斯·德布雷：《图像的生与死：西方观图史》，第26页。
② 同上，第88—89页。

文艺复兴至20世纪中叶这个期间，尽管书中明确指出各个时代的界限并非如此分明，不同的图像和观看方式常常混合在一起，可之所以做出这样的区分，是因为在某一历史阶段，图像主要的发生机制就是源自他相应的定义。即便我们可以将其当作艺术史来审视，那么，这里的艺术自然不同于德布雷所谓的文艺复兴时期图像媒介意义上的艺术，而是一般意义上的艺术，它囊括了偶像、艺术和视像等各种图像媒介类型。所以，区别于传统的艺术史写作，它既非一部个案研究，也不是为了凸显某一特殊经验，而是意在强调各个时期的整体逻辑或主流机制的变化，这是一部旋进的图像史或艺术史叙事。

尽管图像媒介学及其功能结构主义忽视了个人经验及其异质性的微观探究，但不可否认的是，它的确为我们开启了一种检视特定时代的观看或目光的诗学。这里的"诗学"不是伦理学和政治哲学，也不是悬置了意义的修辞技术，而是一种带有考古学色彩的隐性考察机制，或是一种希腊人所谓的"创制"（poièsis）[①]。就像海德格尔所说，所谓"创制"，就是一种去蔽，或者说是如何使某物显露出来。而在皮埃尔·阿多看来，艺术能够被用以重新发现

---

① 创制（poièsis），指那些目的不在自身内的制作和生产，属于技艺。它与实践的区别在于后者具有目的和价值，属于实践理性。这个词也是诗（poetry）的词根。参见雷吉斯·德布雷：《普通媒介学教程》，第73页，注5。

人与存在和与他自己的真正关系。[1] 格罗伊斯的表述更为明确，他说："我们不应以消费者和美学的角度，而应以生产者或诗学的角度来审度艺术。"[2] 那么，所谓"目光的诗学"所关注的正是，作为目光，其到底是如何被建构为一种认知或存在的类型的。在我看来，它不仅仅是一种关于图像或艺术的认知，也同时回应了一种作为诗学的历史或艺术史的可能。

在《历史之名》一书中，朗西埃（Jacques Rancière）用诗学的视角和手段检验以布罗代尔、米什莱为代表的法国年鉴学派的政治修辞学及其社会科学基础。他认为，19世纪以来的历史实际上消失于历史学家的笔下，最终历史沦为社会学或政治科学。科学、叙事和政治这三重契约构成了整个历史的叙述。朗西埃关心的是，这其中有没有一个无场所和一个由无场所的声音所开启的新的历史维度。这有点像福柯笔下的《宫娥》，它为我们揭示了一个不可见的观看装置和叙事句法。同样，在朗西埃看来，无论年鉴学派，还是作为学科的历史，都是外在性的，都回避不了"言词的过度"，而米什莱、弗朗索瓦·傅勒（François Furet）等历史学家则为我们提供了一

---

[1] 皮埃尔·阿多：《伊西斯的面纱：自然的观念史随笔》，第164页。
[2] 格罗伊斯：《诗学与美学》。见格罗伊斯著：《走向公众》，第9页。

个内在的不可见的历史空间和空档的声音。这是一种不在场的在场,或者说历史在他们的笔下是以无场所的方式出现的。①

今天,作为一门人文学科的艺术史已经普遍成了历史学的一部分,艺术史研究与文化史研究也已没有了明确的界限。虽然在具体的论述中我们有时还是不得不依赖于形式分析和图像母题的考察,但独立的风格史和图像学毫无疑问已经无法解释类似电视或视像这样的图像话语或视觉方式。因此,图像媒介学在开启新的艺术史叙事机制的同时,实际上也重新定义或拓展了作为图像的艺术这一概念。问题就在于,当艺术史成为历史学的一部分的时候,当艺术史本身无法回到自足、独立状态的时候,对历史学本身的反省无疑也是对于艺术史的一次新的思考。古往今来,也并没有一个本质或实在意义上的历史或艺术史,和艺术一样,历史或艺术史也是一个专名。因此,如果回到艺术史自身的知识理路,我们发现,无论风格史、图像学,还是观念史、新艺术史,都有一个外在的可供解释的历史场所,而我们更加关心的是,这里有没有一个无场所的场所或空档的声音,能够打开一个新的历史空间呢?

---

① 参见朗西埃:《历史之名》,魏德骥、杨淳娴译,台北:麦田出版,2014。

* * *

在《图像的生与死》一书中,雷吉斯·德布雷沿着"图像—词语—宗教""技术—艺术—媒介"及"视像—信息—观众"这一视角勾勒了古希腊以来目光的诗学史。本书以此为引子,透过十五位当代艺术家的个案实践,围绕"物与感知""正义剧场"和"世纪幻影"三个独立而又密切相关的当代议题展开深入而开放的探讨。这些议题涉及艺术史认知、日常生活的意识形态及其权力逻辑、全球地缘政治的变动及其暴力,以及关于技术物的平等想象和对于未来的焦虑,等等。若循着德布雷的论述,或许我们可以从中抽离出"感知—政治—时间"这一修辞机制,并不妨视其为当代目光的一种诗学。

这是一本艺术评论集,原本并无写作专书的计划,后来应上河卓远文化的邀约,在选编这些散落的文章的时候,发现它们依然可以构成一个有机的整体,并碰撞出这些敏感而又紧迫的当代议题。当然,本书无意界定或定义某个既有的事实,而是希望通过拎出这些问题,激起更多相关的思考和讨论。

I
物与感知

引论
无边的当代与现代主义的重申

全球化改变了地缘政治的格局，也改变了艺术生产系统乃至艺术言语的方式。当网络成为新的信息平台和话语机制的时候，艺术个体之间的边界不再清晰，认知的串联、形式的趋同抽掉了所谓原创的可能，并集体陷入了折中主义的危局。与此同时，全球艺术市场和博览会的兴盛，表明当代艺术与资本的关系变得愈加密切，艺术与商品的边界也愈加模糊。而这样一种相互依赖的深入和蔓延，致使以双年展为核心的学术模式渐趋式微。就像保罗·维利里奥所说的，今天，"工具式的图像将一张一张地赶走我们最后的精神意象"，"衍生产品压倒艺术作品"，"艺术不再可视，而是让人失明"，这使得"人们不再期待天才的出现和别具匠心的惊喜，而仅仅是事故和终极的灾难"①。近年来，特别是2012年以来，对于艺术系统（特别是资本）的整体反思和检讨，进而如何开启新的艺术方式成了双年展及各种学术话题的焦点，最典型的无疑是"参与性实践""事件性介入"和"人类学模式"②。孰料，所有以反资本、反景观、反物质为名义的参与性、事件性、非物质和人类学实践（如政治参与、素人艺术等）也很快沦为一种新的景观和资本，或成为其中的一部分，结果是其非但没有对艺术的资本化构成予以丝毫批判和反省，反而无限地扩大"当代"的疆界，没有敌人的无边的"当代"模糊了艺术家的身份，也丧失了艺术的准绳，并成为一种新的流行模式和支配体制。

正是在这一新的体制形成的过程中，现代主义及其相关问题不断地被理论界提出来。其中尤为值得一提的是，2002年伯瑞奥德（Nicolas Bourriaud）在《后制品》

---

① 保罗·维利里奥：《无边的艺术》，张新木等译，南京：南京大学出版社，2014，第8—15、57—67页。参见保罗·维利里奥：《解放的速度》，陆元昶译，南京：江苏人民出版社，2004，第113页。
② 2012年，由奥奎（Okwui Enwezor）策划的巴黎东京宫三年展、卡洛琳（Carolyn Christov-Bakargiev）策划的卡塞尔文献展，以及吉奥尼（Massimiliano Gioni）在2013年策划的55届威尼斯双年展已经表明，基于人类学视角的当代艺术／展览实践在今天已然成为一种主流趋势。同时，与之相对的反形式、反物质化的社会介入和政治对抗模式，在今天已成为一个新的主流话语。这两种模式之间虽然充满冲突与张力，但他们所共同面对的则是今天被资本和知识围困的当代艺术的现状。参见鲁明军：《从方法到文化："没顶"的系统实践》，《艺术界》，2014年第1期。

（*Postproduction*）一书中对于现代主义的检讨，2010年前后格罗伊斯对于现代主义问题的反思，以及2013年末至2014年初德·迪弗（Thierry de Duve）关于相关问题的再思考，这三次关于现代主义的重申。尽管三次重申所针对的对象和问题不同，对于现代主义的理解也迥然有别，但是，通过对于它们的梳理，我们可以从一个侧面探得新世纪以来当代艺术系统的变化以及系统内部的因应之道。

一 折中的平庸与个体行动主义

2002年，伯瑞奥德继《关系美学》（*Esthétique relationnelle*, 1998）之后，出版了新著《后制品》。在这本小书的最后，他重申了现代主义及其当下意义。他认为，今天的全球文化，既是一本无限的既往史，也是一台巨大的搅拌器，很难再鉴别选择的原则。全球文化背景下的当代艺术也随之陷入了折中主义的媚俗这一困境。历史上，折中主义常常被视为一种没有标准的品味，一种没有脊椎的思想运动，一堆不协调的选择。它将一切平庸化，并鼓吹用愤世嫉俗的冷漠来颠覆历史。[①] 而这其实就是全球化语境下"后制

---
① 伯瑞奥德：《后制品》，熊雯曦译，北京：金城出版社，2014，第84—85页。

品"艺术模式的典型特征,同时也是当代艺术所遭遇的一个难局。

面对这一问题,伯瑞奥德认为,只有重申现代主义,才有"挽救"的可能。为此他追溯到了格林伯格这里,因为在格林伯格眼中,折中所代表的就是一种媚俗、平庸和罪恶,也是他所批判和坚决抵制的对象。[1] 在伯瑞奥德看来,格林伯格的艺术史是由线性的、目的论的形式组成的,而且在其内部,每件过去作品的意义都是由它和之后作品的关系来确定的。因此,现代主义的历史,是一部对于绘画和雕塑逐渐提纯的历史。这种理论把艺术史看作科学研究的副本,它的副作用是把非西方国家排除在"历史"之外。这种局限于历史和以西方为中心的看法,造成了对新事物的强迫性观念,所以,在格林伯格这里,历史必须拥有一个意义,而这个意义是由一个线性的叙事来组织的。[2] 今天来看,这无疑是一种政治不正确的观念和实践,但换句话说,折中主义本身不也是政治正确的结果吗?

重写现代主义是伯瑞奥德提出的方案。他说:"作为21世纪初的历史性工作,它既不是从零开始,也不被过

---

[1] 参见格林伯格:《前卫与庸俗》。见格林伯格著:《艺术与文化》,沈语冰译,桂林:广西师范大学出版社,2006,第3—24页。
[2] 伯瑞奥德:《后制品》,第85—86页。

于繁复的历史元素所困扰,而是盘点、选择和使用。进而,从一种集体的消费主义过渡到能够承担一定社会责任的个体行动主义,对一切现有的体制和形态进行一种再生产。"[1]在他看来,这一行动本身,就是格林伯格反平庸、反折中主义的一个现代主义的遗产。此时,艺术是一种生产与世界的关系的行为,以这种或那种形态来物质化它与时间、空间的关系。除此之外,他想不出其他可以概括艺术的定义。[2]这也说明,在根本意义上,伯瑞奥德还是未能摆脱将艺术看作社会介质的"关系美学",只是它赋予了关系一种个体的能动性,但更重要的在于,此时"关系美学"本身也已深陷折中主义的泥潭。

显然,伯瑞奥德所理解的格林伯格及其现代主义不再是我们通常所谓的媒介、平面和纯粹这样一种自足的形式风格,而是内在于其中的一种现代主义动力机制和话语装置。也正是在这个基础上,伯瑞奥德并不是顺势而为,而是具有极为明确的针对对象,也就是全球化带来的集体的平庸和文化折中主义。不过,伯瑞奥德并没有以一种逆向的态度和方式付诸一种批判,而恰恰是在全球化的前提下,通过一种带有一定责任感的个体行动主义,诉诸持续

---

[1] 伯瑞奥德:《后制品》,第89页。
[2] 同上,第90—91页。

的再生产。正如朗西埃所说的:"艺术手段之间共同尺度的丢失,并不意味着从此以后每个人都可以自说自话,自己确定自己的尺度。这更意味着从此以后,任何共同的尺度都是一种特殊的生产,而且这个生产只有通过彻底地对抗混合的无尺度才有可能。"① 在这里,伯瑞奥德虽然并未完全依循现代主义的线性叙事,但是他撷取了内在于其中的动力机制。对他而言,这条线性叙事,不仅意味着一种延续,同时也是一种背叛和抵抗。因为只有在线性叙事的基础上,才可以明确敌我,以及它们之间的关联。因而,所谓的风格、流派包括生产系统/机制的更替实际源自一种"斗争"实践,即便不站在线性的、历史的立场上,在横向的共时性结构中,也有一个明确的"敌人"或目标,从库尔贝、马奈、塞尚到格林伯格,他们强烈的目的论已足以说明这一点。不过,在今天,我们无法像库尔贝、马奈那样,有一个像古典主义这样明确的历史敌人,横向地看,艺术观众的消失意味着我们同样没有敌人,换句话说,也可能是敌人太多,或者我们本来就没有这样的意识,以至于我们无法找到真正的"敌人"。因此,重申现代主义的意义就在于不仅要找到敌人,还要找到真正的、

---

① 朗西埃:《图像的命运》,张新木、陆洵译,南京:南京大学出版社,2014,第57页。

强大的敌人。难的是,这个敌人本身还一直处在变动之中,所以我们的敌人通常情况下只是一个临时的敌人。

但何以见得这种再生产或"斗争"就一定能够抵制折中的平庸呢?事实上,这背后隐含着一个潜台词,即伯瑞奥德并不认为回避或者盲目的抵制就能对抗折中,他所关心的是,在平庸的基础上如何变得不平庸,因此他无法彻底破坏或毁灭这套平庸的体制,唯一能够实现的就是让更多的个体通过行动冲决这套体制的约束。可是,当很多个体选择集体式地抵制的时候,或许又成为一个新的平庸群体和折中主义。因此,在这里诉诸现代主义的动力机制只是一种手段,它无法成为目的,而单凭手段又无法构成有效的反思和再生产。何况,手段本身也会丧失尺度。就像20世纪初的抽象艺术一样,原本是反思和超越大众文化的一个产物,结果却很快成为大众文化或庸俗文化的一部分。[1] 同样,在伯瑞奥德这里,这样一种集群式的个体行动非但不能对抗折中,反而很快又成了折中的一部分。时至今日,我们似乎无法摆脱这样一个逻辑和命运。这也是后来格罗伊斯再次重申现代主义的原因所在。那么,格罗伊斯又是如何理解和重申现代主义的呢?

---

[1] 易英:《抽象艺术的理论死亡》,黄宗贤、鲁明军编:《视觉研究与思想史叙事(上):形式—观念—话语》,桂林:广西师范大学出版社,2013,第3—16页。

二 诗学视角与"移动的沉思"

和伯瑞奥德一样,格罗伊斯也困扰于新技术带来的艺术、文化和生活方式的极速变革。2010年前后,在《杜尚之后的马克思:艺术家的两种身体》一文中,格罗伊斯指出影像、互联网等新技术媒介对于艺术机制的改变,认为这一改变通过消除著作者的工作,完成了19世纪开始的无产化进程,以及身体的现成品化和可交换机制。[1] 尽管福柯、德里达、罗兰·巴特早已指出作者的"消失",但在格罗伊斯这里,重申这一观点并强调无产化进程的完成,某种意义上,也是对伯瑞奥德"后制品"观点的一种回应或延续。不过,格罗伊斯所提供的方案有别于伯瑞奥德。

也是在此前后,格罗伊斯还发表了《诗学与美学》《时代的同志》两篇短文。在这两篇短文中,他首先明确反对康德的审美自律和"为艺术而艺术"的观点,主张当代艺术不应以美学视角,而应以诗学的视角观之;不应以艺术消费者,而应从艺术生产者的视角审度。当然,他也强调,反对美学并不是提倡反美学,而是力图从艺术内在

---

[1] 格罗伊斯:《走向公众》,苏伟等译,北京:金城出版社,2012,第155—174页。

的生产机制中将美学彻底抽离出来。[①] 这看似是一种反现代主义的观点,但是格罗伊斯强调的同样不是现代主义的趣味和风格,他关心的是现代主义"进步"的一面。正如他所说的,"贯穿整个现代性我们可以辨认这一被动消费的大众文化和一种活跃反对之间的对立。进步的现代艺术在现代性期间已经以与被动消费(不论是政治宣传还是矫揉造作的商业品)的对立完成了自己的建构。所以,从20世纪早期先锋派到格林伯格、阿多诺以及德波(Guy Debord),他们的主张和行动都将继续回响在当下我们的文化辩论中。[②] 在这里,格罗伊斯虽然还没有提出具体的方案或者回到格林伯格的反折中、反平庸的行动,但他已经明确了这种紧张关系,以及重申现代主义的意义所在。然而,事实是,在今天,当代艺术已成为一种大众文化实践。于是,我们不得不面临这样一个更为严峻和迫切的问题:"一位当代艺术家怎样才能幸存于一个人人都成了艺术家的世界中?"[③]

这已经不再是艺术生产方式的问题,而是艺术家存在的问题。这里面的一个潜台词是,不管艺术方式如何变化,不管是大众的还是精英的,不管是平庸的还是前

---

① 格罗伊斯:《走向公众》,第9页。
② 同上,第119页。
③ 同上,第121页。

卫的，最终都无法解决艺术家何以"安身立命"的问题。也就是说，即便是伯瑞奥德所谓的反折中个体行动主义，依然受制于全球化资本主导的艺术体系及其"成功学"模式。因此，当我们将视线转移到艺术家身上的时候，或许可以暂时回避这样一个强大的、隐性的支配机制。

格罗伊斯认为，在这样一个没有旁观者或者说没有沉思的景观时代，或许，回到沉思是一种个体选择或自我解救。不同于从前，"这里沉思的主体无法再依赖于对无穷的时间资源和无限的时间视角的期待，依赖于对于构成柏拉图、基督教或佛教的时间传统的期待，而是一种移动的旁观或沉思"。因为，"当代的沉思生活和永久的积极流通在同时发生"，并"指向被现代生活的景观所麻痹的大众的被动性"。[1] 所以，这里所谓的移动的冷静沉思并不以产出美学判断或选择为目的，而仅仅只是一种观看姿态的永恒反复。沉思的生活与行动的生活之间已无边界。以时间为基础的艺术实践能把时间的稀缺变成剩余，显示出自己是一个合作者，是时间的同志，而非时间的敌人。[2] 也就是说，"即使是沉思的生活，也是

---

[1] 格罗伊斯:《走向公众》，第122页。
[2] 同上，第125页。

一种不导致任何结果的重复姿态,它无法形成任何结论性的、有依据的美学判断"[1]。因为,"今天,我们仍然被困在现时,并不引向一个未来"。或许,唯一能实现的就是把一切关于大众的、平庸的现代被动的耻辱标记从沉思中剔除出去。[2]

和伯瑞奥德一样,格罗伊斯还是把现代主义放在抵抗大众和媚俗的框架中予以审视和反思。不过,不同于伯瑞奥德,格罗伊斯看中的不是艺术实践,而是艺术家的存在感,他将重心从艺术方式转移到了人的主体实践。如果说伯瑞奥德还局限于一个艺术系统内部的运作体制,甚至抽离了人的主体性的话,格罗伊斯考量的则是一个新的时代所带来的人的生活方式和主体位置的改变。所以,格罗伊斯并没有因此重申现代主义机制中激进行动的一面,而是选择回到一种现代主义的时间维度,即其所谓的"移动的沉思"。此时,它不仅是一种艺术语言,也是一种主体化的方式。

今天,时间的艺术、阅读的艺术、沉思的艺术已不鲜见,甚至成了双年展和学术讨论的主流方式,并似乎演化

---

[1] 格罗伊斯:《走向公众》,第108、122页。
[2] 同上,第124—125页。

为一套新的体制。① 吊诡的是,时间的艺术和移动的沉思本身还是一种姿态,它允诺将平庸与媚俗剔除出去,但依然无法提供一个有效的标准;它允诺将艺术家从既有的体制支配中解放出来,但依然无法证成艺术家沉思之界限。格罗伊斯没有回答这些问题。而在我看来,德·迪弗对于现代主义的考古学重申所针对的恰恰是这一新的体制。

三 现代主义的重申与艺术史自觉

为纪念美国"军械库展"100周年,2013年10月至2014年4月,《艺术论坛》连载了比利时艺术史学者德·迪弗六篇长文②,重新梳理了杜尚《泉》的产生,"艺

---

① 值得一提的是,在最近的一次访谈中,伯瑞奥德似乎对此有所反省,他一再强调"关系艺术"非但没有抽离主体,反而是对于人的主体性或人的特权的肯定。反之,他认为(如以安瑟姆·弗兰克为代表的)关于万物平等的主张,恰恰附和了这个已然由物支配或者物化了的时代。而且,不管是物质,还是非物质,在今天这样一个世界资本主义的系统内都会被转化为产品。对此,安瑟姆·弗兰克不以为然,他还是主张灵活主体性的重要性,借以探讨决定人群关系的特殊脚本,反对(以伯瑞奥德为代表的)这样一种当前趋势:在以不同方式调整主体性的同时操弄定义空泛的"关系",通过把人类看作不过是一般对象中的对象而安慰自己。但在我看来,伯瑞奥德的目的似乎不是安慰自己,而是以此重启建立人的主体性的可能性。参见贺婧:《尼古拉斯·伯瑞奥德访谈》,《艺术界》,2014年第4期,第31—32页;亦可参见《社会工厂:对话上海双年展策展人》,《艺术界·上海秋季特辑》,2014年11月,第10页。
② 这六篇长文是《原谅我的语法:艺术的发明》《不要杀害信使:杜尚三段论》《现代主义为什么诞生于法国》《"非艺术"的发明:历史》《"非艺术"的发明:理论》《"这是艺术":一个句子的解剖构造》,先后刊登于《艺术论坛》(Artforum)2013年第10、11期和2014年第1、2、3、4期。

术""非艺术"的发明,以及现代主义的诞生等一系列有关现成品与现代主义的历史问题。20世纪八九十年代,德·迪弗已经就此发表过数篇论文,改变了我们对于前卫艺术、杜尚以及艺术生产的理解,而在新的解读中,杜尚不再是新动向的创造者,而变成一名为我们送来有关早已发生的文化大变革的重要讯息的信使。① 不过,读过这六篇长文,我们发现,德·迪弗提出的这些问题以及其中的观点和判断基本延续了他出版于1998年的《杜尚之后的康德》一书,十五年前的这本著作可以说已经回答了这些问题,而且也更加系统。那么,问题在于,除了纪念"军械库展"一百周年以外,《艺术论坛》重新梳理和连载十五年前的这些历史问题的讨论有没有其他的现实针对性呢?恰逢这本书中文版刊行,似乎更有意义和必要重新思考他的这些命题对于今天艺术体制的意义所在。

确切地说,德·迪弗的《杜尚之后的康德》是一部关于现代主义的考古学研究。作者通过一系列的论证,提出杜尚的现成品并没有终结现代主义,相反,它恰恰是现代主义的一种延续。德·迪弗指出,现成品可以追溯到修拉这里,因为修拉的实践已经彻底从传统的手感和观看方

---

① 德·迪弗:《原谅我的语法:艺术的发明》,《艺术论坛》(*Artforum*),2013年第10期。

式中摆脱出来,而在他这一科学理性的点彩技术背后隐含着一个重要的前提:管装颜料的发明。在此之前,画家所使用的颜料都是自己手工磨制的,且很少使用纯色,都需要调配处理,而修拉不加调和地使用管装颜料,实际上已经将它自觉地视为一种现成品。这也意味着,现代劳动分工已经开始介入绘画领域。另外,我们一直以为杜尚的《泉》之所以成立在于它对于当时艺术体制的一种挑衅,但德·迪弗认为,这也不是杜尚的发明,早在19世纪,库尔贝、马奈其实就已经在挑衅当时的沙龙制度,只不过,杜尚是第一个将这一挑衅或对于艺术体制的自觉本身作为作品或是其中一部分的艺术家。反过来,这也表明,库尔贝、马奈在艺术机制层面上与现成品是一种同构的连续关系,而不是断裂的。[①]

在这里,德·迪弗不仅是为"现成品"正名,也是为"现代主义"正名,更重要的是,他为我们重新理解绘画提供了一个新的视角和路径。他的意思是说,现成品与绘画之间实际并非如此泾渭分明甚至绝然对立,前者原本就是脱胎于后者。也正是这一说法,取消了类似绘画、现成品这样的媒介性划分,从而将它们一道纳入了一个"唯

---

① 参见德·迪弗:《杜尚之后的康德》,沈语冰等译,南京:江苏美术出版社,2014,第147—165、82—121页。

名"而非"专名"意义上的一般艺术的概念系统中。① 在此,他不仅回应了康德的"二律背反",而且以康德的批判理论为视角和进路,重新检讨现代主义。一个是"纯粹现代主义的考古学",即从艺术体制实践层面,包括生产方式、观看者、体制的挑衅等,重新定义了现代主义;另一个是"实践现代主义的考古学",从审美、道德及政治批判的角度揭示了现代主义的内在机制。②

在德·迪弗看来,杜尚唯名论意义上的"这是艺术"和康德所谓的"这是美的"实际上是同构的。这意味着,现代主义不仅是一种美学、形式或风格,其自身也是一套机制,或者说,它本身就是一种机制性实践。而这事实上已经将现代主义绘画直接引至一个开放的当代视域中。基于此,德·迪弗重申了艺术家的身份,强调只有在成为艺术家的前提下,才有任何事物都将成为艺术的可能,从而修正了博伊斯所谓的"人人都是艺术家"这一误解。因此,对于今天我们所遭遇的当代窘境而言,这不再是一种现代主义的教条式重申,而是在反思现代主义的基础上的一次价值重申。

概括而言,这一反思与重申及其意义体现在以下三个

---

① 德·迪弗:《杜尚之后的康德》,第 7—81、147—159 页。
② 同上,第 303—373 页。

层面。首先,德·迪弗并不认为现代主义就是一种媒介语言,而是将其作为一种艺术机制的运作加以对待,在他这里,现代主义本身并不是一种自足的形式或风格,而更像是一部能动的装置。其次,现成品也不是一种逸出艺术史逻辑或断裂于现代主义绘画的实践,现成品与现代主义绘画在生产机制维度上的延续意味着它并没有终结绘画。因此,并不是所有的东西都可以成为艺术作品,它是有内在要求的,在德·迪弗看来,这个要求不是形式,而是艺术家的身份,这一身份的确定来自艺术史维度上的一种机制性认定,而不是一种形式和风格的认定。最后,虽然尚没有明确这样一种观点是否直接针对今天的参与性艺术和人类学实践,至少,其对于后者所导致的当代的无边化予以了深刻的检讨和反省。当然这并不意味着德·迪弗保守,因为他所强调的不是一种趣味的回归,更不是一种形式的更替,而是基于艺术史脉络的内在机制的开启和变化。所以,德·迪弗并不反对拓展艺术的边界,也不反对其他学科领域"粗暴"地介入艺术实践,他针对的是随着艺术与知识边界的消失,艺术的知识化所带来的一种主体性的让渡。因为,说到底"人类学模式"和"参与性实践"都潜在地让渡了艺术家的主体。所以,对于现代主义的考古学重申,根本意义上是一种重建艺术家主体性的努力。而这既是一种对艺术语言机制的探索,同时也是一种文化政治实践的建构。

回过头看,伯瑞奥德、格罗伊斯都已经意识到全球化带来的艺术的无边和人的主体性的丧失,而且,两位都以各自的视角和路径试图批判性地应对这一局面:伯瑞奥德通过揭示现代主义的前卫结构及其对于折中主义的反省,诉诸一种个体的行动主义及能动机制;格罗伊斯同样基于现代主义及其对于大众和媚俗的叛逆,选择回到现代主义"移动的沉思"或"旁观"这一时间性维度,开启一种重建新的主体的可能。然而,他们还是无力改变一个事实,即当代艺术的无边化所带来的观众的消失和标准的阙如。在我看来,德·迪弗理论的意义就在这里。他从考古学的视角,为我们重探了现成品与现代主义内在机制的历史关联,借以建立一个新的艺术标准,即对艺术家身份的确认,在此基础上,开拓新的艺术方式和话语机制。至此,尽管三者各自针对的对象和问题不同,但是我认为他们的重叠恰恰是对今天艺术体制及其所遭遇的文化困境最有力的一种理论反思、修正和补充。

余论

诚如前面所言,伯瑞奥德、格罗伊斯及德·迪弗三位艺术批评家和艺术史学者都回避了艺术史经验中的现代主义定义——形式意义上的现代主义,而是选择从生产系统角度切入,这样一种理论实践本身也意味着,今天我们已不可能再回到一个审美、消费和风格维度上的现代主义,回到一种"为艺术而艺术"的孤绝方式,而是不断趋于一种开放的、能动的机制运作。从这个意义上说,现代主义的重申首先是对现代主义的一次重新认识和定义。基于此,三位为我们提供了三个不同的视角和方案,无论是伯瑞奥德的个体行动主义,还是格罗伊斯"移动的沉思",抑或德·迪弗对于艺术家身份的重申,都源于对于现代主义的重新理解,他们共同为已然僵化的当代艺术体制提供了新的活力和动能。

然而,今天的问题是,在一个新的"当代"概念范畴中,现代主义本身就是当代的一部分。因为,当代这个概念并不在现代主义的线性叙事中,它其实已经粉碎了这套叙事。譬如 2007 年第 12 届卡塞尔文献展,主题就是"现代主义对我们是否已经成为古典(过去)?"。策展人诺格尔·布格尔(Roger M. Buergel)和卢特·诺阿克(Ruth Noack)在展览前言中明确指出这是一个关于现代艺术的展览,而且也意识到这个做法可能有点奇怪,但他们坚信这些形式和风格都有着悠久的历史,并将会延伸下去。这里的关键还在于,这些形式及其意义往往只有艺术家才会有所认识,而观众通常很难体会,因此,他们的目的是重新去靠近这些形式的原动力,试图通过这一特殊的展览行动去影响观众。当然,也正因此,他们不仅不再凸显艺术家及其观念,也不再迎合地缘政治的身份认同。①在这里,形式本身被赋予了一种新的普遍意义,而这样一种现代主义诉求及其针对性也就成了一种新的当代话语。2014年初,由深圳OCAT主办的展览"让现代继续:沉浸,等待,理想主义"中,也将形式视为现代主义的话语方式,强调这不仅是对于长期支配我们话语的社会主义现实主义的一种无声抵抗,也是为了继续一种精神能量,提供一种不乏质疑并真正能够建立自身思想谱系的动力。②这样一种论调的确带有德·迪弗"实践现代主义"的色彩。但相比而言,2012年的第13届卡塞尔文献展则更具颠覆性和挑战性,策展人卡洛琳(Carolyn Christov-Bakargiev)彻底取消了古代、近代、现代与当代之间的时间界限,以及各个学科或领域与艺术之间的专业界限,不少现代主义的作品参展,展场的设计也有明显的现代主义倾向。③但问题是,在这样一个背景下,重申现代主义还有多大意义呢?此时

---

① 转引自张奇开:《卡塞尔文献展,1955—2007》,重庆:重庆出版社,2008,第824页。
② 苏伟:《让现代继续:沉浸,等待,理想主义》,"深圳OCAT当代艺术中心的博客",http://blog.sina.com.cn/s/blog_888a50890101gh8o.html。
③ 参见拙文:《"物"的解放与形式的抵抗——dOCUMENTA(13)的政治》,《中外文化与文论》(第22辑),成都:四川大学出版社,2013,第45—54页。

我们可以说,伯瑞奥德、格罗伊斯和德·迪弗的反思实际上都已尽数被"当代"这个无底洞所吸纳,似乎只能将其视为当代内部的一种反省和检讨。所以,真实的结果是,面对活生生的艺术和展览实践,理论的反思与重申似乎只是作为一种个体姿态而不断地排演,但又似乎不断地被悬置,被搁浅。

* * *

尽管上面的论述已经将现代主义从既有的"形式—媒介"框架中解放了出来,且严格地说,本章以下将要讨论的五个艺术家个案蔡磊、王强、张培力、何翔宇、林天苗也不是现代主义者——他们也断然不会承认这一点,但之所以将其汇聚在此,不仅是因为他们的实践皆基于形式与媒介,或者说,形式与媒介于其中扮演着重要的角色,也是因为他们的实践本身又不囿于形式与媒介,并恰恰经由此拓展为五种不同的感知机制和话语政治方式,体现了其思考和行动的一面。

1
透视的推演与空间部署

作为西方古典艺术的核心命题之一,"透视法"最早出现于 1420 年至 1450 年间的佛罗伦萨。布鲁内莱斯基、多纳太罗、马萨乔、阿尔贝蒂以及安吉利科等都是这一伟大发明的见证者。几乎可以说,它支配甚至主宰了整个西方艺术史,17 世纪以降的"再现"机制、19 世纪现代艺术的"反透视法"以及后来的种种"去透视法"实践等[①],在某种意义上均可置于这一历史叙述的框架。

在既有的艺术史论述中,"透视法"大多是作为一套几何原理而被广泛应用于绘画和建筑实践中。但事实上,它并非几何原理或数理逻辑那么简单,阿尔贝蒂早已指出,"透视法"给出了一个像广场一样的建筑场所,它所

---

① See Massimo Scolari, *Oblique Drawing: A History of Anti-Perspective*, Cambridge and London: The MIT Press, 2012.

对应的正是当时佛罗伦萨的"共和政体"。艺术史家于贝尔·达弥施（Hubert Damisch）也认为，"透视法"本身是有意义的，它不仅会展示，同时也会思考。而作为一种思考方式，潘诺夫斯基（Erwin Panofsky）发现，其最普遍地体现在"象征的形式"这一意义维度。就此，他还追溯至希腊罗马时期可能存在的"古典透视"，并认为从中世纪到文艺复兴，"透视法"经历了一个重要的变革，即原来所象征的上帝变成了笛卡尔的世界或无限物质的世界，也就是说，作为无限的"透视灭点"从此不再属于上帝，而是被着实勾画在了世间的土地上。对此，达尼埃尔·阿拉斯（Daniel Arasse）并不完全认同，在他看来，"透视法"更接近一种"世界观"，而这个世界对于人类来说是"可公度"的。或者说，"透视法"本身就是一种空间的"公度"。何况，一度被认为是"透视法"发明者的布鲁内莱斯基，同时也是作为时间"公度"的机械座钟的制造师。[1]

之所以以此作为本文的起始，并不是说"透视法"本身就是蔡磊艺术实践的命题或主体，毋宁说是为了找到一

---

[1] 达尼埃尔·阿拉斯:《透视法的发明》。见阿拉斯著:《绘画史事》，孙凯译，董强审校，北京：北京大学出版社，2007，第30—37页。另可参见 Hubert Damisch, *The Origin of Perspective*, Trans. by John Goodman, Cambridge: The MIT Press, 1995; Erwin Panofsky, *Perspective as Symbolic Form*, Trans. by Christopher S. Wood, New York: Zone Books, 1991.

个更切近其语言路径和视觉机体的角度。至少在我看来，迄今蔡磊的实践——无论是形式，还是实在—物（它不仅指物或现成材料，也包括非物质化的物，且带有某种现实感或社会属性），以及复杂的空间关系等——都是紧扣"透视"在展开和部署，换言之，它本身即是一次次关于"透视"的推演。由鲍栋策划，先后于2014、2015、2016连续三年举办的三次个展"降维法""模棱"和"景—别"业已清晰地呈现和概括了蔡磊近年的实践。

毕业于中央美术学院雕塑系的蔡磊，最初的兴趣在浮雕。但是，他的关注点并不是传统意义上的造型和手感，而是空间与形式，也因此，他一开始就祛除了手感。甚至严格说，他的起点也不单是浮雕。无论作品的形式（包括图像底本），还是材料（如木头、水泥等），都来自日常所见的建筑结构，再加上塑造过程中对于身体的"拒斥"，看上去其似乎更接近带有一定社会性的装置实践。若借用哈尔·福斯特（Hal Foster）的话说，（至少）这一"实在—物"本身可以被看作是他所谓的"创伤写实主义"。[①]不过，这只是其中一个层面，蔡磊的实践并不只此，甚或，他是试图超越或有意地在抗拒这一"写实主义"。在

---

① 哈尔·福斯特：《实在的回归：世纪末的前卫艺术》，杨娟娟译，南京：江苏美术出版社，2015，第140页。

2013年前后完成的"毛坯房"系列中,他截取了日常生活建筑的某个局部,用木头重塑了其空间形式,而且它们都具有明确的纵深结构。基于此,他在作品正面又浇注了一层透明树脂,直到彻底抹平其原有的深度空间。树脂中还掺杂着一些白色颜料,这不仅赋予作品表面一种视觉的层次感和绘画性,亦仿佛是空间深处的一束不明光源,为其增添了一重生活的色彩,一些神秘的气息,亦或叙事的意味。而且,他这个阶段几乎所有的作品都像窗户一样镶嵌或附着在墙面上(图I-1)。当然,如果单单就此而言,它还是带着些许浮雕的特征和属性,而浮雕本身就是介于圆雕与绘画之间的一种媒介。

显然,蔡磊所有的空间"预设"都依循严格的"透视

图I-1 蔡磊个展"降维法"现场,2014

法",这也是他推演和实践的起点。"画面"中没有人或物,只是冷冰冰的线条构成的空间,这些构成本身便带有极简主义的特征。区别在于,它并没有被抽掉具象底本和图像的可识别性,而导向纯粹、自足的形式。树脂的半透明浇筑首先在物理或触觉层面上对其构成了一种"挑战",因为在视觉维度上它并没有削弱其透视性,反而由于颜料的掺入强化了——或者说是重构了一个新的——纵深空间。加之他所常用的型制都带有架上绘画的特征,因此诉诸平面感在某种意义上也是尝试以绘画"替代"浮雕。当然,媒介的来回移动只是一个方面,他真正想调动的是观者的感知,本质上,这样一种在场感实际取决于空间的情境性和剧场性,他也因此回应了20世纪60年代极简主义对于雕塑语言的冲击和拓展。这在迈克尔·弗雷德(Michael Fried)看来,是剥夺了雕塑语言的独立性和严肃性,然而罗萨琳·克劳斯(Rosalind Krauss)认为,过往的雕塑由于建立在理想主义的神话之上,所以并不自足,而在极简主义的实践中,基于作品与观者环境之间的关系,剧场性破坏并重构了雕塑语言。[①] 据此,可以说蔡磊的实践"同极简主义和晚期现代主义艺术一样,其分析

---

① 罗萨琳·克劳斯:《现代雕塑的变迁》,柯乔(James Carl)、吴彦译,北京:中国民族摄影艺术出版社,2017,第247页。

方式更倾向于认识论而非本体论,因为它所聚焦的,主要是艺术的感知条件惯例限制,而不是其形式要素和绝对存在"①。何况,"透视法""解剖学"等所谓的"科学自然主义"本身就带有认识论的色彩②,而这一点也恰巧暗合了潘诺夫斯基和阿拉斯的部分观点。

这里还需说明的一点是,历史上,"透视"与"剧场"原本就是彼此影响极深的两样东西,就像阿尔贝蒂心目中的绘画一样,"剧场"也是一个封闭的地方。③当然,阿尔贝蒂笔下的"剧场"和克劳斯所谓的"剧场"并不是一个概念,前者是一个观看的对象,后者则是一种参与性的实践。二者之间的区分和冲突也正是蔡磊作品内部的张力所在,它既体现在平面与纵深之间,也体现在静止与运动之间。因此,如果说这是一种"透视"推演的话,那么其目的和意义不是如何抹平纵深,毋宁说是为了凸显这一张力。在这个过程中,"实在—物"已然被空间形式和视觉机制逼至其次,只是偶尔跳出来形成某种干扰。

约一年后,在个展"模棱"中,蔡磊推出了"玻璃门"和"瓷砖"两个新的系列作品(图 I-2)。它们既延

---

① 哈尔·福斯特:《实在的回归:世纪末的前卫艺术》,第 50 页。
② 普雷齐奥西、法拉格:《艺术并非你想的那样》,张建威译,北京:中国工信出版集团·电子工业出版社,2016,第 37 页。
③ 达尼埃尔·阿拉斯:《透视法的发明》。见阿拉斯著:《绘画史事》,第 34 页。

图I-2 蔡磊个展"模棱"现场，2015

续了之前的"透视"逻辑，同时也在尝试新的推演。相比之前，一个根本的变化在于，他放弃了原来架上绘画的型制和边框，将透视空间（或其局部）的轮廓或日常建筑的某个里面抽离出来，使其物化为一个异形的实体结构和框架。比如"玻璃门"系列，尽管它依然保留了母题的外形或"实在—物"的基本结构，但经过"透视"这一空间形式的转译，似乎更靠近极简主义。因此若不加提示，我们甚至很难辨识它的母题及"物性"。作品依然被悬挂在墙上，从而既保留了其作为浮雕的立体结构，也保留了其作为绘画的观看关系及"平面性"。而这也说明，它至少隐含着双重的观看，一是基于绘画或浮雕的观看，二是基于剧场的观看。

不容忽视的是,这样一种线条感与框架性同时也很接近建筑(模型)的结构,尽管它不是严格意义上的建筑结构。事实是,经过透视转化的空间关系已经脱离了目光的经验,假设正常的观看是一种"透视"的话,那么这样一种"关于透视的透视"业已超越或脱离了我们的观看习惯,悬挂在墙面而产生的"漂浮感"使其显得更不"真实"。"瓷砖"系列也带有这样一种超现实主义的色彩。不过,此处"超现实主义"的意义不在于"超"而在于"低",即如何挖掘潜伏在它下面的"实在"[①],也就是它"创伤写实主义"或现实感知的一面。就像蔡磊自己说的,诸如水泥、瓷砖这样的材料本身便已释放出一种极其感官化的社会信息。[②] 另外,"瓷砖"系列由于本身是平面的,加上表面特殊的质感,自然拥有了一种绘画性。如前所言,这是一种"关于透视的透视"或"关于观看的观看",而这一自我指涉性无疑强化了它的绘画性或浮雕感,也随之弱化了观者的参与性和剧场的色彩,进而打破了二者之间原本的动态平衡。当然,这一点也取决于它跟展示空间的关系,甚至可以说是对展示空间的一种延伸。而次年的个展"景—别",则进一步推进了这一空间演绎。

---

① 哈尔·福斯特:《实在的回归:世纪末的前卫艺术》,第154页。
② 《蔡磊自述》,2015,未刊稿。

图 I-3　蔡磊,《一段距离》, 空间装置, 尺寸可变, 2016

在新作《一段距离》中,"瓷砖"(实际上是一段人行道)平置于地面,参与和剧场取代了浮雕和绘画成为作品的重心(图 I-3)。作品的尺寸源自一个成人低头走路时目光所及的长度和宽度,或者说,他是在作品的上方预设了一个目光。材料的属性决定了作品与地面的咬合度更强,甚至还带有一种"现成品"的幻觉,在此基础上,经由"透视法"的异形处理,我们被导向了一个超现实的维度,进而将作品对象化或客体化了。可见,它既诱惑观者参与,同时又在排拒观者。而这一内在的紧张和矛盾,对观者的感知经验无疑构成了一种"挑衅"和"反身性"。与之相应,旁边的大型空间装置《景—别》则更是体现了这一点(图 I-4)。

图 1-4 蔡磊,《景—别》,空间装置,尺寸可变,2016

在此,蔡磊分隔出一个巨大的独立空间,地面铺上了一层草坪,青草、泥土的气味弥漫在空间内。其中右边和正面的两面墙分别被他从各自的一端硬生生抬高了15°,形成了一个带有"透视感"的夹角。之所以选择15°,是因为在蔡磊看来,这个倾斜度不大不小,既容易被观者忽视,同时又可以提示观者。在被抬高的墙面外空间的两面,他安设了两面镜子,反射了前景,观者也随之被带入其中,与此同时,它也将空间延伸到墙外,类似的"设计"偶尔也会出现在一些公共空间(如饭店、酒店等)中。作品正面墙中间的窗户随墙面也与地面形成了15°斜角,而窗户背后高瓦数灯泡的强光透过玻璃和窗框缝隙射入空间,赋予其一种神秘感和形而上学的色彩。不过这里的关键还在于，强光迫使观者无法辨识窗户背后的真实性，或者说是堵住或"封死"了空间。因此，和镜子一样，它也是对个体认知力的一种测试。而所有这一切，在我看来，都可归结到"透视"的推演。换句话说，蔡磊是在一个"既有"的空间中人为地植入了一个"透视结构"，正是这一微妙的部署，改变了我们对日常空间的感知经验，其中包括光和镜子的空间区隔、草坪形成的季节错位，以及人造"阳光"所提供的非日常的时间体验等。[1]

这无疑是一个带有强烈感官性的剧场。如果说以往"透视"的推演还是立足于一个观看对象，或者说是一种外部观看的话，那么在这里，观看者本身就身处他所虚构的这一"透视"结构中，或者说是一种内部的观看或体验；如果说以往的"透视"推演中，蔡磊所预设的还是一种"正常"的观看关系的话，那么这里的视错觉结构则预设了一种歧异的观看，甚或说是对前者的一种有意"挑衅"。此时，目光只是一方面，它所牵动的是观者的整个身体，包括触觉、嗅觉等。联系到旁边的《一段距离》，二者亦不乏内在的关联。显然，无论"草坪"，还是"人行道"，都来自日常生活经验。只是身处这一歧异的空间内部，"草坪"和"人行道"反而显得正常了许多，而且

---

[1] 鲍栋：《景一别：蔡磊个展》，2016年，未刊稿。

是唯一和观者身体直接有所接触的部位,并由此产生了一软一硬两种截然不同甚至相反的触感。而"透视"推演形成的视错觉结构,一方面放大了空间的歧异感,另一方面,触觉(包括嗅觉)与视觉之间的反差也形成了一种相互的干扰。正是这一干扰,提示观者如何从艺术家虚构的场域和情境中抽身出来。诚如维克托·伯金(Victor Burgin)所说,这是一种"情境主义美学"(situational aesthetics),它既涉及材料和场所的独特性理念,也涉及场所的观念和在场的观念。复杂的是,在蔡磊的实践中,或多或少还是有一些与之相对的形式主义及其自我指涉性[①],而其中的"透视法"则成了一个"可公度"或"用以公度"的构成要素。

无论是挪移或破坏空间,还是在空间内部植入、分隔空间或"负空间",或者同样材料、形式的装置实践,以之扰乱参与者的感知经验,类似的实验在艺术史上并不鲜见,不同的是,在蔡磊这里,他似乎有着更为明确的问题意识和上下文逻辑。可以说,直到今天他几乎所有的实验都紧扣"透视"推演这一主题。需要重申的一点是,这里的"透视"不再是一个塑形手段,他也无意回到历史上

---

① 本雅明·布赫洛(Benjamin H. D. Buchloh):《新前卫与文化工业:1955到1975年间欧美艺术评论集》,何卫华等译,南京:江苏美术出版社,2014,第26—27页。

的"反透视"或"去透视"实践,而是将其作为思考和想象的一个起点或对象。也正是因此,我们方能理解,蔡磊作品中的建筑、剧场、形式、象征以及社会属性等各个因素,何以都一一指向并暗合了文章开头所提到的有关"透视法"起源的那些问题。反之,他的实践也表明了"透视法"本身的复杂性,就像福斯特在论述"极简主义"时所说的:"尽管它是实证主义的,但是在这些作品中,感知仍然是反身性的,同时也造成了复杂性。"[1]而这一复杂性自然包括蔡磊一再强调的如何模糊或取消雕塑(或浮雕)与绘画、装置之间的媒介性区分。

---

[1] 哈尔·福斯特:《实在的回归:世纪末的前卫艺术》,第46页。

2
浸入、晦暗物与被放逐的矩阵

1997年2月，时在美国佛蒙特艺术中心（Vermont Art Center）驻留的王强于当地实施了参与式装置《倒流的河水》（图I–5）。他在驻地附近郊区的一座小桥下方悬挂了一面镜子，镜中反射的是横穿小桥的河流局部，观众从中看到的则仿佛是一束倒流的河水。作为原"池社"成员之一，王强的这一实践明显带有20世纪80年代集体创作时的语言痕迹。一如既往，在此他无意传达任何具体的风格、观念和态度，而是选择"润物无声"地浸入自然或社会空间，借以怀疑并扰乱一直以来支配我们的观看经验和认知结构。

二十年后，王强个展"倒流的河水"在"池社"举行。这是他蛰伏十余年后的第一次亮相。巧合的是，此"池社"的前身也正是20世纪80年代的同名艺术小组。就像"倒流的河水"这个标题所示的，王强此举到底是逆流，还是顺流，我们其实并不清楚。或许，艺术家意图传

图 I-5　王强，《倒流的河水》，行为、装置，尺寸可变，1996

递的正是这样一种不确定的模糊感知。

一

1986年，继一年前的"'85新空间"展览之后，张培力、耿建翌、宋陵、王强、包剑斐、曹学雷等几位生活在杭州、志同道合的年轻艺术家响应全国各地自我结社和集群运动的潮流，组建了艺术小组"池社"①。和同时期的

---

① 张培力执笔撰写了"池社"的宣言：艺术是一个池 / 我们的生存有赖于碳水化合物 / 不是想要这样才这样 / 而是不得不这样才这样……我们渴望恰当的净化 / 我们的思维是流动的、模糊的……有谁见过理性的冲动？ / "浸入"的瞬间令人陶醉 / 复苏的瞬间大彻大悟……结果是次要的 / 种子在不断发芽 / 真谛不可言说。

"北方艺术群体""西南艺术研究群体"等艺术团体不同,"池社"在某种意义上所反对的正是其他诸多艺术小组的主张。如果说前者在很大程度上是将理想、生命和真理视为艺术的目的的话,那么在"池社"这里,艺术的目的即是艺术本身,可以说他们所怀疑的正是艺术背后的思想、情感和真理,所极力抵制和祛除的正是附着在艺术身上的种种社会功能或政治目的。这其中,最接近"池社"理念的无疑是"厦门达达",可又不像它如此决绝、彻底地否定一切,包括自我。

1986年6月、11月,"池社"先后在杭州某街道和郊区某树林两个不同的公共区域实施了《作品1号——杨氏太极系列》(图 I–6)、《作品2号——绿色空间中的行者》两个作品(或展览),单从主标题便可看出,它们都没有明确的主题或观念指向,并尽最大可能地剔除了一切社会功能和政治指涉;但同时,它们的实践又没有完全从社会语境中彻底抽离出来,而更像是无目的地融入了社会场景或自然空间。展览引起了不少市民的好奇、围观、质疑,或是无视,但艺术家们并不关心观众具体的态度,更在乎作品能否与整个环境(包括观众)激起更多的"化学"或"熵"效应。不管结果如何,有一点是肯定的,它们都是从多个不同的基于间离、陌生的晦暗结构衍生出来的。

受波兰剧作家格洛托夫斯基理论的启发,"池社"的

图 I-6 池社,《杨氏太极》现场,行为、装置,1986

实践中明显带着"质朴戏剧"或"贫穷戏剧"的风格和质地。格氏指出:"没有演员与观众之间感性的、直接的、活生生的交流关系,戏剧是不可能存在的。"①他取消了舞台和观众座席的界限,将观众置身于整个演出过程。这里没有舞台和观众席,演员和观众的关系则随时处在变化之中。想必张培力、耿建翌等之所以为小组取名"池社",正是出于池水的暗流、浸入和互融等物理属性,恰好这也是格洛托夫斯基戏剧观念的精髓所在。他们注重的都是过程,而非结果,或者说这里原本就没有结果,只有过程。诚如格洛托夫斯基所说的:"我们为什么和艺术发生关系呢?我们是要穿过我们的藩篱,逾越我们的限制,填补我们的空虚——彻底实现我们的抱负。这不是一种条件,而是一种过程,在这一过程中,我们身上黑暗的东西逐渐逼成透明的东西。"②

和其他几位小组成员一样,王强亦没有因为参与"池社"的集体实践,而放弃或弱化他个人的创作,恰是"池社"的集体实践反哺了他个人的种种尝试。如在其最早参加"'85新空间"展览的雕塑作品《第五交响乐第二乐章开头的柔板》(图 I–7)与"池社"的《作品1号》《作

---

① 格洛托夫斯基:《迈向质朴戏剧》,魏时译,刘安义校,北京:中国戏剧出版社,1984,第9页。
② 同上,第12页。

图 I-7 王强,《第五交响乐第二乐章开头的柔板》("'85 新空间"展览现场),1985

品 2 号》之间,便不难发现形式上的相似之处——尽管它们之间并没有直接的联系。母本皆为人形,前者是音乐指挥,后者在打太极,可是在此,它们都仿佛是一具躯壳,一个出没在城市角落的幽灵或"空心人",亦或只是一种抽离了主体的媒介。这一点并不只是体现在王强的实践中,同时期张培力的"X?"系列绘画(1986—1987)、耿建翌的《第二状态》(1987)及宋陵的"人·管道"系列绘画(1985)等,也都试图抽掉画面中的阶级、身份等社会属性。然而,相比其他小组,"池社"是一个松散的组织,他们没有具体的展览计划,展览都是临时组织的,且直到小组解散,也只策划实施了两个项目,更多的时候是一起聊天、讨论或观看国外的影像资料。当然,这样的方式本身也是"池社"的理念之一,他们眼中的艺术原本就在社会生活当中。

20世纪80年代末,随着艺术、文化和政治生态的激烈变化,加之艺术家们逐渐对于自我组织这种方式本身产生怀疑,"池社"自然归于解体。此后,耿建翌、张培力等一直活跃在艺术现场,而王强和其他几位成员则逐渐淡出了人们的视线。不过,作为中国美术学院雕塑系教师的王强并没有中断自己的创作,期间亦曾参加了一些重要的展览,如90年代中期由耿建翌策划的"同意1994.11.26.作为理由"(1994)、"45°作为理由"(1996)等。《移动的矩阵》(1995)、《两个相等的无意义的空间(白)?》(1995)以及《漂洗》(1996)、《视障》(1996)、《倒流的河水》(1997)等都是这个时期他最重要的作品,看得出来,"池社"的主张或明或暗业已渗透在这些作品中,其中最典型的莫过于《漂洗》(图I-8)。四块表层涂着墨汁、浮游在湖面的正方形赛璐珞片(Celluloid Nitrate)被湖水渐渐漂白,最终剩下的只是作为媒介的纯粹的赛璐珞片,

图I-8 王强,《漂洗》,行为、装置,尺寸可变,1996

或只是一个正方形。墨汁消融在湖水中是一重浸入,而赛璐珞片的透明性使得它与湖水之间也处在一种(半)浸入状态。这看似是一个简单的物理过程,但其实也是一个祛除墨汁及其文化象征性的观念实践。这里的目的并不只是为了融入自然空间,他更关心的是,在这一不确定的流变中,物与物的相互浸入,能否消解彼此的意义,将其还原为一个纯粹物或透明物,亦或一系列几何参数,进而透过种种与现实世界的新的链接和发生,开启更多尚无法判断、命名的感知。

二

格洛托夫斯基的"贫穷戏剧"不仅影响了"池社",也体现在王强的实践中。《两个相等的无意义的空间(白)?》(图 I–9)是参加"45°作为理由"的作品,展览没有现场,只是以文本方案的形式呈现,不过王强此前还是做了现场的尝试。这一方面是因为作品本身不需要昂贵的成本,另一方面也是因为他眼中的现场本身并不在于展览空间,社会才是它真正的现场。两个等大但不同材质(一为木条,一为绳索)的正方形漂浮在湖面上,它们处于相对移动和变化的状态,水面则是恒定不变的,并且这一辩证关系也体现在两个方形之间,木制的方形是规则

图 I-9 王强,《两个相等的无意义的空间(白)》,文本方案,1995

的,形状是不可改变的,绳索制的方形则随着水波而随意改变着形状。这其中,唯一和展览主题相关的是两个正方形的对角线及其构成的四个 45°角,可问题是,这个对角线似乎又毫无意义。这也再次表明,不同于时下流行的社会参与式艺术,王强的实践并不诉诸任何社会功能或公共意义。《视障》和《倒流的河水》亦复如此。前者是他用一块赛璐珞片"阻隔"了山路,后者是他在一座桥下悬挂了一面镜子,镜中反射的河水仿佛在倒流……它们看似都是一些不经意间的举动,但正是这一轻巧的、"无害"的语言方式呈现了另一个视角中的自然,以及对于自我和世界的重新认知。

1995年创作的《移动的矩阵》是这件作品的前身之一。在此，我们不妨将方形有机玻璃容器内的水平面假想为一片湖面，即便是严格按照既定的参数，确保了四个方形容器及其底部水平的等量同质，也无法控制四个浮在容器水面的立方体海绵方位的一致性，因为空间内空气密度的差异，包括观众介入的区别，特别是容器中的水及其不稳定的物理属性，都在影响甚至控制着水平面和海绵的方位。而此时，四个部分之间那些细微的变化和差别则仿佛建构了一个移动的矩阵。就此，我们还可以追溯到一年前参加"同意1994.11.26.作为理由"展览的作品《无题》（1994）。这是他第一次在水上（钱塘江）制造漂移的现场，只不过这里漂移的并非作为矩阵的方块，而是一百多个装有医疗化验单的塑料袋，化验单上是他模仿医生自行设计的一些问题，这些问题并非是为可能拾到这些塑料袋的观众预设的，而更像是艺术家自我的追问。在福柯的笔下，医疗是现代社会规训身体的一套知识机制，而王强此举与其说是放逐"医疗"这一权力秩序，或是对既有秩序和一切精确尺度的怀疑和不信任，不如说是反求自我身体和生命的自由与混沌。那么，所谓的"漂浮"与其说是一个"移动的矩阵"，不如说是一个被放逐的矩阵。

2013年的《四个确切的注脚》是《移动的矩阵》和《漂洗》的延伸。艺术家用滑轮替代了水面的飘移，用四个正方形半封闭盒子取代了有机玻璃盒子和赛璐珞片,每个盒子内部四周隐隐泛着白光,并分别装有四组不同的物的组合。这些"脆弱"的组合并没有任何经验的依据,恰恰相反,每个组合都试图打破我们既有的认知习惯。比如他将已经淘汰的录音带用铸铁的方式翻制成像卡片一样的未名物;将废弃的打字机拆除焚毁装入盒子内;将雕塑专用的蜡浇筑在一个临时的木盒,局部溢出盒子两端的缝隙;将充气垫和一根铁管捆绑在一起,然后放在一个看似是医疗手术用的铁盘内。尽管个别物还带着明显的记忆痕迹,但经由这些莫名的、偶然的组合,记忆的痕迹被剔除殆尽,或只作为一个干扰信息存在。当然,四个盒子之间也没有明确的线索和逻辑。与之相应,新作《铁皮盒子里的光亮》(2018)(图 I–10)同样传递着这样一种情绪。在一个半开半掩、仿佛抽屉或火柴盒一样的铁皮盒内,挤满了连接着电缆线的白炽灯管和透明的玻璃管。这同样是一个容器,两端延伸出去的密集的电缆线同样暗喻着河流,而局部裸露的灯光则像是"熔化"了盒子的边缘。另如,在《标杆尺》(2017—2018)中,依然是两个没有逻辑的物或经验的巧妙嵌合,且其"L"外形同样喻示着流动,并回应了《移动的矩阵》《漂洗》等作品。原本,这些莫名的物理关联并不在经验的范畴,但艺术家尝试通过软硬、冷热、虚实、图词等辩证关系的交织和共构,开启

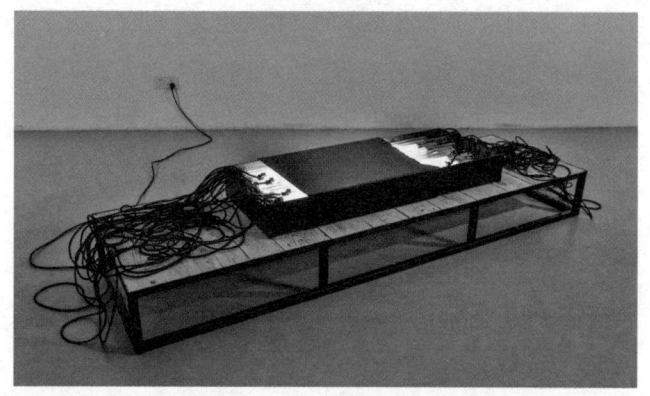

图 I-10 王强,《铁皮盒内的光亮》,装置,70x240x40cm,2018

一个新的超验世界。

  王强曾一度迷恋海德格尔关于"物"和"艺术本源"的追问。海德格尔的目的即是为了解放被经验化和范畴化的物和艺术。如他所说的,一切"先入之见阻碍着对当下存在者之存在的沉思。结果,流行的关于物的概念就阻碍了人们去发现物之物因素、器具之器具因素,当然也就阻碍了人们对作品之作品因素的探究"[①]。对于王强而言,所有物的组合都是为了抵达一种不确切的感知和经验外的时空,进而经由这一晦暗之物使得物和经验变得"透明"起来。尽管王强深受海德格尔的启发,但这一"晦暗物"似乎更接近梅亚苏(Quentin Meillassoux)所建构的非经验

---

① 海德格尔:《艺术作品的本源》,孙周兴译,"豆瓣网",https://www.douban.com/note/196698096/。

性质的偶然性,而海德格尔的"相关主义"却又是梅亚苏所反对的。对于梅亚苏而言,"这里的偶然性不是经验意义上的偶然,而是一种永远不会实现的纯粹可能性,是一种潜能。这种偶然性观念意味着,任何事情都有可能发生,即便没有发生,这种可能性也会持续存在"①。这也说明,尽管其实践始终诉诸物与物之间的关系,但本质上它更像是一部感性的语言学或哲学装置实验。

三

至此,可以说在艺术家的想象中,所有的混沌和变化都是一种浮游或被放逐的矩阵。无论是《漂洗》,还是《四个确切的注脚》,这里的空间不是一个湖面,就是一滩池水。与之相应,另一组作品《集装箱》(2015—2017)、《残存的严肃性》(2015—2017)(图 I-11)、《混淆的标高》(2014—2017)(图 I-12),所传递的同样是一种漂移的感觉。艺术家提醒我们,源自包装箱的底座木板所隐喻的正是移动。木板上面落着一个纪念碑的底座,底座的上面是一不明建筑物的模型。需要说明的是,无

---

① 渔飞:《梅亚苏的相关主义批判》,"上河卓远文化"公众号,https://mp.weixin.qq.com/s/GgIbGru9Ycpe_o_pzQsILg。

图I-11 王强,《残存的严肃性》,装置,62x62x125cm,2015—2017

图I-12 王强,《混淆的标高》,装置,66x150x78cm,2014—2017

论是纪念碑底座,还是建筑模型,都没有具体的底本或来源。他保留了底部包装箱木板和中间底座水泥的粗粝和野蛮,但最上面的"建筑模型"却是严格按比例精心计算和翻制的。三个部分之间不仅质感或精确度截然有别,更重要的是这样一种既熟悉又陌生的结构冒犯和挑衅了我们的认知经验。

顶端的建筑模型部分是三个装置之间最根本的区分。《集装箱》中是一个现代建筑群的外形,《残存的严肃性》中是由三根圆管支撑的一座虚构的古代卫城,而《混淆的标高》中则是一个横置或放倒的建筑局部。三者之间并没有逻辑,也没有直接的关联。作为观众之一,我能想象到的是,如果说《残存的严肃性》和《集装箱》分别指的是建筑政治即空间与人的不同关系,而圆管及其所暗示的现代社会变迁和不安感是二者之间的一个物质性纽带的话,那么《混淆的标高》则更像是它们的一个注脚,即无论古代还是现代,建筑不仅是一个人的容身之地,同时也是对于后者的一种规划和度量。那么,这里的圆管既作为支撑物存在,同时也暗示着撬动和漂浮。

尤须一提的是《混淆的标高》。横置的建筑局部像一个敞口的容器,从外形看,这个口子其实是一个门。容器的内部是一尊佚名的古希腊人体雕塑的背部局部,雕塑背部的一边是铭刻的尺度,另一边的中间部位插着一个自制的工字钉。雕塑、刻度与工字钉之间没有直接的关联，但也因此，它蕴含着更多想象的空间。比如雕塑的比例与尺度之间，尺度与工字钉之间，都似乎暗示着某种经验的残存。更值得玩味的是其中一角的那块三角挡板，它不仅丰富了视觉的层次，同时也扰乱着可能的寓意，更重要在于，如果说容器表面是一张图片的话，那么这个三角挡板则像是操作者的一个手指局部遮住了摄像头，这使得其寓意变得更加不可捉摸。但艺术家意欲传递的并非这些，他更珍视的恰恰是对这些不同物及其关联之间的真实感知，它可能是坚固的，也可能是脆弱的，它可能是暴力的、冲突的，也可能是自然的、有机的……而这样一种不确定性很多时候是语言无法抵达的。我们不妨回到"池社"最初的理念，将这个建筑容器想象为一个社会空间，此时，里面的物的组合及其与容器的结构不就是一种浸入吗？张培力将其命名为一种"不确切的快感"，耿建翌则宁可将其视为一种延异的"关系"。然而，就像梅亚苏的"超混沌"及其相关主义批判恰恰建立在相关主义之上一样，即便如此，艺术家还是无法避免对于经验的依赖，比如这里的刻度与《集装箱》建筑模型的精确计算，包括《饮水机》（2017）中的水位、《模糊的平面》（2013）中的刻度以及《1:2000的一条轮廓线的直线距离大约是……》（2018）中的比例都或明或暗存在着一定的认知关联。

在新作《饮水机》中,他将一个废弃的旧式打字机和一块长方形斜底铁盒嵌合为一体,而在打字机内,他强行植入两个圆柱体,一个作为"滚轴",另一个则像是"手柄"。铁盒另端的一角,他安装了一截像水龙头一样的管道,管道的下方汪着一滩水,形成了一个水平的三角形,其水位在管道以下,恰好无法溢出盒子之外。诚如标题"饮水机"所提示的,它同样是一个关于"流动"的实践,但装置真正的逻辑是输入与输出,有意思的是其整个过程又处在被控制的状态,且此控制并非人为所致,而是源自其结构(或物)本身。王强并没有使用任何科技素材,而是透过最基础的物理关系回到对于物和世界的感知。与此同时,铁盒表面的锈迹和残余在打字机上的灰尘杂物,使得整个作品也像是一个出土文物或考古现场。或可说,它不仅是一个记忆的表征,同时也是对于未来的一种想象和虚构。

值得一提的是这里的"水位",其原本是一个再简单不过的设计,但对王强而言,则是一个重要的部署。沿此,不妨回到另一件新作《模糊的平面》(图I–13)。自动平移的滑轨看似是对铁盒内手臂的测量,但其实这是一个无需测量的经验事实。因此,与其说是测试,不如说是提示,而手臂的起伏表明,再精确的设计也是有误差的,

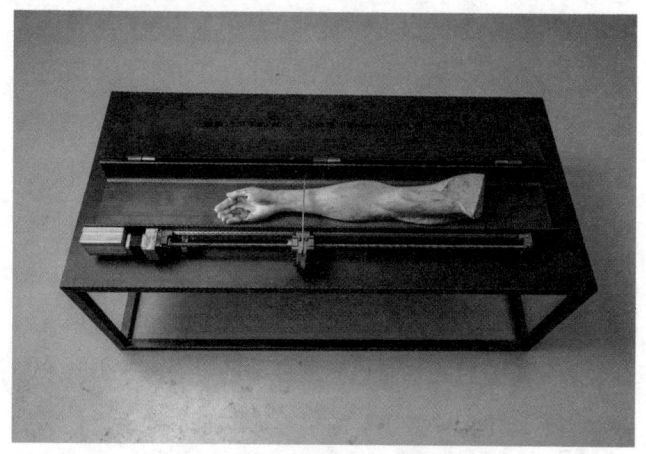

图 I-13 王强,《模糊的平面》,装置,60x140x62cm,2013

何况轨道的移动本身随着磨损也在变化之中,此时你可以说——也即是铁盒盖上所镂刻的那句话:"如果它是平的,那它一定就是平的,抑或它还不是平的。"反过来,我们也可以说弯曲的手臂:"如果它是弯曲的,那它一定就是弯曲的,抑或它还不是弯曲的。"现代社会秩序原本是一种抽象的建构,而所有理性的测试和度量对于具象的、不确定的生命本质上即是一种"不可见"的入侵。但艺术家透过这一奇异的结构想要传递的是,无论是理性的逻辑,还是自然的秩序,本质上都是混沌的和变化的。

与之相应,新作《1:2000 的一条轮廓线的直线距离大约是……》,一方面是基于精确的计算和刻画,但另一方面本身又极其不确定。这样一个结构我们可以追溯到《两个相等的无意义的空间》，只是在这里他用两条线替代了两个"正方形"，甚至可以说是两个"正方形"叠加的产物。刻度也常出现在张培力、耿建翌的作品中，但在王强这里，这与其说是一种计算和测量，不如说是一种怀疑和不确定，包括对于刻度及其精确性本身的怀疑。回过头看，"方形"贯穿了他的艺术实践，几乎所有的作品都以"方形"为造型基准或形式语素，吊诡的是，他所有的怀疑和不确定感却都是以高度确定的"方形"为基本参数。当然，作为"格子"的"方形"原本是现代艺术史上的一个常量，从蒙德里安、阿尔伯斯（Albers）到阿格尼丝·马丁（Agnes Martin）等，"格子"或"方形"的意义在于，"它既能掌控羞于在同一层面涉及艺术与精神的这种所谓的耻辱，并且，它还能同时掩藏和揭露这种耻辱"[①]。另如鲁本·奥斯特伦德（Ruben Östlund）的同名电影《方形》（*The Square*），在此，"方形"既是现代社会秩序的构成元素，同时也正是经由它，现代世界表皮下的种种丑恶、虚伪和卑劣被揭开。王强的"方形"并不诉诸这些具体的经验，但同样深植于这一悖论结构。

---

① 罗莎琳·克劳斯：《前卫的原创性及其他现代主义神话》，周文姬、路珏译，南京：江苏美术出版社，2015，第6页。

余说

"池社"早已成为历史。然而三十年后,作为"池社"成员之一的王强又回到了"池社"。尽管这个"池社"有别于历史上的"池社",甚至背离了"池社"曾经抵制的"白盒子"理念,但我们不妨将此想象为一个作品,想象为一次重新浸入社会空间的实践。此时,展览无异于一次浸入中的浸入(图I-14)。这里没有现成品,也没有政治符号,而是一个个源于直觉建构、不可名状的"晦暗物"。正是这些"晦暗物",既解放了物本身,解放了我们的认知,同时也意味着一种新的生命政治和感知诗学的诞生。

图I-14 王强个展"倒流的河水"展览现场,池社,2018

问题是，随着技术和人工智能的突飞猛进，"熵"似乎已经成了人类最致命的威胁，也因此激起了一波又一波"反熵"的浪潮。与之同时，政治正确的狂澜又无时无刻不在侵蚀着艺术系统和艺术家的想象力。或许，这里的晦暗之处正是我们可以无限想象的空间。王强的实践自然不止于感官的解放，他希望通过轻与重、虚与实、坚固与脆弱、混乱与秩序等诸多辩证关系的交织，释放更多基于怀疑和自反的认知潜能。不消说，这也是二十年前的旧作《倒流的河水》作为此次展览主题的真正动因和寓意所在。

3
移动的入侵：媒介与感知

一

2015年，张培力推出了新作《标准的，健康向上的，有特色的圆及其音响》（图I–15）。作品由八台盛行于20世纪七八十年代的晶体管收音机组成，它们被有序地摆成一个圆形，圆心的位置安装了一个可以旋转的电动装置，并架了一把可以接近收音机的长柄麦克风，麦克风的另一端连接的是挂在墙上的两个旧式扩音喇叭。展览时，每台收音机被随机调至当地的任意一家电台，随着麦克风的旋转式移动，它将临时所接受的节目信息片段传递到挂在墙上的喇叭中。整个空间便因此弥漫着清晰度不一、并伴有杂音的源自不同电台的节目信息，叠加在一起变成了一股莫名其妙的"噪音"。似乎只有仔细去倾听，才会辨识一二。但即便如此，也只是碎片，无法形成一个整体。

图 I-15 张培力,《标准的,健康向上的,有特色的圆及其音响》("打怪:2016 关渡双年展"现场),机械及声音装置,尺寸可变,2015—2016

新作依然延续了张培力对于感官及其意识形态一贯的敏感和思考。单从整个装置的形式而言,我们可以追溯到 1999 年的《快 3,慢 3,快 4,慢 4》、2000 年的《同时播出》,特别是 2002 年参加光州双年展的影像装置《圆圈中的魔术》,后者虽然不是收音机而是电视机,播放内容也完全不同,但二者都是围了一圈,并都带有些许极简的色彩。若就作品的语言或句法而言,它与此前的《水——标准辞海》(1991)、《不确切的快感(二)》(1996)、《生日快乐》(1999)以及后来一系列从革命电影中汲取元素并加以重组图像母题的作品(比如 2002 年的《台词》、2003 年的《遗言》、2006 年的《喜悦》等)有着很多类似的地方,它们都具有一种序列感,或维特根斯坦所谓的"家族相似"性,而且都关乎观者的感官和意识形态认知。其中的麦克风装置部分,可以看作是2014年的作品《优雅的半圆》和《庄严的圆》的延续,因为都关涉到旋转和圆。

自20世纪80年代至今,张培力的工作一直是主要围绕绘画和录像两种媒介展开的,一度被称为"中国录像艺术之父"。2014年,在博而励画廊的个展"因为……所以……"中展出的《碰撞的和声》是他的第一件声音装置(图I-16)。作品主要由两个安装在横跨展厅的金属轨道上的喇叭构成,一边是男声,一边是女声,两个喇叭靠近时声音变强甚至有点刺耳,分离时则变得柔和。这一变化受制于已经设定的机械装置,它所发出的声音则诱惑或抗拒着观者的感官,或言之,它与观众一同制造了一个特殊的情境或场域。更重要在于,在这里,声音的变化本身便是一种有序的重复。不同的是,次年完成的第二件声音装

图I-16 张培力,《碰撞的和声》,装置,尺寸不详,2014

置《标准的,健康向上的,有特色的圆及其音响》中,变化是在无限地展开,并持续地开放出时间的维度。

经验中,和电视机不同,收音机是无法在一个空间内成为一个支配者或主宰者的,它听命于人,服从于人的身体,它没有空间的自主性和独立性,从而与身体构成了一种临时性的流动关系。[①]尽管张培力作品中的收音机是相对固定的,然而,当作品在不同的地方、不同的展览空间展出的时候,意味着它还是在不断地移动。它具有很强的在地性,每到一个地方,收音机所接受的电台信息基本都是当地的。而在这个过程中,艺术家的身体可以说也同样是伴随着收音机在流动。透过这一流动性,它暗示了某种事件化的可能。

二

张培力随机选择了八台20世纪七八十年代的旧式收音机(包括挂在墙上的扩音喇叭),和此前的很多作品一样,这样一种现成品挪用依然带有他特殊的个人记忆和社会经验的色彩,标题中的"健康向上"也有这个意思,不过他关心更多的还是媒介,而并非诉诸观念主义或某种身

---

① 参见汪民安:《论家用电器》,郑州:河南大学出版社,2015,第57—59页。

份政治，对此，他自80年代以来就一直很警惕。而今，晶体管收音机的物质形态已经淡出了人们的生活，而在电视机尚未普及的七八十年代，收音机则属于一种相对普遍的电子信息传播媒介，直到新世纪前后，随着智能手机和互联网的普及，收音机这一传播媒介才渐趋边缘化，越来越多的人们被更丰富、更多元、更便捷、亦更具互动性的网络媒体所吸引，收音机和广播在大多人眼中已渐渐成了一个记忆。当然，电台并没有因此消失，只是传播的渠道和方式不再局限于收音机，数字和网络传播成了主流渠道。这意味着，张培力之所以选择旧式晶体管收音机，不光是出于视觉和观念上的考虑，也是为了探触一种久违的媒介质感和张力，因为传播的信息是当下的，使用的传播媒介却是过时的，二者的"合成"本身便具有一种失调感和异质性。

几年前，格罗伊斯曾思辨地指出，源于大众性的网络生产、可见性很低的弱图像堆砌，取代了20世纪中那些高度可见的被大众所沉思的强符号。从此，成为艺术家不再是一种独特的命运，而是一种每日实践——一种弱的实践，弱的姿态。[①] 然而在今天，网络中的图像话语已经不

---

① 格罗伊斯：《走向公众》，苏伟等译，北京：金城出版社，2012，第126—154页。

再是弱的实践,就像"后网络艺术"的起兴,它其实已经摇身变为一种新的强符号或强图像。"后网络艺术"的代表之一黑特·史德耶尔(Hito Steyerl)也曾用"弱图像"描述当时互联网上的图像传播,但后来,随着宽带加宽和网速的提升,出现了高清、超清以及蓝光等高分辨率图片,她认为这也就意味着弱图像渐趋于消失了。[①]也就是说,不到十年,似乎又出现了一次新的颠倒,曾经的弱图像成了强图像,而过往的强图像则成了弱图像。依此来看,张培力所挪用的旧式晶体管收音机放在今天显然是一种弱媒介,但是它所传播的却是强声音——广播迄今依然是大众文化的一部分,抑或说,它是通过弱媒介在消解强声音,进而传递了一种去意义、去所指化的弱声音。问题在于,收音机所携带的强符号并没有消失殆尽,它又不断地跳出来与弱声音发生摩擦;同样,弱声音中依然残存的、依稀可辨的强声音,也不断地在撞击着弱媒介。

收音机的摆放看上去像一个共时性的结构,但麦克风的旋转和传播并不是共时的,而是一种历时性的强制撷取和叠加。这不但破坏了每个信息原本的叙事结构,且仿佛屏幕的窗口或弹幕一样,没有逻辑地构成了一部新的"叙

[①] 陈玺安、墨虎恺(Christopher Moore):《专访黑特·史德耶尔》,Ran Dian 访谈,2016 年 6 月 21 日。

事"。不过，没有逻辑也只是限于内容，麦克风均衡的旋转决定了传播本身还是有次序的。可以说，它是通过一种有序的方式在传递一种无序，表面的无序常常取决于一个有序的机制。与之相应，旧式喇叭原本多用于政府机关、军队、学校、医院等带有强烈规训机制和集体主义性质的机构，此处，它自然地被赋予了某种权力和支配的属性。当然这里所谓的次序也只是形式上的，事实上，就像前面已经提及的，无论麦克风移动至哪一台收音机，都或多或少会受到旁边收音机的影响，也就是说，最终传递至喇叭中的是复合的信息，有时甚至完全变成了杂音。"媒介即信息"，麦克卢汉（Marshall McLuhan）的这句名言我们并不陌生，然而格罗伊斯认为，这个说法已经过时了，今天恰好相反，信息即是媒介。这意味着，喇叭中的杂音及其无逻辑的合成本身就是一个新的媒介。此时，我们不再通过技术媒介，而是通过这些混杂的信息在认知世界，进入现实。

尽管张培力是最早触及所谓"新媒介"的中国艺术家之一，且他20世纪90年代以来的艺术实践也的确比较侧重技术媒介，但实际上，很多时候他并不把技术媒介作为本体，只是作为他复杂的语言结构和感知机制的一部分。当然，这并不意味着他放弃了媒介，而是说他实践中的媒介并不局限于技术与物质，可能是声音，信息，也可能是概念,文本,或其他。更重要的是,这里的"新"本身无法界定,因此他并不承认"新媒体"这样的说法。而在我看来,也不存在什么"跨媒介""后媒介"这样的实践,因为在今天,媒介本身并不自足,也不纯粹。

三

曾对张培力艺术做过深入研究的黄专说过,张的作品常常是多义的。[①]譬如这里的杂音,它让我们联想到张培力一直以来对于老电视机的屏噪、频闪和低像素图片的颗粒结构的"迷恋",诸如1993年的《连续翻拍25次》,1996年的《焦距》,以及2007年的《被展开四次的黑白风景》等,也都是透过这种粗糙的质感以获取某种视觉与感官的能量。这种关联不只限于画面风格,语言的逻辑同样不乏相关性。从电台到收音机,再到麦克风,然后到墙上的喇叭,直至观者的耳膜,整个传递就像不断地翻拍一样,最终听到或看到的只是一堆噪音或混乱的颗粒。这一过程正是前面所说的从"强图像"/"强声音"向"弱图像"/"弱声音"的转变。作为媒介,无论是图像,还是

---

① 参见黄专在第九届AAC颁奖仪式上的发言,"凤凰艺术"网站,2015年5月29日,http://culture.ifeng.com/a/20150529/43865656_0.shtml.

声音，它们都揭示了一点：感官虽然不同，但运作机制并无二致。就此，张培力自己的说法是对蒙太奇的一种修正。[①] 但在这里，他更像是制造了一种新的声音蒙太奇。也可见，这组声音装置其实是非常概念化的，就像2008年同样体现了这一概念逻辑的作品《标准翻译》，其中持续的机械误译就像是声音或图像在技术媒介传播中的消失、混合与延异。

问题是，我们常常所接受到的只是信息的终端，实际上看不到信息的源点，以及传播的过程。这其中，自是既有人为的因素，也有技术媒介的原因。张培力看似是有意回避了人为的因素，只是凸显了技术媒介自身，但是，作品中的麦克风旋转装置正是传播和转译中的核心环节，在某种意义上，他所谓的"标准"的界限就在这里，而这又恰恰是可以人控的。这说明，我们最终所接受或目光和耳膜所及的并非标准，而是标准的终端。终端意味着标准实际上已经被"技术媒介"所篡改或"破坏"。关键在于，此时作为语言媒介的标准及其"破坏"，本身就构成了一种文化—政治。对此，我们很难用"真实—虚拟"这样的二元概念做出确切的描述。

---

① 转引自黄专：《一个观念主义的反题：论张培力》，《张培力：确切的快感》，香港：Blue Kingfisher Limited, 2011, 第23—24页。

这是一件极具"野心"的作品。在我看来,媒介的考古只是一个入口,张培力真正关心的是今天我们所身处的鱼龙混杂的网络信息时代,就像喇叭里所传出、并溢满空间的噪音一样。与此同时,作为终端的喇叭也被赋予了某种权力属性,那么作品所揭橥的则是权力之为权力的系统与机制。因此,它看似带有强烈的个人和历史意识形态的色彩,但事实上,无论是文化状况,还是权力机制,都含有一个普遍性的底色。何况,媒介本身是中性的,意味着它同样是普遍的。也因此,每到一个展览现场,收音机调出哪家电台或哪档节目,张培力认为并不重要,而且每次展览,他也并不做任何记录。但即便如此,也不能忽视,由于旧式晶体管收音机接受信息的范围是有限的,节目往往仅限于本地的电台。所以,不同于全球化的互联网传播,它依然具有特殊的一面,毋宁说,它是有意地与全球化信息传播系统构成一种紧张和拉扯。而这样一种关系实际上也恰好回应了前面所述的"物质媒介/收音机(现成品)"与"非物质信息/声音"之间的摩擦与冲撞。

在以往的作品中,张培力尤其重视与观者的互动,或者是对观者感官的挑衅。[1]但这件作品却是"支配性"的,

---

[1] 参见姚嘉善(Pauline J. Yao):《距离公式:张培力艺术中的观众互动》,《张培力:确切的快感》,第31—35页。

无论是收音机和扩音喇叭的功能,还是对于"标准"的强调,都体现了这一结构关系,这其中观者并不是其作品的重要参数。不过,这种支配并非完全忽视观者,它的"在地性"已经决定了作品与观众(尤其是当地观众)之间在经验层面上可能的体认和反馈。也许,声音在此建构了共在的场域或事件,但肯定不再作为一个他者化的纯粹对象。这在我看来,与其说是一种互动,不如说是一种入侵,而且是一种游击式的入侵。仿佛是症候的蔓延,艺术家自己也无法预料未来它会侵入哪些地方,什么时候终止。

4
感官的秩序与物的逻辑

2013年初,何翔宇和妻子临时移居美国。他们住在位于宾夕法尼亚州西南部的匹兹堡,在何翔宇的印象中,这是一个发达又无趣的城市,加上语言上的障碍,他和外界几乎没有交流。也正是在这期间妻子教他英语发音的过程中,萌生了他持续至今的《口腔计划》(即《我们所创造的一切都不是我们自己》系列)(图I-17)。

最初的想法比较简单,就是用一种最朴素或者说最原始的描绘方式,将自己的舌头在口腔内部碰触到的部位以及感觉转译到纸上。在貌似抽象的画面中虽然隐约能看到些微口腔结构的痕迹,但如果不加提示还是因难以言状而不知所以。显然,不同的时间、部位,不同的力度、感觉,致使最终形成的画面风格也迥然有别。在描绘的过程中,他并没有刻意蒙上眼睛或封闭视觉,所以他会不自觉地调用早年学画的经验,比如对于水墨、水彩及画笔、纸

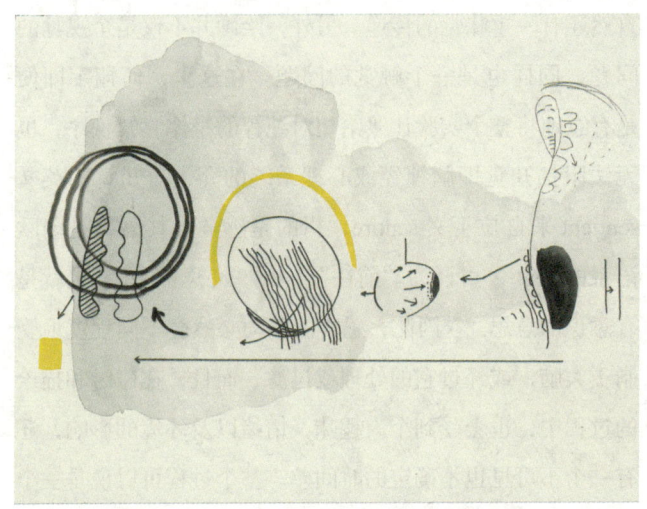

图 I-17 何翔宇,《口腔计划—我们所创造的一切都不是我们自己 48-1》(局部), 铅笔, 蜡, 无酸油性笔, 水彩, 纸本, 23 x 30.5 cm x 48, 2014—2015

张属性的把控等, 也包括他关于口腔生理结构的知识经验等, 看得出来, 他还是试图在线条和块面之间建立某种形式关系。此时画面的形成并非纯粹源自目光或视觉, 而是来自另一个感知的路径。确切地说, 他是将一种极其私密的、立体的、动态的可触结构转化为一种公共化的、平面的、静止的可视对象。当然, 艺术家也期待当观者的目光触及这些画面的时候, 后者能够牵动其隐秘的触知意识。

事实上, 这并非只是一个从舌头的触觉简单转向画面的视觉的过程。其中还包括了丰富的感知维度。比如, 舌头本身是有味觉的, 所以在它触及口腔内部结构的时候,自然还有一重味觉的传递。另外，绘画并不仅是个视觉的问题，同样也是一个触觉的问题。在这里，何翔宇即便是有意地将整个实验让渡给相对纯粹的身体感知秩序，也无法阻挡知觉即脑神经或心理系统的介入。知觉的英文sentient来自拉丁文sentire，指的是感觉，其语源是印欧语系的sent-，可译为"前往""去""心思欲去"，也就是有意识的意思。[①]因此，感官的移动必然会不同程度地受制于大脑，或经过它的处理或过滤，而且，在碰触和描绘的过程中，也会受到个人趣味、情绪以及环境的影响，还有一个不可见也不确定的时间差。整个过程可以说是一个平衡各种感知力量的紧张过程，也因此，画面并没有让我们觉得太多"意外"，它明显还是在一个可控的范围内完成的。

可控并不意味着单薄，相反，它恰恰因此显得更有厚度和可延展性。这也是何翔宇不愿意轻易失控的原因。在他眼里，那种缺乏难度的偶然和不确定性，不是降低标准，就是失之于肤浅。而他关心的是，如何将这些丰富的体验、感知和理解尽数压缩在一张画面上，观者则可以透过画面，通向另一个感知的世界。这当然是有难度，也是

---

① 黛安·艾克曼（Diane Ackerman）:《感官之旅：感知的诗学》，庄安祺译，台北：时报出版，2012，第13页。

有标准的。有趣亦在这里,当我们试图返回到口腔内部的触知体验的时候,却必须依赖于目光或视网膜,必须是在观看中进入感知的秩序中。此时,它不再专属于艺术家自身,它与观者的感知系统之间建立了一个新的传递纽带。在这个意义上,我们可以将其视为一种参与性的实践,而这一点尤其体现在该计划后续的实验中。

2014年,何翔宇以泥塑的方式取代了平面描绘。也就是说,他是将舌头触摸口腔空间及其感觉通过泥塑的方式表现出来。同之前的绘画一样,他并没有设计时间的限制,也不想将其作为一种行为或表演,创作本身还是有着一定的随机性和无序感。当然,最终呈现出来的结果也显得不同,毕竟绘画中手和眼的关系还是有别于泥塑。在泥塑中,明显觉触占有一种支配性的地位,甚至连铜铸后的打磨都是艺术家亲自完成的,以此形成一重新的触觉关联。最终的结果不再只是一个观看的对象,它更像是一个观者可以自由介入、自由触知的体验性场域或情境性装置。展览时,他特地设置了一个独立的空间,里面四周的墙壁和屋顶都被刷成粉色,地面铺的是同色地毯,作品无序地摆在地毯上,观众可以自由地蹲着或坐在上面观看和触摸作品。值得一提的是,粉色本身带有一种色情意味,而这种意味与舌头的触觉之间也暗含着一重感官的联系。在我看来,这样一种沉浸式的丰富体验,本身就营造了一个特别的感知空间。

在该计划的最新阶段,何翔宇又回到了绘画,只不过他放弃了水墨的黑白基调,取而代之的是黄色水彩。如果说之前的画面中,我们还能看到些许口腔结构特征的话,到了这里,它变得极为模糊,几乎看不清任何形状和轮廓。不过,根本的变化不在这里,其实早在进入第二阶段的绘画实验的时候,风格上就已经明显区分于最初的描绘。在最初的描绘中,他侧重于口腔结构不同局部的完整性,所以,画面强调的是每个部位的形状和外部轮廓,这更像是不同部位的触觉结果,而画面所显示的更接近一种静止的状态。相比而言,进入第二阶段以后,画面更具视觉整体性,仿佛是舌尖移动的痕迹,也就是说,他不再强调口腔部位的轮廓和形状,而是舌头所感及其运动本身。若按沃尔夫林的说法,这样一种区分也正好暗合了从文艺复兴的触觉向巴洛克视觉的转化。[1] 而这一转化实际取决于人的情感和时代精神的变化,甚至可以说,视觉的变化根本上就是源自神经体乃至整个感知系统的变化。[2] 这虽然不是何翔宇实验的动因,但至少为其提供了一个解释的

---

[1] 参见沃尔夫林:《美术史的基本概念:后期艺术中的风格发展问题》,潘耀昌译,北京:北京大学出版社,2008,第49—108页。
[2] 约翰·奥尼恩斯(John Onians):《神经元艺术史:从亚里士多德和普林尼到巴克森德尔和萨基》(*Neuroarthistory: From Aristotle and Pliny to Baxandall and Zeki*),梅娜芳译,南京:江苏美术出版社,2015,第134—144页。

维度。至于其中多重感官方式之间的秩序，我们还可以在伦勃朗与其所处的巴洛克时代的认知关联中得到印证。就像新艺术史家阿尔珀斯所说的，伦勃朗画面中对于手的强调，其画面突出的笔触肌理，以及笛卡尔《屈光学》中的盲人用手杖观看，这三者之间实际上可以建立一个基于触觉的认知纽带。[①] 而在乔纳森·克拉里这里，像马奈的绘画、立体视镜与两眼视差的生物学发现之间同样可以建立一个基于观看的认知机制。[②] 对于何翔宇来说，他当然无意提供一个神经学、认知科学或其他相关学科的答案，但与心理学、医学等相关领域学者的交流表明，他们的确共享了很多感知和思考。

也是在这个意义上，可以说《口腔计划》回避了性别、职业、阶级及种族等可识别的身份特征，将我们引至一个具有一定普遍性的身体感知空间。就像最近参加第13届里昂双年展的影像装置《乌龟，狮子和熊》（2015）（图 I-18），其实也是《口腔计划》的一部分或是其延伸的实验。作品由不同性别、国籍、族裔、肤色的二十一个

[①] 阿尔珀斯：《伦勃朗的企业：工作室与艺术市场》（*Rembrandt's Enterprise: The Studio and the Market*），冯白帆译，南京：江苏美术出版社，2014，第20—30页。
[②] 参见乔纳森·克拉里：《观察者的技术：论19世纪的视觉与现代性》（*Techniques of the Observer: On Vision and Modernity in the 19th Century*），蔡佩君译，台北：行人出版，2007。

图 I-18 何翔宇,《乌龟,狮子和熊》,尺寸可变,25 频录像(彩色,无声),21 件玻璃柜,2015

人和三只动物(乌龟、狮子、熊)打哈欠的录像组成。打哈欠是人在疲倦时由大脑神经支配的一种生理反应,时常出现在沉闷、瞌睡或需要舒缓紧张情绪的时候。尽管它受大脑神经支配,但实际上大多时候,它更像是纯身体感官的一种不自觉的反应,所以,我们也常通过脑神经知觉即咬紧牙关抑制这种反应。换句话说,这种反应可能源自某种视觉,也可能源自触觉、嗅觉、味觉、听觉或其他,一方面它们受制于脑神经知觉,另一方面也会自觉地对其形成一种抗拒。因此,哈欠也成了我们进入这一感知秩序的一个入口。在这里,影像的内容只是每个人或动物打哈欠的几秒钟,整个展场由此构成了一个极具情境性或戏剧化的氛围,并带给观者一种强烈的倦怠感。作为全球化时代普遍的一种生理和精神症状①,这一集体的倦怠也提醒我们,时间是如何被没有约束的现代性所同质和共构化,人的心理状态和感知能力是如何被现代技术、知识和物所吞噬和摧毁的。②

此时,如果我们再回过头看前面提及的《口腔计划》中他对黄颜色的使用,可以想象黄色本身的视觉感知与舌尖在口腔内部的触觉之间的可能性关联,除"黄色"本身具有的物理性及其身体反应与社会性的暗喻(比如色情)以外,可能其光感的反视觉性也是对于观者的一种提醒,提醒我们这其实不是一件纯视觉作品。③ 不仅《口腔计划》,同时期还有一些作品,也同样在诉诸一种感官的实验。《Lemon Flavored》(2014)是一组以黄色为基调的布面丙烯小画,画面非常简单,就是在自然涂抹的不同黄色的底子上写下"Lemon Flavored"的字样。画面中的语词只是一种提示,透过这一提示,将黄色的画面从视觉引向味觉,也就是说,画面试图带给观者一种酸涩的柠檬味。

---

① 参见韩炳哲(Byung-Chul Ham):《倦怠社会》,庄雅慈、管中琪译,台北:大块文化,2015。
② 参见乔纳森·克拉里:《24/7: 晚期资本主义与睡眠的终结》(*24/7:Late Capitalism and the Ends of Sleep*),许多、沈清译,北京:中信出版社,2015,第41页。
③ 另外,在我看来这里的黄色与他多次使用的媒材黄金之间也存在着一个潜在的视觉(即色彩)关联。

类似的作品还有《橄榄油》(2014)。艺术家先在展墙上用铅笔画一个127cm×175cm大小的方框,然后在方框内涂上橄榄油。于是,橄榄油一边有规则地逐渐渗到方框之外,一边释放出其独特的气味,从而制造了一个嗅觉的情境,或者说是一个无声的感知场域。这些小的实验某种意义上都是他《口腔计划》的一部分,它们在改变我们观看方式的同时,也在身体感官与日常经验之间打开了一些常常被我们所忽视的认知通道。我们可以将其视为一种挑衅,但这种挑衅不是基于对某种体制的不满,而是在于如何导向一种在场感。

牙齿是口腔重要的器官之一。2013年的《智慧塔》(图I-19)就是艺术家以自己的四颗智齿为主体,附加黄金制底座和塔顶的一个微型装置。这件作品在某种意义上也是他《口腔计划》的动因之一,从拔牙到制作,直至成为一个观看的对象或是某种仪式的象

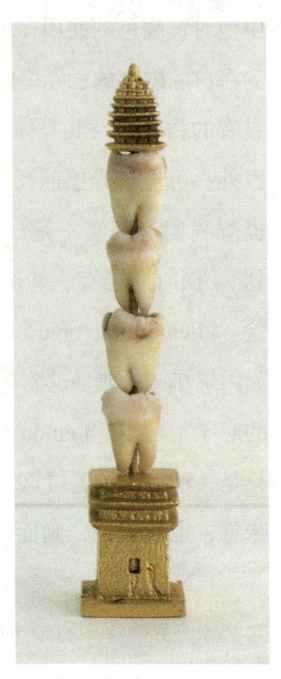

图I-19 何翔宇,《智慧塔》,智齿(牙齿取自何翔宇),99.99%纯金,铜,竹签,1.9x 1.9 x 9cm,2013

征，其中贯穿着一个感官的转化过程或认知的纽带。牙齿是私密的，本身植根于神经系统。黄金是一种公共流通的物质，而且在古代，牙咬是一种鉴别黄金的常用手段。这也意味着，它原本就与牙齿及其感知系统具有一个触觉的直接联系。而当艺术家以这样一种巧妙的方式将它们组合在一起的时候，既是感官方式的转化，同时也将视角引向物质性层面，以及与之相关的社会价值系统。2012年的作品《200克黄金，62克蛋白质》具有相似的结构。他用传统鎏金技术制作了一个盛放鸡蛋的专用托盘，并在上面嵌放了一个真实的鸡蛋。和牙齿一样，蛋壳尽管也是具有一定硬度的物质，但是在这里，它并不指向感官的转换，而是基于材料及其社会属性的一种观念隐喻，这种主客颠倒的背后暗喻着一种价值的颠倒。何翔宇并没有明示这是一种关于艺术体制性的实践，但看上去它的确又回到了杜尚的命题，只不过他不像现成物的逻辑那么简单，毕竟在今天现成物仅进入美术馆就可以成为艺术已经不再可能，它取决于一个更为庞大的系统（包括资本、政治等），就像《R&L》（2014）和《无尽的副本》（2014）所提示的，恰恰是副本在支撑并改变了正本的命名和价值。而此时，命名不在于物质或形式的象征或社会属性，而是基于某个物理属性或其中的某一参数，亦如《R&L》中两只袜子的间距和《无尽的副本》中两张对叠的镜子之间的2.5cm,在何翔宇这里其实就是生活与艺术之间的一个参数。

"艺术是不纯洁的",这是何翔宇一件作品的标题。在他眼中,即便是"安徒生童话",也沾染着意识形态的痕迹。2011年的作品《Sorry》中,他用点亮的灯泡取代了直立在展墙边上的一扇由不锈钢翻制成的门板的把手。除却作为门把手的灯泡的触觉性与发光的灯泡本身所具有的视觉性之间的感官转换外,并不难洞悉其门板的防卫功能与这一特殊把手所具有的不安全感之间吊诡的政治隐喻。何翔宇认为,艺术中的政治就像汉堡里面的菜叶,它不是点缀,而是一种营养。另如,《献给她,扩音器》(2011)中毛泽东在开国大典上的讲话录音,《马拉之死》(2011)中的意识形态符号,它们或许只是一种态度,但这个态度有时候也可以通向一个不可见的认知世界。因此,这些可见的元素并不是作为一个立场的标签,它提供的是一个进入历史和现实及其复杂性的入口。但在何翔宇这里,政治只是艺术的一个参数,它不是全部。说到底,贯穿何翔宇艺术实践的实际是一个物的逻辑,但更重要的是,物的逻辑本身也是他所针对或欲揭示的一个当代症状。即使是《口腔计划》,所依循的也是物的逻辑,在此艺术家自身实际上已经被物化或技术化了,但是,感官本身是反物质和反技术的。因此,有时候物本身并不一定承载价值，比如《铜》（2014），无论形式，还是媒材，他认为这些并不指向某个象征或观念，它只是一块纯粹的金属铜；但有时候，媒材本身的社会属性也是其语言系统的一部分，就像《橄榄油》中的橄榄油，《智慧塔》《200克黄金，62克蛋白质》中的黄金，包括他最早的作品《完》（2010）中的象牙，以及《坦克计划》中的进口皮革和《可乐计划》中的可乐，它们本身就负载着某种社会观念和价值。

要说牙齿作为媒材，其实并非始于《智慧塔》，在此之前他就已经用过了。只不过，这里使用的不是他自己的牙齿，而是象牙。2010年的《完》中，他用象牙制作了一副手铐。从象牙本身的价值到手铐的隐喻，社会性只是一种媒介。当它作为艺术作品成为一个观看对象的时候，它所承载的不是单纯的社会批判，而是一种类似奢侈品一样的象征美学。以同样的逻辑，在《坦克计划》（2011—2013）中，他调用了大量的资源，制作了一个庞大的坍塌在地上的皮坦克装置。据他所说，所有原材料都是从意大利进口，整个制作由30名工人耗时两年完成，总成本达20余万美元。类似的宏大叙事也体现在他最早的《可乐计划》（2009—2011）中（图I-20、图I-21）。和《坦克计划》中的玩具坦克一样，可乐也是艺术家个人成长经验中的一部分。整个计划是在辽宁省靠近中朝边境的一个小城丹东完成的。艺术家和他的团队花了一年多时间,烧煮了127吨可口可乐,从中提炼出40立方米的熟渣。期间,甚至还招来了公共安全、环境保护、消防卫生以及边境管制等相关部门的检查和罚款。关于这些,无论是从全球化反思,还是从社会介入的角度,我们都不难赋予它一个解释,就像他用可乐誊录美国独立宣言,用可乐绘制中国古代山水画等一样。而这样一种宏大叙事实际上与《坦克计划》是一致的。但是,何翔宇自己更看重的是在物质性的转化中它所爆发的感官能量,即带给观众的一种生理性的反应。换句话说,他还是期待借助这个物的场域打开一个反思我们日常生活和社会机制的缺口。在这一点上,

图 I-20 何翔宇,《可乐计划》(记录),喷墨打印,尺寸可变,2009—2011

图 I-21　何翔宇,《可乐计划》(展览现场),装置,尺寸可变,2010

之后的《口腔计划》是一种延续,只是在这种延续中,他保留了个体经验的一面,而尽可能地祛除了背后的宏大叙事。

显然,对于何翔宇而言,政治和资本都不是一种负担。他也并不回避这些,甚至坦承这些都是当代艺术不可或缺的要素,但是,它们却不是他所针对的问题或实践的重心。特别是 2013 年以来,随着《口腔计划》持续深入地展开,他不仅不受制于意识形态体制和艺术系统,还迈向了一种更具普遍性的认知实践。而这也充分体现了何翔宇自身极具弹性的适应和控制能力。在大小、轻重、缓急、有无、虚实之间,他常常将自己逼至两个端点,但又有足够的能量和想象可以自由地穿梭在两极之间。这种蕴含着巨大张力的节奏在唤醒我们"沉睡"已久的感官秩序的同时,释放出了一个又一个超出我们日常经验的认知场域。

5
脱体：感知的解放与"我"的重塑

时至今日，丝绸和针织依然是林天苗艺术实践中使用最多的材料和手段，加之对于女性身体和肖像的不时援引，使得她常被贴上"女性主义"的标签。对此，她并不反对，但也不完全认可。因为，仅是"平权"或"政治正确"意义上的"女性主义"显然无法涵盖她实践的丰富层次和多维意向。即便是其中的丝绸与针织，也不单是映射"女红""孕育"与"纽带"，至少还暗喻着劳作、阶层（权利）及其现代变革，甚至涉及历史传承、文明交流及当代身份认同等。何况实际也不限于此，如近期她关于玻璃与感知的实验，就已经跳出了"性别"这一狭隘的界定。当然，对她个人而言，针织、刺绣以及缠线等原本就是她经验的一部分。正是因为这些已经渐渐淡出了我们的生活和记忆，反而常带出一种久违的温度和质感。不过，怀旧、乡愁似乎从来都不是林天苗的风格，一向强悍的她更关心的是隐伏在温度与质感中的权力结构和政治空间。

此次在上海外滩美术馆的新展并不是一次阶段性的回顾，但就像展览标题"体·统"所标示的，它是一次系统性的展示，并深植于历史与现实的肌理中。透过展览的框架也可以看出，它既是一次艺术家经验结构的全面展开，同时也交织着一部个人史。展览分为四个单元，依次为"个体意识""群体意识""公共意识"和"终极意识"。对于出生于20世纪60年代初的林天苗而言，四个部分恰好构成了她的生活世界和自我认知。她曾目睹"文化大革命"，也见证了改革开放，后来还旅居纽约多年，自90年代中期回国至今，她亲历了全球化背景下中国社会的巨变和动荡。也因此，对于个人、集体、公共以及生命本身，她有着格外的体会。诚然，这是一部大历史叙事，但具体到她的艺术实践，则无不起因于最直观、细微甚至是最私人化的体验和感知。

展览的部署似乎并不遵从艺术家个人的经历。应该说，"群体意识"或"集体性"是她最初的经验，但在此次展览中，她将其作为第二部分，选择了以"个体意识"作为展览的开端。"个体意识"包括《白日梦》（2000，图I-22）和《反应》（2017—2018，图I-23）两件装置。尽管二者使用的材料和语言方式有所不同，但都在尝试通过主体的让渡或客体化和一种反身性的实践，重返对于自我

图 I-22 林天苗,《白日梦》, 装置, 尺寸可变, 2000

图 I-23 林天苗,《反应》,装置,尺寸可变,2017—2018

的认识。在《白日梦》中,床作为象征物,暗示着身体的虚实或主客两面,或者说,她是通过床(即睡眠与梦)将身体进行虚实或主客分离,进而将身体化作物—图像或客体,悬置其上并正对着床面。于是在主客、虚实之间,便形成了来回反转,而连接两者的正是密密麻麻的"线阵"。也意味着,梦这一"不自觉"的行为被实在化了。在这里,"线阵"无疑是最接近观众,甚至是触手可及的。就像艺术家所说的,"白日梦"是潜意识里最深层、最真实的发生。[①] 然而,在《反应》中,观众则通过直接的参与

---

① 林天苗:《关于〈白日梦〉》,未刊稿,2017。

和实验，测试自我（潜）意识对于身体之客观物理机制的干扰和影响，以及这一干扰和影响又是如何回馈主体意识的。测试的结果显然并不重要，重要的是测试本身对于心理或意识的"介入"，以及测试过程中可能产生的怀疑、抗拒等心理变化。可见，无论是《白日梦》还是《反应》，它们都将"我"分离成"主我"与"客我"，并借以通过对"客我"的感知和测试，反身指向对于"自我"（或"真我"）的重新确认。

"集体主义"无疑是林天苗这一代人对建国后十七年和"文化大革命"时期的普遍记忆，以至于20世纪70年代末以来，他们的使命就是如何从这一"集体经验"中逃离出来。然而，进入90年代，随着经济体制转型和消费社会的兴起，曾经的"集体经验"化身为大众文化的一部分，同时也成了左翼学者反思新自由主义、批判消费社会的历史、文化资源。但对于林天苗而言，意识形态并不是她的出发点。无论是社会主义还是资本主义，作为权力系统，都有可能导致集体无意识。因此，这里的"群体"或"集体"不是某一具体意识形态的产物，而更像是一种混合的、普遍的社会构成。

此时，性别似乎已经从自觉渐渐变作一种不自觉的意识。从《白日梦》到《妈的！一瓶》（2008）（图I-24），无论是裸体女性的形象，还是使用的材料和手法，都带有

图 I-24 林天苗,《妈的!一瓶》,装置,尺寸可变,2008

明显的女性主义痕迹。《妈的!一瓶》仿佛是一个女性日常生活的废墟或考古现场,散落在女性身体周围的那些瓶瓶罐罐,都是日常生活中的用具和容器。女性身体本身亦暗喻着容器,那么这里的连接既是一种欲望和吸纳,同时也指孕育和生产。反之,被器具围困的身体则提示我们,这同时也是一个暴力的现场。不同的是,《嗨!》(2001)传递的是女性这一身份乃至性别的消失过程。这一消失本身带有明显的集体主义的痕迹。而这里的集体

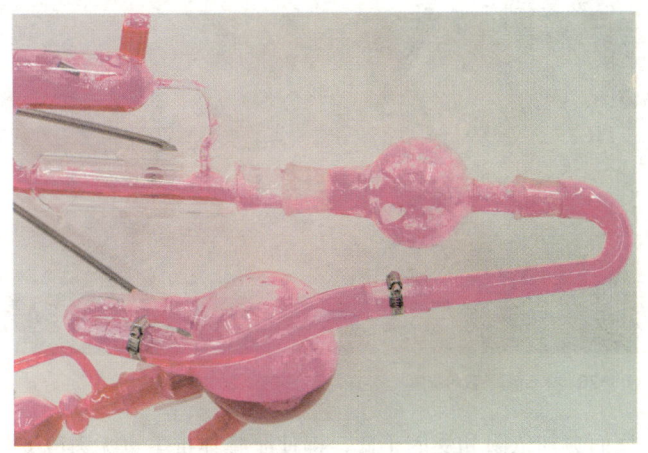

图 I-25 林天苗,《暖流》,装置,220 × 65 × 258cm,2018

主义不仅是生活方式,更是一种隐形的权力机制。声音从中扮演着重要的角色,毋宁说,它就是支配或操控观者感知的权力源头,那尖细的噪音对于置身其间的观者而言同样无异于一种"暴力"。新作《暖流》(2017—2018,图 I-25)中的液体装置及其客观的运转则恰好可被视为这一权力机制的一个脚注。在此,液体的自转与器械的公转之间的关系则形同人与社会、政治、文化的关系。艺术家提醒我们,人类一直在试图通过各种实验改造社会、政治和文化运行的原理,于是这些实验的器具装备便形成了一个微缩的社会、政治、文化系统,它与作为液体的生命或人类原本是相生相伴的状态,但随着这一系统变得强大,其内部的作为个体生命的液体则

图 I-26　林天苗,《我的花园》, 装置, 尺寸可变, 2018

反而愈加依附和受困于此, 即使是集体抗争也无力改变权力系统的公转逻辑。①

　　介于个体与群体(或集体)之间的, 是公共地带。它既是个体与群体(集体)之间的缓冲区域, 也是新的政治诞生的"第三空间"。当然也不排除它会成为另一个权力系统, 最典型的莫过于今天的公共媒体。《我的花园》(2017—2018, 图 I-26)是专门为此展览量身定制的大型装置。在美术馆四楼展厅, 林天苗制造了一个由玻璃器皿构成的"花园"。不同色度的绿色液体, 经由透明的玻璃, 释放出不同的光感和层次。器皿内部液体的涌动既是生命的隐喻, 同时也提示我们, 景观是如何被建构的, 以及这样一种人造景观又是如何消耗和吞噬着人类有限的生

---

① 林天苗:《关于〈暖流〉》, 未刊稿, 2017。

命体。基于此，我们不妨追问：在物、美学与技术—政治之间，能否做出区分？或者说有没有必要做出区分？林天苗并没有提供答案，但有一点是肯定的，这同样是一个权力系统。不过即便如此，它同时也是一个脱离我们经验范畴的异质空间，其对于观众感官的调动和与既有认知经验的撞击本身构成了一种政治和对于自我的重新确认。值得一提的是，在每一个器皿的表面，都刻写着一种植物的民间称呼，如"彼岸花"（中文植物学名为"红花石蒜"，拉丁植物学名为 Lycoris radiata）、"指甲花"（中文植物学名为"散沫花"，拉丁植物学名为 Lawsonia inermis）等，这一方面是为了呼应花园的布局，但另一方面，这些民俗的说法本身也构成一个公共话语的场域。如果说标准的学名象征着一种命名权的话，那么这些民间称呼则是基于在地经验的生成和局部认同。当然，和"<u>丛生</u>"的器皿一样，它也可以被视为一个异质的话语空间。而更有意思的是，当这些民间或民俗称呼再度被译成英文（或其他语言）的时候，如"彼岸花"为"flower of the other world"，"指甲花"为"nail dye flower"，它们将延异和再生为一种新的话语政治。而这一过程在某种意义上和"我"的分离与重塑是"同构"的，甚至，我们还可以将其看作是在地艺术实践对所谓"国际标准"的一种回应。

如果说"个体意识"是为了分离出自我，"群体意识"

是意在反思集体无意识的话,那么,"公共意识"则是探讨"第三空间"作为一种权力系统以及从中寻找自我的可能性,而到了展览的终章"终极意识"时,林天苗又将我们的视角拉到了生命的原初方式。从"潜意识"的测度到集体权力系统公转的实验和玻璃花园的制造,似乎都在暗示着技术的进步及其对于人的身体和自我的干预,而在"终极意识"中,我们仿佛又回到了原始劳作的生存机制。艺术家选择的展陈方式也暗示我们,它更像是一座纪念碑,并由此预设了一种观看的仪式(图 I-27)。日常用具(锅碗瓢盆、镰刀斧子等)和身体骨骼的局部构成了一种异样的美学,而这样一种组合使得用具看上去更像是刑具,传递着隐隐的残酷、不安和痛感。不可忽视的还有投

图 I-27　林天苗,《失与得》,装置,尺寸可变,2014

射在墙上的仿佛乐谱一样的影子,正是这一光影关系将我们引至柏拉图的"洞穴寓言"。试想,在日常用具与人体骨骼之间不正是一种不自觉的奴役关系吗?奴役我们的不仅是所见的这些,甚至可以引申为一切技术,也由是,似乎又回到了一个我们再熟悉不过的诡论:劳动、技术赋予人类以生命和尊严,构造并延伸了人类文明,但同时也可能成为不可见的脚镣或宰制者。

至此,我们已经很少看到有关性别的痕迹,尽管她所有的作品都带着女性特有的柔韧、透明和机巧,但显然,内在于"个体意识""群体意识""公共意识"及所谓"终极意识"中的权力机制才是她真正关心的问题,而如何认知和重建自我贯穿了整个展览。毫无疑问,这些经验和意识都重叠在林天苗的身上,严格地说,它们不是一个历时的关系——尽管我们不难找到这样一条线索,而是一种共构并存的关系。在此基础上,她试图跳出一切既有的知识和理论经验的框架,凭靠一种本能的直觉和感官,从不同的意识向量所构造的权力体系中将"我"分离出来(即鲁迅所谓的"脱体"[①]),重塑"真我"。其间,虽不可避免地局部借助或援用了一些知识、技术和经验,但这些都服

---

① 鲁迅在《集外集·咬嚼未始"乏味"》中曾说:"这是严分男女的国度里必有的现象,一时颇不容易脱体的,所以正是传统思想的束缚。"此处所谓的"脱体",指从根本上脱离。

务于她关于感知场域和观看机制的建构。这一建构一方面深植于她所亲历的过往和所身处的现实,另一方面又不为自己的经验和认知所限,而恰恰希望由此将"我"乃至更多人从中解放出来。这不仅是性别的解放,更是一种普遍的人的解放。而所谓的解放,并不意味着通往一种赤裸的自由,而是在于如何感知和体认既有历史和现实条件下的自我生命境况,借以重探自我与历史、现实以及未来的新的政治关联。

II
正义剧场

引论
复象：作为一种剧场政治

一

巴西剧作家奥古斯都·博瓦（Augusto Boal）的《被压迫者剧场》初版于20世纪70年代，晚了法国戏剧理论家安托南·阿尔托（Antonin Artaud）的"残酷戏剧"将近四十年。两位都是戏剧史上的离经叛道者，但要说革命性，阿尔托无疑远甚于博瓦。

在《被压迫者剧场》这本书中，博瓦清理了从亚里士多德的悲剧理论，到马基雅维里的"德善诗学"（poetics of virtue），再到黑格尔与布莱希特的辩证戏剧，直至20世纪以来他所开创的"被压迫者剧场"，这一戏剧思想史的基本线索。博瓦眼中的剧场就是政治，他认为，"那些想要将剧场从政治中抽离出来的人，是试图带领我们走向一个荒谬的境地"①。博瓦的梳理并不复杂,他确定了几个主要的"历史节点",以此探触相应时期的剧场政治。因此,我们也可以将其视为一部以剧场为视角的政治哲学史考察。

显然,博瓦还是站在观众或民主的角度审视剧场及其政治机制的变化。在他看来,剧场的政治化实际源于艺术与科学的模仿关系。不同的是,在柏拉图这里,万事万物是模仿理念的结果,而艺术作为影子的影子,则已经远离了理念。换句话说,在柏拉图这里,艺术或诗由于不能通向一种理智的生成,无法诉诸他所谓的政治。然而,在亚里士多德的《诗学》中,艺术虽然也是源于模仿,但模仿真正的意涵是再创造一个可以使事物趋向于完美的内在行为,和科学一样,其目的是以自然界之道试图纠正自然界的错误和失败。②因此,古希腊悲剧本质上是一个政治的剧场,它所担负的是一种政治或教化的功能。在这里,悲剧不仅源于模仿,而且它所模仿的是人类出自理性灵魂的行为,最终通向一个至高的目的——幸福或正义。按亚里士多德所言,诗的天然吸引力使其尤为适合作为一种教育手段,而条件是须引向正确的目的。③也因此,博瓦认为,

---

① 博瓦:《被压迫者剧场》原序,赖淑雅译,台北:扬智文化出版,2000,第19页。
② 同上,第15、17页。
③ 阿威罗伊:《论诗术中篇义疏》,刘舒汉译,北京:华夏出版社,2009,第11页。

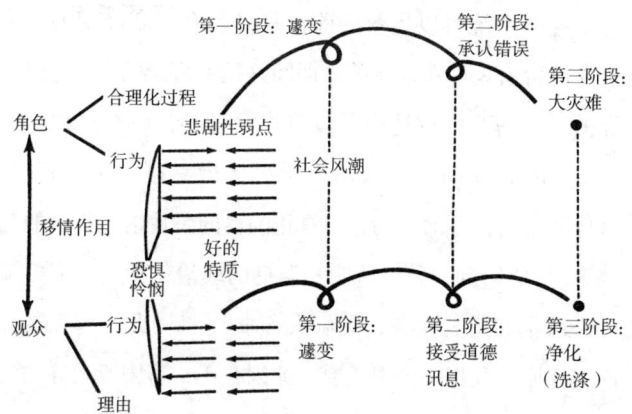

图 II-1 博瓦绘制的亚里士多德的悲剧压制系统

相比政治性而言,所谓的"三一律"就显得次要了。作为古典政治思想史上的常识,对此我们并不陌生,无论《政治学》,还是《尼各马可伦理学》,其中都有相关的论述。这里的问题是,在何种意义上,剧场可以成为通向正义的工具?成为一种"净化"或"威慑"的工具呢?亚里士多德的答案是:移情,以此影响观众,实现其政治教化的目的。博瓦所绘制的这张示意图(图 II-1)无疑形象地表明了亚里士多德的悲剧压制系统及其运作逻辑。[①]

当然,博瓦也不忘提示我们,这一悲剧压制系统可以运用于革命之前或之后,但绝对无法在革命期间进行。因

---

① 博瓦:《被压迫者剧场》,第 53 页。

为，这一系统得以生效的前提是必须有一套确切的、被接受的价值观存在，在革命期间这是不可能的。① 值得一提的是，博瓦的论述中并没有提及喜剧，而在施特劳斯（Leo Strauss）看来，政治哲学更接近喜剧，而非悲剧。就像阿里斯托芬的喜剧，其真正的目的是攻击"哲学的癫狂"，希望回到一种"清明和温良的政治哲学"，"成熟地关心政治和道德事务，关心人和事"。② 因此，博瓦选择回避喜剧，我想一个很重要的原因在于，喜剧所教导的不是普通观众，而是政治哲人苏格拉底——因为"移情"对于政治哲人是无效的。（这在某种意义上也为他后面"被压迫者剧场"的革命论述和实践埋下了一个伏笔。）但有意思的是，在论述文艺复兴时期剧场政治的时候，他选择的却是马基雅维里的喜剧《曼陀罗》。其间博瓦引述了马克思的那句名言：所有的历史事件都会发生两次，第一次是悲剧，第二次是喜剧。③ 我们姑且将其视为从古希腊悲剧到马基雅维里喜剧的一个注脚，但无法解释他为什么回避古希腊喜剧。也许，亚里士多德《诗学》中喜剧部分的佚失或相对较少是一个最直接的原因。④

---

① 博瓦：《被压迫者剧场》，第65页。
② 甘阳：《政治哲人施特劳斯》，香港：牛津大学出版社，2003，第95—97页。
③ 博瓦：《被压迫者剧场》，第113页。
④ 参见朱海：《亚里士多德喜剧理论研究》，复旦大学硕士论文，2009。

博瓦认为，中世纪的戏剧理论沿袭的是亚里士多德的《诗学》，完全服务于赞助演出的贵族和教士，戏剧本身依然带有明显的惩戒和教化色彩，只是与观众的关系变得更加抽象。然而，自11世纪以来，随着商业的发展和布尔乔亚阶级的兴起，出现了一种新的艺术、新的思维方式和知识。马基雅维里就是这一转变的重要见证者之一，并且创造了一种新的诗学："德善诗学"①。他主张将人们从一切道德价值的束缚中解放出来，在其喜剧《曼陀罗》中，《圣经》在人们的日常生活中已经不再具有规范性的功能，替代它的是金钱、开创事业的进取心、努力工作以及冷静理性的生活态度。对于博瓦来说，马基雅维里的喜剧与亚里士多德的悲剧之间的根本区别在于，它是以一种理性的方式连接它与观众之间的关系，而不再是透过移情的或神秘的抽象情感连接。②而施特劳斯之所以将其视为现代性的第一次浪潮，主要也是因为马基雅维里（包括霍布斯、洛克）对于古典思想的全面拒斥和政治的彻底去道德化。③与之相对，三百年后卢梭强烈指责莫里哀、反对日内瓦建立剧院计划的理由正是戏剧（特别是喜剧）对于道

---

① 博瓦:《被压迫者剧场》，第82页。
② 同上，第105页。
③ 施特劳斯:《现代性的三次浪潮》。转引自甘阳:《政治哲人施特劳斯》，第6页。

德的败坏。①

延续了马基雅维里的"德善诗学",莎士比亚的戏剧最终还是回到了一种合法性与道德性的教化机制,但不容忽视的是,他开启了一种自由的辩证与和谐的现代剧场模式,并预示了黑格尔和布莱希特的现代辩证诗学。黑格尔区分了三种诗的类型:抒情诗、史诗和戏剧诗,三者分别代表了主观、客观和主客观综合。在黑格尔这里,主观性优于客观性,戏剧最后所展现的是一种主观性能量的客观性冲突。②布莱希特承袭了黑格尔辩证诗学,但内在的关系则反转为马克思的辩证唯物主义。换言之,他既具有黑格尔唯心的一面,也具有、且更加倾向于马克思唯物(即黑格尔所谓的"史诗性形式")的一面。显然,博瓦更加"认同"作为马克思主义者的布莱希特,因为在这里,他看到了一种行动的可能。也就是说,它不再是诠释世界,而是试图改变世界。对他而言,戏剧不能以平静、均衡的状态结束,相反,它必须呈现出社会失衡的原因、哪一种方式可以使社会流动以及如何催化改革的发生。布莱希特曾旗帜鲜明地指出,身为一位大众艺术家,必须放弃庙堂舞台,走进邻里社区。在博

---

① 参见卢梭:《关于戏剧演出给达朗贝尔的信》。见卢梭著:《卢梭论戏剧》,王子野译,北京:生活·读书·新知三联书店,2007。
② 博瓦:《被压迫者剧场》,第124—125页。

瓦看来，这一反布尔乔亚、反古典式移情的剧场实验本质上就是一种启蒙。①

然而，这样的历史铺垫并不是博瓦的真正目的。他实际是想表明，无论是古希腊悲剧，还是马基雅维里的喜剧，包括布莱希特的史诗剧，实际上都没有真正解放观众，在这里主体依然是剧场，而剧场依然受制于既有的政治机制。即便布莱希特已经意识到了改变和行动，但也只限于对于大众的介入，而无关大众对于剧场的参与。正是基于这一历史反思，博瓦提出了"被压迫者剧场"，其目的就是为了抵抗和反叛这一支配机制。或许，剧场本身是非革命性的，但是这些剧场的形式无疑是一项革命的预演，此时，所谓的移情、净化等都全无用武之地，观众作为主体，则彻底破坏了既有的剧场政治逻辑。剧场不再是一个观看的对象，或是一种景观式的表演，而是一种彻底破除压制系统的排练式行动。博瓦说："这是一种解放的诗学：观众不再将权力委托给角色，不论是思考或演出；观者解放了自己；他为自己思考，为自己表演！剧场即行动。"②如果按照格罗伊斯的说法，公众的参与和介入本身就是一种基于民主的装置（或剧

---

① 博瓦：《被压迫者剧场》，第134、146、143页。
② 同上，第198—200、221页。

场）政治。①

二

在博瓦这里，剧场与其说是一种艺术，不如说是一种政治。尽管他由此释放出了剧场的媒介，不再限于经典的舞台，论坛、报纸、照片、传说等也成为一种新的媒介和方式，但是剧场本身依然受制于政治，确切说是受制于20世纪六七十年代的激进民主。换言之，革命政治构成了他戏剧实践的一个共同"脚本"。但问题是，民主本身也是古希腊政治的一部分。因此，它并没有脱离柏拉图、亚里士多德所开启的政治史（包括科学史、哲学史）维度。而这也是我认为比起阿尔托的"残酷戏剧"，他还不够彻底的原因所在，因为，阿尔托连这个"脚本"都不要了。甚或说，他彻底逸出了这一政治史和科学史维度，更像是返回"前科学""前政治""前哲学"的世界②，以至于有人将整个戏剧史划分为阿尔托前和阿尔托后两个阶段。

当然，这并不意味着阿尔托无视观众的介入。相反，

---

① 格罗伊斯：《装置的政治》。见格罗伊斯著：《走向公众》，第53—82页。
② 也有学者对此提出异议，认为古希腊之前就有科学与政治及相关的学说。参见 G. E. R. 劳埃德（G. E. R. Lloyd）：《古代世界的现代思考：透视希腊、中国的科学与文化》，上海：上海科技教育出版社，2008，第20—21页。

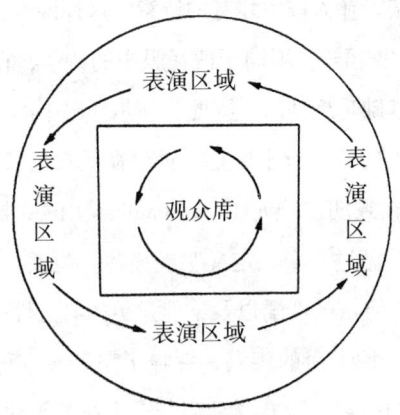

图 II-2 阿尔托绘制的"残酷剧场"平面图

他所谓的"残酷戏剧"同样主张运用群众式的演出,取消观众与演员的区隔。在写于1933年的《剧场与残酷》一文中,他尤其强调,"残酷戏剧"的第一次演出将以群众关心的问题为主题,这比任何个人的问题更为紧迫,更令人忧心。[1]实际上,他所构想的剧场平面图也已经说明了这一点(图II-2)。[2]只不过,他看重的不是群众介入本身所具有的政治性和革命性,而是在群众与群众的相互碰撞、挤压的庞大人群骚动中,如何去寻回一种诗意——

---

[1] 阿尔托:《剧场及其复象》,刘俐译注,杭州:浙江大学出版社,2010,第102页。
[2] 郭斯嘉:《语言、空间与表演:安托南·阿尔托的残酷戏剧》,上海:复旦大学出版社,2014,第99页。

一种在节庆、在人群中才有的诗意。这种诗意也正是阿尔托所谓的"残酷"。不同于博瓦眼中的诗学,在阿尔托这里,诗的基础是反秩序。因此,阿尔托眼中的诗已然不是文本意义上的诗,毋宁说是一种生命的自由状态和方式。1932年,在致朋友鲍龙(Jean Paulhan)的一封信中,他对"残酷"做过一个"定义"或描述。他说,"残酷是指生的欲望、宇宙的严酷以及不能避免的必然性;是诺斯替教所说的一种生命的旋涡,吞噬了黑暗,一种不可逃避的、命定的痛苦,没有这种痛苦,生命就无法展开",而"剧场作为一种持续创造、一种全然神奇的行为,则臣服于这种必然性"。[1]

阿尔托所针对的不仅是剧场或政治,更是一种文化,准确说,是尼采所谓的历史终结之后的整个"末人"时代。因此,也可以说他是在号召发动一场文化革命。在他这里,文化革命不是马克思主义和'68一代左派的专利,排斥政治性的文化革命并非没有革命的可能,甚至更具革命性。[2] 这显然比博瓦的"被压迫者剧场"更具视野和深度。阿尔托指出,既有的文明或文化所导致的生活的枯竭和饥饿,才是现代社会真正的危机和困境所在。所以,他

---

[1] 阿尔托:《剧场及其复象》,第99、44、121页。
[2] 苏珊·桑塔格(Susan Sontag):《走近阿尔托》。见桑塔格著:《在土星的标志下》,姚君伟译,上海:上海译文出版社,2006。

认为最迫切的不是捍卫文化,而是自所谓文化中汲取具有与饥饿同等强悍生命力的思想。对此,剧场恰恰提供了一种可能。就像他所说:"如果剧场是为了让我们压抑下去的东西得到生命,那么剧场便是一种恐怖的诗。""真正的文化就是以这样一种激情和生命的能量来运作的。"阿尔托之所以抵抗语言,或者取消语言,就是因为语言本身构成了一种秩序,一种文化秩序。当然,这并不意味着他反对语言本身,而是试图通过剧场释放出同样植根于文化的动作、声音、话语、火、喊叫等诸如此类的形式语言,这其中,具有魔力的元素最终都归结为一个"影子"或"复象",一个被赋予了演员形貌和感性的幽灵。并且他认为,在所有的语言、艺术形式中,剧场是唯一还有影子或幽灵,并打破其限制的。①

之所以阿尔托选择巴厘岛戏剧、东方戏剧等异于西方的剧场实践作为讨论的参照,是因为他发现了内在于这些剧场中的神秘的形而上或意志力。这里的形而上自然不是柏拉图、亚里士多德笔下的形而上,而是更接近"前科学""前政治""前哲学"时期的一种忠诚于自我与生命的形而上。就像他所感慨的,这其中有太多无法参透的仪式和动作,它们像幽灵一样,构成了对于既有话语秩序的一

---

① 阿尔托:《剧场及其复象》,第1、2、6、8页。

种挑战和破坏。可以说，本质上复象是一种非话语的实践，它抽离了一切话语或文本的限制，完全让渡给一种混乱的、不确定的、无法命名的身体行动和精神意志。它席卷了人的个性，而绝非是一种简单的反映。这也意味着，它只有一次，没有任何重复的可能（图 II-3）。因此，德里达认为，剧场应该说是瓦解模仿最重要的而且具有特权的场所：因为它相比于别的艺术曾更多地被这种整体再现工程所标识，而在这种整体再现工程中，生命的肯定性让自己被那种否定一分为二并掏空。阿尔托的残酷戏剧则恰恰关闭了这一摹仿和再现的可能。[①] 对于传统戏剧空间部署的反动无疑是最直接的体现，他曾旗帜鲜明地指出："用透视法来制造幻觉，用人工的画面来迷惑感官，所有这些都应驱逐出舞台。"[②]

因此，有别于博瓦的是，阿尔托的敌人不是亚里士多德的古典戏剧，也不是布莱希特的现代戏剧，它无意构成一种线性的历史张力，而是意欲破除一切秩序，在解放戏剧语言的同时，和尼采、福柯一样，其真正的目的是解放深陷理性困境的现代人。可见，他根本无视古今中西之

---

① 德里达:《残酷戏剧与再现的关闭》。见德里达著:《书写与差异》（下册），张宁译，北京：生活·读书·新知三联书店，2001，第 420—421 页。
② 转引自郭斯嘉:《语言、空间与表演：安托南·阿尔托的残酷戏剧》，第 105 页。

图 II-3 阿尔托手稿

争,和亚里士多德一样,他也在诉诸一种净化或治疗,但目的不是为了移情和教化,而是为了激活身体残酷的潜能;他对东方戏剧中神秘的、自由的精神形式的青睐,也暗示我们他不受既有经验中空间秩序的任何束缚。

熟悉福柯文本的都应该记得,在他早期的著作中,特别是在《疯癫与文明》中,他曾无数次提到阿尔托,认为"他是一个富于守护英雄主义精神的人物,一位体现着新认识方式的艺术家"①,而他的反理性、反现代性与"残酷戏剧"的主旨无疑是一脉相承的。福柯说:"理性—疯癫关系构成了西方文化的一个独特向度。在博斯(Hieronymus Bosch)之前,它早已伴随着西方文化,而在尼采和阿尔托之后仍将长久地与西方文化形影不离。"②根据桑塔格的观察,美国20世纪60年代反文化运动中的差不多每一种主流时尚,阿尔托在20年代就已经倡导过了(除了对喜剧作品、科幻小说和马克思主义的狂热),他和杜尚、凯奇、劳森伯格等一道,早已掀起了一场浩浩荡荡的艺术—文化革命。③因此,如果沿着博瓦的思路非要赋予他一种政治性的话,阿尔托无疑更接近"前政治"的政治,同时,我们也可以说,"残酷戏剧"是后来福柯反思权力政治(这里的权力不是指谁的权力,而是权力本身)的一个征兆。

---

① 参见詹姆斯·米勒(James Miller):《福柯的生死爱欲》(第四章),高毅译,上海:上海人民出版社,2003。
② 福柯:《疯癫与文明》前言,刘北成、杨远婴译,北京:生活·读书·新知三联书店,1999,第3页。
③ 苏珊·桑塔格:《走近阿尔托》。见桑塔格著:《在土星的标志下》,2006。

就像他笔下那个残酷的梵高一样[①]，阿尔托野蛮地将剧场从戏剧史及其理性所建构的权力系统中连根拔起。但是不要忘了，梵高其实还有着不残酷或秩序的一面，在生命意志力的背后还有着理性的、清醒的艺术史自觉和意识。在我看来，这里真正的残酷不在于身体和意志的解放，而是在于其如何从一种理性秩序中挣脱出来，走向一种建基于身体形而上学精神的"混乱"状态。

三

在阿尔托眼中，一切艺术都是剧场表演。于是，他自然地为超现实主义所吸引，因为他提倡的是一种更加微妙、更富想象力，也更具反叛性的意识。不过，当大多数超现实主义者即将加入法国共产党的时候，阿尔托便斥之为背叛的一步，并主动退出他们的行列。说到底，他不满超现实主义，主要还是由于后者选择了一种忠于尘世的快乐的精神政治[②]，而这已然违背了他灵肉一体的"野蛮行动"。1931年9月，阿尔托参观卢浮宫的时候，发现文艺复兴画家莱登（Lucas Van Leyden）的一幅画《罗德与他

[①] 参见阿尔托：《梵高：被社会自杀的人》，lightwhite（白轻）译，见"豆瓣网"，http://www.douban.com/note/269144253/.
[②] 苏珊·桑塔格：《走近阿尔托》。见桑塔格著：《在土星的标志下》，2006。

的女儿们》(图 II-4)与巴厘岛的戏剧不无相似之处。尽管题材源自《圣经》,但其实际已完全迥异于我们所熟知的《圣经》叙事。画面的背景貌似是一场即将来临的灾难,前景描绘的是罗德和女儿暧昧的"乱伦"场景。对此,我们可以赋予它各种社会学解释,按潘诺夫斯基"图像学"的逻辑,也不难探得它的知性基础,但阿尔托关心的不是这些,他看到的则是一种混沌、神奇、平衡、无力,以及彻底的反秩序和形而上精神,他说这其实就是一个剧场。[1] 显然,绘画在此作为剧场,完全取决于画面的内容而非形式。但实际上,阿尔托并非无视形式,当他宣称驱逐透视法的时候,便已暗示我们反透视本身就是源于一种形式的自觉。因为,透视法是文艺复兴时期剧场和绘画普遍共享的一个视觉机制和观看方式。法国艺术史家达弥施(Hubert Damisch)研究发现,当时的绘画在塑造空间的时候已经在借鉴剧场的空间形式。[2] 关键是,早在 15 世纪,阿尔贝蒂就已经指出,透视法给出了一个建筑的场所,这个场所所暗喻的正是当时的共和政体。[3]

19 世纪末,修拉的两张画《室外剧场的巡演》(1888)

---

[1] 阿尔托:《剧场及其复象》,第 37—38 页。
[2] 参见达弥施著:《云的理论:为了建立一种新的绘画史》,董强译,南京:江苏美术出版社,2014。
[3] 阿拉斯(Daniel Arasse):《透视法的发明》。见阿拉斯著:《绘画史事》,孙凯译,董强审校,北京:北京大学出版社,2007,第 32 页。

图II-4 莱登,《罗德与他的女儿们》,油画,尺寸不详,1520

和《马戏团》(1890—1891)是绘画作为剧场的另一种典型。它不再限于画面的题材,也不限于画面的透视或反透视结构,绘画的形制本身就已构成一个剧场。艺术史家乔纳森·克拉里提醒我们,《马戏团》的画框非常重要,修拉在此试图通过更暗、更宽的画框突出画面人物的明亮度,而这正是当时瓦格纳建构剧场的一个基本理念。另外,《室外剧场的巡演》和《马戏团》二者恰好构成了一个剧场的整体,前者是剧场外的场景,后者则是剧场内的情景。这样一种分隔回应了当时的一项视觉技术发明——埃米尔·雷诺(Emile Reynaud)的"活动视镜"。1879年左右,雷诺有一个很重要的技术革新,他隐藏了装置的技术操作部分,使得观众在新设计中看不到视觉被建构的过程和性质,而这一结构性的剧场"区隔"或许影响了修拉,使他先后创作了这两幅画。① 还须一提的是,在《室外剧场的巡演》中,修拉取消了透视结构,但如果将《马戏团》的画框视为舞台,意味着它所暗含的空间结构并没有脱离经典的剧场设计。也就是说,作为剧场,修拉的实践其实并不具有多少革命性。也难怪,博瓦的历史叙述中根本就没有瓦格纳的位置。

---

① Jonathan Crary, *Suspensions of Perception: Attention, Spectacle and Modern Culture*, Cambridge and London: The MIT Press, 2001, pp. 256-258.

无论是反社会学解释,还是摧毁透视法,当德里达将"残酷戏剧"视为对再现的关闭的时候,意味着阿尔托不仅重新开启了绘画的解释向度,也重新定义了剧场及其政治。不过,阿尔托的剧场概念似乎当时并未引起艺术界足够的关注。一个典型的案例是,1967年,迈克尔·弗雷德在《艺术与物性》一文中将艺术的剧场化视为一种堕落。弗雷德针对的是极简主义,目的是为了捍卫格林伯格的形式主义。① 如果说形式主义取决于一种高度形而上的理念的话,那么弗雷德所谓的剧场所抵制的正是这一理念的形式,只是问题在于,这里的极简主义剧场除了解放观众以外,实际并没有通向阿尔托所谓身体的形而上和意志力,甚至,作为后形式主义,极简主义非但没有导致"混乱",反而建构了一种更为牢固的理性秩序。不同的是,根据朗西埃的解释,弗雷德所发明的反剧场的绘画现代性,则相当于演员朝向观众的一种反转。但其明显的悖论是,这个反剧场本身还是来自剧场。弗雷德试图取消舞台,取消与观众可以互动的演出,但问题是,剧场不是演出,不是这个可以互动的舞台,它首先是言语的可视性空间,是所见物中所说物的问题性转译的空间。就像高更的"农妇",当其意欲

---

① 迈克尔·弗雷德:《艺术与物性:论文与评论集》,张晓剑、沈语冰译,南京:江苏美术出版社,2013,第155—178页。

建立一种"平面性"的时候,实际是在形象与文本之间构成一个可以相互转移的接口界面。因此,它根本无法纯粹,反之,所谓的纯粹性、自足性不过是一种艺术的梦想。[①]

和阿尔托一样,朗西埃既封闭了再现,也绝不认同与之相对的所谓纯粹的、自主的、本质的形式和媒介,毋宁说,他是以装置和剧场的名义重新定义了艺术,包括形式主义。就像他所说的:"再现体制的打破并不定义一种本质,即艺术最终发现的艺术本身的本质。这种打破确定了艺术的审美体制,确定了另一种连接方法,即实践、可视性形式和可知性方式之间的另一种连接。"[②] 显然,这里朗西埃已经与阿尔托出现了分岔,虽然他们共享了封闭再现这一前提,但朗西埃并没有像阿尔托那样彻底地抽离理性,而是通向了一个开放的认知机制。这一认知机制似乎更接近伯瑞奥德的"关系美学"——尽管朗西埃曾"大加挞伐""关系美学",并与阿尔托的残酷戏剧之间构成了一种紧张关系。[③]

今天,艺术媒介的开放彻底抛弃了格林伯格、弗雷德的形式主义原则,自由穿梭在戏剧、表演、电影、摄影、

---

① 朗西埃:《图像的命运》,张新木、陆洵译,南京:南京大学出版社,2014,第117—119页。
② 同上,第103页。
③ 参见伯瑞奥德:《关系美学》,黄建宏译,北京:金城出版社,2013。

绘画、雕塑等各种媒介的剧场或装置已经成了一种普遍的理解和实践艺术的角度和方式。那么，此时重申"残酷戏剧"及其复象的意义，所针对的自然不是艺术史上的某个阶段、某种风格或流派，而是贯穿整个艺术史的知性逻辑和理性秩序。激进的"参与性艺术"也同样试图摧毁这一已经深陷资本和知识困境的知性方式及其折中主义，遗憾的是，支撑它的则是一个比知性更为"腐败"的意识形态和政治机制，而且实际上这是一种陈旧的"政治艺术"或"政治剧场"。这也是博瓦"被压迫者剧场"的困境，而阿尔托的革命性就在于它对知性的反思并没有回到"政治艺术"，而是通过诉诸复象或幽灵及其形而上和意志力，开启了一种新的"艺术政治"或"剧场政治"。这也是我策划展览"复象的幽灵"的理论起点。

如果说这里与阿尔托的剧场理论有什么直接关系的话，最明显的是展场空间的安排和艺术家以及参展作品的选择。但这并不显得有多特殊，因为几乎所有的当代艺术展览空间部署都近似阿尔托的剧场构想，换句话说，当代艺术展览的空间本身早已被装置化了。不过，艺术家及其参展作品的选择本身同样不乏阿尔托的色彩。至少我并没有确立具体的主题或线索，展览只是为艺术家提供一个释放的舞台。此时，无论古今还是中西，无论物质的还是精神的，无论具象的还是抽象的，无论体制外的还是体制内的，都无不表明，这种"混乱"就是一种意志或幽灵的展演。而这也是我放弃脚本或剧本的原因所在。

艺术家并非是一种象征，也不是一种反映，而我们这里所要展示的正是逸出这个系统的他们的影子或复象。展览看似是设计了几个潜在的知识线索，但我更加看重的不是这些暗藏的艺术史关系和连接，而是在这个基础上，他们各自的独立及其相互间的碰撞和挤压。进一步，如果说作品是艺术家的复象或幽灵的一种显现的话，那么，展览本身也构成了一个不同身体及其生命意志交织和角力的场域。但这还不是最根本的，我认为真正的角力体现在这一反理性的幽灵与依附于理性的现实展场秩序及艺术系统的表演者之间。就像阿尔托、福柯一样，无论如何反动，思想最终还是依附在一个有序、知性的文本表述之上——至少语言本身并不"混乱"。更何况，阿尔托也曾不无矛盾地指出："一个形象必须同时是知识的时候才能让我感到满足。"[①] 这也提醒我们，阿尔托并没有终结剧场，恰恰相反，它成了20世纪六七十年代以来"后戏剧剧场""新感官主义"等实验剧场重要的资源和营养。[②]

---

① 转引自苏珊·桑塔格:《走近阿尔托》。见桑塔格著:《在土星的标志下》，2006。
② 参见汉斯·蒂斯·雷曼（Hans-Thies Lehmann）:《后戏剧剧场》，李亦男译，北京：北京大学出版社，2010；黄建宏:《电影、剧场和运动》，北京：金城出版社，2015。

*　*　*

不消说,这里的"复象"只是作为一个理论的引子,本章着重讨论的则是高磊、杨振中、廖国核、戴安娜·塔玛尼(Diana Tamane)及徐震等五位艺术家如何透过自己敏锐的触觉去捕捉和表征现实世界的权力逻辑及其剧烈变动。世界本身就是一个剧场,然而,艺术家们的实践和创制不仅只是为了引爆这样一个事实,亦是希望由此揭橥其"正义"表皮下的种种不正义及其反讽的本质。吊诡的是,此时艺术反而被赋予了某种"正义"的色彩。

1
IKEA、淘宝与摄像头：
日常暴力与末世寓言

民国时期，为了让儿童了解人体生理组织，上海某出版社发行了一套普及性的儿童科学挂图（图 II-5）。有趣的是，这里人体生理结构被想象为一个工厂，被虚拟成一套理性的机械运作系统。言下之意，它是一个可操控的对

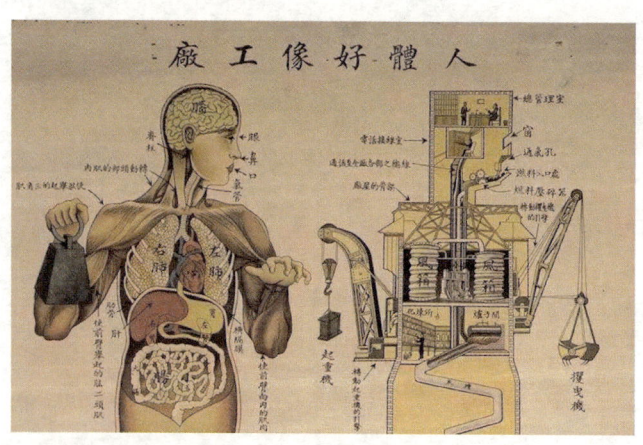

图 II-5　民国儿童科学挂图，时间不详

象。这样一种认知自然是西学东渐的结果,在西方,这早已是普遍的知识。比如《人是机器》,这部脍炙人口的名著是18世纪法国思想家拉美特里流亡荷兰时完成的。根据大量医学、解剖学和生理学等材料,他将人视作一部理性运作的机器,认为思维、心灵取决于大脑的机能,道德则是身体自我保存的一种要求。这本书一度被归为机械唯物主义的经典,但今天来看,它更像是现代社会的一个隐喻。

20世纪60年代,福柯在《临床医学的诞生》一书中,基于临床的相似性原理,揭示了人类身体疾病的理性秩序。[①]这一理性秩序与机器、工厂的运作系统并无二致,其本身就是一个权力结构。福柯关心的与其说是临床医学的诞生,不如说是整个现代社会秩序和权力的历史构成。其实在福柯之前,就不乏如尼采、马克思、海德格尔、阿尔托等这样的质询者和叛逆者,甚至后来汇聚成为多个殊途同归的思潮或主义,然而时至今日,我们依然无法逃脱这一"普遍"的生命秩序和逻辑。自然,这也成了当代艺术不可回避并争相介入的议题。比如高磊,其艺术实践在很大程度上便是沿着这一路径展开的。

当然,他的实践并非拉美特里和福柯文本的视觉注

---

① 福柯:《临床医学的诞生》,刘北成译,南京:译林出版社,2011,第6页。

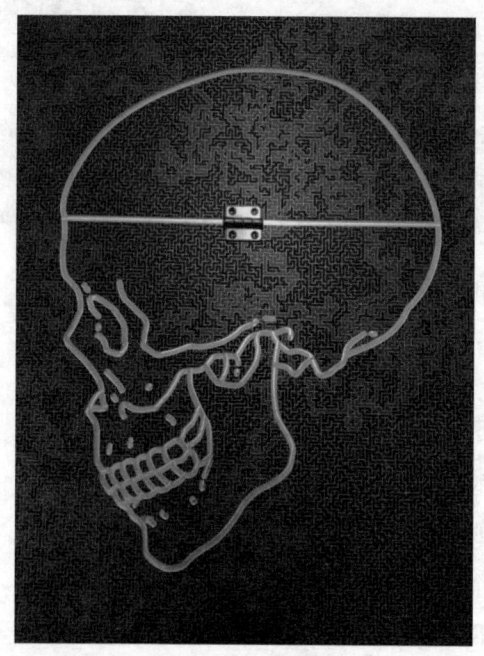

图 II-6　高磊,《捕获器—人工智能》,装置,70x70x5cm,2017

脚,尽管由技术主导的现代生活逻辑及其理性机制与身体的权力关系同样贯穿着他的洞察、思考和审美。就像新作《捕获器—人工智能》(2017,图 II-6)所提示的,一个早期用于测试电脑速度的迷宫与一个人类头颅图案的并置和连接,虽然依靠的是类似金属合页这样的日常器具,但这样的连接方式(包括刻画头颅图案的机械方式)本身所掩饰的却是无处不在的暴力,这意味着,真正致命的不仅是导致人脑机能退化的人工智能,还在于,这里几乎所有的宰制皆被包裹在一个美学框架中，掩饰本身也是一种权力技术。不无巧合的是，这件作品也恰好是高磊最新个展《审讯之酶》（2017）的引子和起始。

《审讯之酶》是继五年前的个展《投射》（2012）之后，高磊在阿拉里奥首尔空间举办的第二个个展。物的选择构成了新作的起点。无论是作为拍摄的对象，还是作为装置的素材，高磊对于物的选择显然是有倾向的。看得出来，作品中几乎所有的物都是来自日常生活和个人记忆，而且大多都是我们习以为常的廉价品。不过仅从这一点，似乎看不出什么端倪，因为很多艺术家的实践都是脱胎于日常经验中的物和事，区别就在于，高磊的选择与其说是出自物的日常性，不如说是基于物与身体之间种种可见、不可见的暴力和权力关系。这并不意味着这些物是象征性的，相反，他的实践很多时候恰恰是削弱或是去象征化的。

摄影作品《"无题"系列》（2017）源自费利克斯·冈萨雷斯-托雷斯（Felix Gonzalez-Torres）在上海外滩美术馆的个展中的作品《"无题"（情郎）》。高磊提取了此作品中的一张蓝色纸张作为他这个新系列作品的拍摄背景，镜头对准的是多年来他收集的有关集体主义时代的建筑、工业、医疗与科研等方面或相关的器物（如机械计算机、经纬仪、显微镜、注射器、锯、鼓、胶片盒等），他以局部

图 II-7　高磊,《"无题"》系列，摄影，2017

摄取再合成放大的方式抽掉了它的功能属性和社会背景，从而将其转换为一个审美的对象（图 II-7）。在高磊看来，冈萨雷斯作品中象征着私密、浪漫与温情，蕴含情感叙事的蓝色纸张，与已经淡出我们日常生活的那些充满秩序感的冰冷机械和器物，形成了一种极富节奏和质性、又不乏矛盾和落差的美感。[①] 在此，无论是那些被放大并抽离了背景的物，还是物与物之间（如注射器与铁链，并置的锯条等）以及物与蓝色背景之间的莫名关系，既是为了凸显摄影媒介的质感，也是为了将暴力感隐藏在"隐忍""克制"的审美机体中。高磊无意制造缝隙，甚至可以说，他

---

① 高磊:《"无题"系列》，2017年11月，艺术家提供。

恰恰是在弥合缝隙，画面也因此极具整体感和协调性，而那些被放大的物或其局部，亦随之被赋予了某种仪式感和纪念碑性。从观者的角度而言，这里的观看本身便构成了一种权力或暴力关系。只是，这里的权力或暴力并非是画面单纯地强加给观者的，而是通过一种好奇和美学的诱惑使其陷入自我被支配的感知困境中。亦或，他原本就是要诉诸这样一种不可名状的感知。

在高磊的实践中，混合着不同时期的惩罚、规训与暴力机制，甚至有一些还带着前现代和现代工业时期的痕迹。然而这并不是一种历史的追忆，毋宁说是透过对过往的洞察和揭橥，从中抽出暴力本身。也即是说，这些物和事也许已经成为历史，但暴力本身并没有消失，而是一直绵延至当下的物和事中。展厅里，高磊制造了一个"审讯"的现场，不过，他并非是简单的再现，而是从中剥离出相关的权力要素和支配关系，利用身边之物重构了一个异样同质的空间。作品主要由《审讯之酶》（2017）、《供词》（2017）和《证物》（2017）三部分组成（图 II–8、图 II–9）。《审讯之酶》是一组由连接高压电线的陶瓷绝缘子和古旧弧形木条拼接而成的装置。所谓"审讯之酶"，在高磊看来，它一方面影射着司法系统中通常采取"技术"手段争取疑犯招供，以获取所谓犯罪事实的模式，另一方面也提示我们，象征着扭曲肉身的弧形木条与高压电线配

图 II-8 高磊个展《审讯之酶》现场 -1，阿拉里奥画廊（首尔），2017

图 II-9 高磊个展《审讯之酶》现场 -2，阿拉里奥画廊（首尔），2017

件如何以带有某种仪式美感的结构，衍化为一部充满危机的诱捕装置。① 这些物的选择和组合并非随性使然，因为像扁担一样的弯曲木条和高压线配件其实都不同程度地和身体相关，对于后者而言，它们既日常，又危险。而当这两个物嫁接在一起的时候，形式上仿佛是已然变异的身体骨骼，弥漫着一种冷峻的质感和死亡的气息。

写到这里，我想插入展览中的另一件装置《折断胳膊之中》（2017）。尽管它源自杜尚早期的现成品实验《折断胳膊之前》，而且艺术家原本是尝试为自己的装置实验诉诸某一艺术史的基础和前提，甚至还有意"设计"了数个语言关联（如折断、"前"与"中"等），但在此处，无论是杜尚作品中的雪铲，还是高磊作品中的船桨，其实都暗示着现成物与身体的某种直接的关联，即是说，所谓"胳膊的折断"指涉的同样是对于身体的暴力。值得一提的是黄铜合页与船桨的连接方式，就像《审讯之酶》中的扁担和高压线配件之间的关系一样，这样一种组合固然弱化甚或消解了物本身的功能或所指，但不可忽视两个物之间在本质上的一个分歧：扁担和船桨多少带着些许私人性，而高压线配件与黄铜合页则更倾向于公共与普遍。这一分歧性的结构也同时体现在与之相应的另一部装置《供

---

① 高磊：《审讯之酶》，2017年11月，艺术家提供。

词》中。

在《供词》中,艺术家将日常私密的淋浴空间与公共空间的监视器并置,并将罪犯或殉道者的身体以工业化的材料悬挂其中,展厅外另一个角落的显示器上正在播放着由监视器所"拍摄"的作品局部(地砖和滴漏)的视频。需要说明的是,这个监视器其实是在淘宝上热销的一款仿真摄像头。按高磊所言,在这里,私密与公共、真实与虚构、供词与告解、宗教与世俗等,经由视频中不可见的水流声的不断冲洗逐渐模糊了边界。[1] 无论从物的选取,还是作品的空间形式本身——类似的空间形式曾出现在《R-1040》(2011)中,这样一个现场混合了救赎、刑罚与警察制度(摄像头,以及仿佛是警察防暴盾牌的亚克力板),我们可以将其归为不同历史时期身体—政治的一种重叠,甚至当作一部审讯技术及其政治文化的演进史。在此,它既隐喻着拯救与重生,也暗示着死亡和毁灭,且都指向了普遍的身体暴力机制。意味深长的是摄像头的运用,不难想象,今天几乎公共空间的每一个角落都安装有监视器或仿真摄像头,它已经成为一种最为普遍且成本低廉的治理术。视频中的水流声巧妙地传递着某种暧昧,它既是身体的守护者,同时也是身体的规训术;它仿佛在暗示什么,

---

[1] 高磊:《供词》,2017年11月,艺术家提供。

又像是在掩饰什么。毋庸说，这本身也是日常生活暴力的一种美学样式与普遍图景。

相关的另一组作品是《证物》系列。高磊以现成的桌面、门垫为背景，将一些私人的日常收集物呈列其上，试图伪造成从各种犯罪现场获取的证物。艺术家同时也将其视为一组绘画，也因此，他尤其看重物与物组合的形式与构成。或者说，在高磊的心目中始终有一个审美的标准，从他所选择的色彩、图式和工艺也看得出来，他是有意地"迎合"或指向当下中产阶级的审美趣味，美学的诱惑自然也是其反复提到的"诱捕装置"的要素之一。当然，无论是语言的精准度和精致度，还是这样一种趣味和倾向，本身也是一种暴力，确切说是一种自我的暴力。而这一暴力，无疑更多是源于普遍的个人欲望。换言之，个人欲望或许才是真正的不可见的暴力。由此可以想象，高磊作品中何以在在是性（准确说是男性，或男权）的暗示，这显然不仅是性格和志趣的自觉，本身也是其现实感知和观念的一部分，它同样是一个暴力的隐喻。

高磊一再说明，此次展览作品的大多素材和物都是来自 IKEA（宜家）和淘宝。IKEA 是来自瑞典的全球知名家具和家居零售商，淘宝是亚太地区最大的网络零售商之一，它们早已成为日常生活的一部分，甚至可以说，我们的生活已经无法脱离它们。就像以上所述的无处不在的摄像头一样，IKEA和淘宝业已渗透在我们生活的各个角落，这同样可以被视为一种入侵和暴力。吊诡的是，它看似是一种生活方式的进化，但同时亦前所未有地释放了人们不可约束的欲望，并成为一种新的规训机制。甚或说，IKEA、淘宝乃至整个现代社会治理系统，它们各自本身就是一部诱捕装置。也是在这个意义上，我们才能理解高磊何以将其视为绘画，置于一个被观看的位置。因为只有取消了它们的功能属性，将其从生活中彻底抽离出来的时候，方可真正洞悉其内在的权力逻辑和暴力机制。现场同样是一片死亡的气息，一片末世的图景。展览中由铝板制作的"三联画"《测试物》（2017）无疑是这一图景最恰切的注脚。

艺术家通过工业矢量铣刻的方式，将IKEA销量很高的三件家具椅子、落地灯和书架的轮廓刻划在精心制作的三块铝板上，画面的背景图案是核爆测试现场视频的静帧图。这样一种组合的背景是，核弹测试之前都会在距离爆破中心几公里外建造一些用于测试核弹威力的房间，里面通常会放置一些日常所使用的家居设备，以测试核弹真实的破坏力。在高磊看来，画面中日常物所象征的由西方审美趣味和标准主导的全球消费主义——之所以采用轮廓的形式也是为了凸显其符号性和象征性，与同样是现代技术产物的核爆并无本质上的不同，毫无疑问，它们都是现代性的灾难。说到核爆,它让我想起展览中另一件作品《冠冕-4K》(2017),它是一组由IKEA桌面、消防喷头与肥皂盒组合而成的容器,里面分别隐藏着象征大卫、亚力山大、凯撒、查理曼四位帝王的四张扑克牌K,对于这一组合,此处我们不妨理解为,IKEA、淘宝所象征的全球消费主义本质上也是国家间的一种竞争游戏。在这个意义上,IKEA、淘宝与核竞争并没有本质的区分。由此也可以理解《测试物》中,不管是图像母题(核爆,包括IKEA)的选择,还是刻划方式(如铣刻)本身,何以都极富暴力色彩,并同样幻化为一种精致的美学和景观,甚至构成了一种反向的力量——或许,它所对抗的正是"双十一""双十二"以及不同名目的促销活动、购物节等诸如此类失控的欲望和消费的狂欢。不过,这一反向的力量并没有转换为作品内在的紧绷和对抗,而更接近"酶"及其催化效应:专一、多样而极具活性。

在高磊的作品中,尽管处处是象征和隐喻,但他无意传递某一具体的观念,他关心的还是如何通过重建一种歧异的美学结构,释放出这些物及其相互间关系的能量。现场充满着压抑、不安和恐惧,而艺术家关心的是这样一种死寂的氛围能否激起观者对于残酷现实的感知和体认。在《捕获器—货币》(2017)中,艺术家在两个金属笼子里均放置了一枚象征着货币的金属镜面,观者可以透

图 II-10　高磊,《捕获器—货币》,装置,尺寸可变,2017

过笼子看到自身的镜像以及笼中的手足,而笼外则对应地悬挂了我们日常生活中常见的公交车扶手与金属桌腿(图 II-10)。[①] 韦伯所谓的"现代性铁笼"或许是对此装置最好的阐释,然而在这里,高磊提供了一个双向的路径,金钱、货币不仅是铁笼的根源,同时也是我们反向洞悉和揭

---

① 高磊:《捕获器—货币》,2017 年 11 月,艺术家提供。

橥这一困境的入口——正是作为镜面的货币隐约显现着被捆绑的手足和被监禁的真相,而铁笼下面的日常一角显然无法提供这样一个入口。高磊不忘再次提醒我们,所有这些现成物均来自IKEA和淘宝,而这同样亦是在暗示我们,后者才是铁笼的制造者。更加吊诡的是,和这些现成物一样,艺术家及其作品也同样寄生于全球消费主义的链条。

此时,人不再是支配者,而不过是这一高速运转且依然在剧烈加速中的技术系统的一个环节。不同于文章开头的铺垫的是,这里的重点不再是将人想象为一个机械运作的理性机制,而是在于,人已然衰微到只能依附或寄生于这个失控的现代生活秩序。在《查拉图斯特拉如是说》中,尼采将现代社会贬为末世,将现代人贬为末人。当然,尼采当时大加挞伐的并非是技术,而是理性、民主与平等。现如今,我们面临的则是,技术已经变异为一头人类无力抗拒的巨兽,人工智能或许是人类未来最致命的敌人。最后,我想以参展作品《反射》(2017)作为本文的结束语。在我看来,这件作品本身就是一部末世寓言。

作品源于一种名为犰狳的动物,具体来自两则新闻报道。一则报道有人因为食用犰狳肉而身染麻风病毒,且据科学发现,它是目前唯一一种体内携带人类麻风病毒的生物,而它们的麻风病毒则是四五百年前由人类传播的。后一则是一美国男子在自家院子发现一头犰狳并朝它开枪,不料子弹却从犰狳坚硬的甲壳上反弹至那名男子,导致其下颌受伤。这样一个奇异的"循环"暗示我们,如果说犰狳象征着技术巨兽的话,那么人类的悲剧就在于不得不自食其果,最终被这头巨兽所吞噬和摧毁。这再次将我们引到了福柯这里。在《疯癫与文明》的末尾,福柯提到,现代精神病院的诞生意味着麻风病被纳入现代医学的体制之内,在这里,医生拥有主导地位,疯人院则成了一个理性的医疗空间。而对于病人,除了无休止的审判,要么缄默,要么是通过镜像认识自我。[1] 而今,理性与疯癫不再对立,也没有了明确的界限,每个理性人都成了疯子,现代医学乃至整个现代社会秩序非但无力治愈,连自身也已摇身变成了一头疯癫的怪兽。疯癫是死亡的征兆。就此,德尚(Eustache Deschamps)其实早有预言:

> 我们胆怯而软弱,
> 贪婪、衰老、出言不逊。
> 我环视左右,皆是愚人。
> 末日即将来临,

---

[1] 福柯:《疯癫与文明》,刘北成、杨远婴译,北京:生活·读书·新知三联书店,1999,第241—250页。

一切皆显病态。

然而,诚如福柯所言:"现在,这些因素都颠倒过来了。不再是由时代和世界的终结来回溯性地显示,人们因疯癫而对这种结局毫无思想准备。而是由疯癫的潮流、它的秘密侵入来显示世界正在接近最后的灾难。正是人类的精神错乱导致了世界的末日。"[1] 对于高磊而言,真正的难题还在于,其实践能否对此现实构成一种有效的评估。福柯说:"艺术作品与疯癫共同诞生和变成现实的时刻,也就是世界开始发现自己受到那个艺术作品的指责,并对那个作品的性质负有责任的时候。"这看上去是对艺术家的一种承诺,但有一点不可否认,也就是福柯所提醒的,对于疯癫的感知和体认,"并不能使现实世界确信它可以用艺术作品(或疯癫)来证实自我(疯癫)的合理性"[2]。

---

[1] 福柯:《疯癫与文明》,第13页。
[2] 同上,第269页。

2
全景：视觉—剧场与监控的政治

一

2017年6月，在位于北京市区中心一条小胡同内的箭厂空间，杨振中实施了个人项目《栅栏》。他封死了原本只有15平方米的空间，临街的墙体上只留了一个栅栏窗户，与周边的环境融为一体，看上去再平常不过，想必也没人会留意到窗户上安装的其实是审讯室专用玻璃。观众透过窗户只能看到镜面反射的自己和街景，无法看到室内的一切，但在室内可以看清室外的一切，于是他在室内正对着窗户架了一个摄像头，街上的人来人往透过栅栏窗户尽收其中。不同于监狱审讯室的结构，杨振中颠倒了其监控关系。通常情况下，室外的审讯监控者透过专用玻璃可以看清室内的整个审讯过程，而室内的审讯者和被审讯者则看不到室外，但在杨振中这里，玻璃是反装的，所以室外是被看者或被监控者（亦或是被囚禁者），而室内则是观看者或监控者。

这并不是杨振中第一次使用"栅栏"和"监控"这类素材①，准确地说，《黑板》(2008)和《栅栏》(2013)是此项目的前身。最初，他是在一块黑板上嵌入镜面，又在镜面上安装了一层铁栅栏。当观者观看作品时，则如同自己被关进了黑色栏杆紧锁的监狱。2013年的《栅栏》是《黑板》的升级版，只是装置的结构和大小有所变化，观看的逻辑并无任何改变。然而，在箭厂实施的同名项目中，这一视觉结构则明显趋于复杂化，并不乏吊诡之处。如果说《黑板》和2013年的《栅栏》只是依赖于镜像结构的话，那么在箭厂实施的《栅栏》则无异于镜像中的镜像。从外面看，他其实保留了《黑板》和《栅栏》(2013)的结构，只是他将监视器安装在不远处的"五金"咖啡馆，透过监视器的屏幕（或此后将其单独作为录像展示时），观者可看到作为"被监控者"的自己。所以，这些曾经的"被监控者"实际上也是观看者或观看的主体。换

---

① 近些年来，"监控"已经成为艺术家实践的热点问题之一，如王我的《折腾》(2010)、葛宇路的《对视》(2016)以及徐冰的《蜻蜓之眼》(2016)、章清的《边界》(2016)等。如果说王我、葛宇路是通过反监控的尝试，直接指向一个共同的监视主体的话，徐冰、章清则以监控为素材和方法之一，通过影像虚构和叙事，意在重新思考人与社会的关系。而杨振中的实践则是经由"监控"这一普遍经验，持续探讨渗透在日常生活中的视觉—政治机制及其复杂的权力运作技术。

句话说，看似监视器本身即是观看的主体，但实际上这里真正的主体也是那些"被监视者"或"被观看者"自己。

值得一提的还有 2006 年的另一组装置《看店》，也是基于同样的监控结构。他在展厅附近的一个小杂货店的隐秘部位，安装了六个摄像头，并将其连接至展厅中的一组监控视频。展览只有五天的时间，期间小店无人看管，观众可以透过展厅内的监控视频，看到围绕小店发生的一切变化。然而，在箭厂实施的《栅栏》中，他将监控视频植入了和箭厂空间一样极具日常感和生活气息的"五金"咖啡馆，使得监控变得更加隐蔽。当然，这原本即是现实，因为无处不在的摄像头早已是都市生活的常态，乔治·奥威尔笔下的"大洋国"早已不再是想象和虚构，而是事实。①

通过重置观众或被监控者的主体位置，杨振中部署了一个复杂的视觉迷局，一个博瓦式的"被压迫者剧场"。博瓦认为，无论是古希腊悲剧，还是马基雅维里的喜剧，再或是布莱希特的史诗剧，都没有真正解放观众，这里的主体依然是剧场，剧场依然受制于既有的政治机制。即便布莱希特已经意识到了改变，但也只是限于对

---

① 中国大陆的城市公共空间或许是世界上监控摄像头最密集的地方。据《华尔街日报》2017 年 6 月的报道，中国在公共场所有 1.7 亿台监控摄像机，到 2020 年可能还要安装另外 4.5 亿台。

大众的介入，而无关大众主动的介入。正是基于这一历史反省，博瓦提出了"被压迫者剧场"。他将观众作为剧场的主体，目的就是为了抵抗和反叛这一支配机制。在此，剧场不再是一个被看的对象，而是一场彻底破除压制系统的政治行动。①

在之前另一件同样基于窥视结构、亦带有剧场—政治属性的作品《考试》（2012）中，杨振中似乎还保留着传统观看模式。即便如此，画面中穿着性感的女中学生机械地朗读政治课文这一行为本身，还是带有明显的身体规训的暗示。然而在这里，作为"被压迫者剧场"的典范形式，监控及其政治逻辑构成了其主体性机制，特别在今天，监控不仅限于监狱，且早随着全球化和互联网的扩张渗透至社会各个日常角落。就此，无论是边沁的"全景敞视监狱"，还是福柯的《规训与惩罚》，皆已系统分析、论述过现代社会的支配机制和知识运作模式。杨振中的实践不仅揭示了这一权力系统，同时，通过扰乱这一权力系统也意在传递一种反抗的动能。没想到的是，展览后来被意外卷入了北京市政府的胡同整治行动，由于它的隐蔽性临时保护了展示的空间和机构。可以说，它也因此介入了一

---

① 鲁明军：《复象，作为一种政治剧场》，"艺术国际"网站，http://review.artintern.net/html.php?id=56550。

个更大的活生生的政治剧场。

二

一年后,在唐人艺术中心北京空间举办的个展《静物与风景》(2018年9月)依然延续了这一视觉机制和政治逻辑。在此,他聚焦于政治图像的传播与视觉感知的渠道,并与权力的支配机制一道,建构了一个同样基于监控结构的政治剧场(图 II-11)。

展览由三部分构成。第一部分是位于展场中心的环形旋转装置,装置中心安装着一个圆柱状镜面栅栏背景,其周围均匀地安装了六个依照官方会客厅标准仿制的沙发

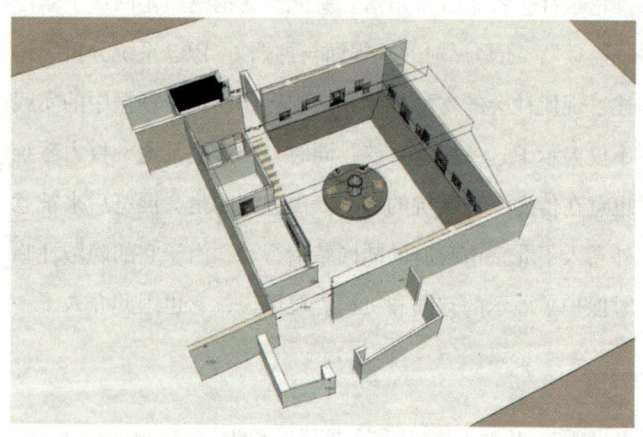

图 II-11　杨振中绘展览草图

(图 II-12)。观众可以随意坐在沙发上,随着机械的缓缓转动,远观和欣赏展厅四周墙面的绘画和录像作品。圆柱状栅栏镜面反射了周边发生的一切。显然,栅栏镜面源于《栅栏》和《黑板》,而 2014 年的互动装置《请坐》则是其中沙发部分的母本,不同的只是,《请坐》并没有受制于某个中心和秩序,甚至可以说它是反中心、反秩序的。

展览的第二部分即是与之对应的悬挂在其中三面墙上的一组绘画作品。画面描绘的是下载自网上的官方新闻,他从这些新闻中撷取了部分室内场景的图片,内容多是官方标准的会客厅、会议室,或是截其一角。由于图像中都没有人或是他有意抽掉了人,它们更像是一般的静物画。但事实上,它源自一套特殊的政治审美体系。可想而知,

图 II-12 杨振中,《全景》-1,监控视频、沙发、转盘,尺寸可变,2018

不同空间的装饰、摆设风格，包括话筒、茶杯、植物的位置以及背景画面的题材等，其实都极其考究和严格。但是在此，它们却化身为再普通不过的二手静物或风景。这一方面将其"再象征化"，另一方面又像是一种亵渎和冒犯。杨振中保留了下载时的低像素特征，并在放大绘制的过程中，凸显了图像的颗粒状及其质感，黑特·史德耶尔称其为"坏图像"。同时，通过外框的设计以及背景可以看出，这些图像像是正在Photoshop（简称PS）的处理中，那些边框恰好对应了PS过程中用以选择图像的边线，而墙面的灰白相间的格子图案正是源自PS在无图层时的背景样式。此时也可以说，展厅的墙面即是屏幕界面。

第三部分是在展厅的两个隐秘的角落和其中两个沙发背后，他安装了四个无线摄像头，并在展厅另一相对独立的墙面，通过LED屏自动交替、同步传播摄像头传递的现场视频（图II-13）。如果说整个展览是一个大监控系统的话，那么，此处更像是在一个监控结构中嵌套了一个监控结构，即一个关于监控的监控。而此时，屏幕中片段式的播放，本质上和周围墙上的绘画并无二致，或者说它本身也是静物或风景。

诚如黑特·史德耶尔所说的："坏图像是流动的副本。它们质量差、像素低，并随着传播速度的加快而折损。坏图像是图像的幽灵，是预览、缩略图、飘忽不定的想法，

图 II-13 杨振中,《全景》-2,监控视频、沙发、转盘,尺寸可变,2018

是免费分发和流通的图片,它们从慢速数码传输中挤压出来,被不断压缩、重制、撕裂、合成,从一处被复制粘贴到另一处。……坏图像在世界各地移动,如同商品或其拟像,礼物或赏金。他们散布快乐或死亡威胁,阴谋论或违禁品,反抗或愚蠢。"[1]杨振中之所以选择这些低像素图片作为绘画的底本,与其说是为"坏图像"辩护,以抵抗高清、超清的暴力,不如说是为了揭示互联网时代图像的真实性难题。毋宁说,坏图像就是现实世界动荡不安、荒诞不羁的表征。杨振中特意保留了图像编辑的过程或痕迹,

---

[1] 黑特·史德耶尔:《为坏图像辩护》,刘倩分译,"豆瓣"网,https://site.douban.com/241514/widget/notes/17071275/note/508304633/。

在某种意义上就是为了重申图像被编辑、传播和流通的过程，以及何以如此编辑、传播和流通。当然，这也同时提示我们，像素还取决于监视器的技术参数，包括监视器本身所具有的政治性。如果说这是一种政治解析的话，也许他无法像法医建筑（Forensic Architecture）一样提供一套精确的参数和证据，但至少在尝试从某个侧面进入政治的内部。就此，展厅中心的旋转装置及其象征性无疑是最恰切的解释。艺术家沿着悬挂绘画的墙面的地边线，搭建了一个宽3米、高0.5米的斜坡，观众若欲近距离观看作品，必须走上斜坡，其身体的不稳定感恰好呼应了对面墙上政治坏图像的不稳定性。斜坡拉近了画面与观众的距离，诱惑观众与画面的物质性之间形成一种触知关系，以区分原本模糊了界限的图像与绘画；但同时，站在斜坡上的身体不适迫使观众只能一瞥，进而决定了其与画面之间难以构成经典的凝视关系，并反身指向网络传播的低像素图片及其政治属性。

图像的政治性决定了其暗含着一个不可见的主体或操控者，但它并不完全取决于新闻记者的视角，政治规定性才是其真正的主体。可同时，无论是PS处理，还是以绘画为手段的再制作，其实都是在削弱这个主体。换句话说，PS的操作者和绘画的实施者在这里同样是主体。他们的实践一方面依循于其原本的政治主体，甚或说是一种政治常态，另一方面又不可避免地背反或抵御着政治主体的规定性。PS图片的"随意性"和画面之间的差异，皆表明它们都是任何普通观众均可参与的行为和实践。应该说，杨振中之所以雇佣不同的画者参与绘制这些图像，其实也是为了强化他的这一观念。这些画者和其他观者一样，他们都是不可见的主体，而这些不可见的主体同时也是展厅中心旋转装置的参与者。可见，在展厅中心的沙发与四周的绘画、投影之间的对应中，隐含着双重的关系。它们之间不仅是基于中心与边缘的支配逻辑，同时还有一层不可见的镜像结构。这些关系混合在一起，相互摆荡又彼此冲撞，构成了一个传递着异质力量的视觉—政治剧场。然而，与《栅栏》（2017）一样，此处他的逻辑依然是，在揭示这一支配结构的同时，扰乱其权力结构，进而将观众解放出来，以获得一种新的主体性机制。

三

2017年，《栅栏》中的视频监控的支配结构近似边沁所谓的"全景敞视监狱"，空间外的一切行为和发生都在监视器的控制范围之内。当然，其视野毕竟局限于窗户，而到了《静物与风景》这里，艺术家在展厅中心建构了一个全景敞视装置。旋转中的观看,让我想起19世纪80年代出现在柏林的"凯撒全景画"(The Kaiser Panorama)(图 II-14),以及同时期的另一张安东·哈斯(Anton Haas)的水彩画《集市上无法辨认的全景圆形大厅,和前景中的偷窥者》(*Unidentifiable panorama rotunda at a fair, with a peep-show man in the foreground*, 1840)。不同的是,在凯撒全景画中,旋转的不是四周坐立的观看者,而是环绕中心旋转的画面;在杨振中这里,旋转的是坐立于中心的观看者,周围的画面和投影则是固定不动的。

相形之下,凯撒全景画的结构或许更接近其于2011

图 II-14 凯撒全景画,柏林,1880年代

年创作的视觉装置《团结万岁》。作品由九个三维的建筑组件元素构成,以看似混乱的方式陈列于展厅中,但各部件的大小、比例、角度和位置实际上经过了严格精细的计算。观众可以自由穿梭在空间中,但只有当他们站在某个确切的点位时,整个作品才能从视觉上被重新拼合成为完整的画面。这个画面即是天安门外景,或是因为观众的进入而遭到"破坏"的天安门外景。当然,也因为后者,我们在确切点位实际所看到的画面并不是固定的,因为不同观者的进入,画面仿佛是移动的影像。而这样一个结构与19世纪柏林的凯撒全景画的确不谋而合。

凯撒全景画原本是个视觉实验,同时也是一个大众文化的产物,而杨振中的实践则将我们引向政治的维度。或者说,权力与反权力才是这里的重心。在这一点上,它与边沁的全景敞视监狱不乏同构之处,而其视觉的政治性在《栅栏》(2017)、尤其是《静物与风景》(2018)中更是得到了充分的体现。凯撒全景画相对还是停留在平视,而全景敞视监狱的观看则如图II-18所示,是全方位的。准确地说,这才是"全景"的真正意涵。

斯蒂芬·奥特曼(Stephan Oettermann)在《全景:一部大众媒介的历史》一书中系统梳理了18、19世纪以来英国、法国、德国、澳大利亚、美国五个国家的全景画与大众媒介关系的历史。[1]透过《源自热气球吊篮的全景图》（*Panoramic view from the gondola of a hot-air balloon*）和《纳达尔将摄影提升到艺术的高度》（By Charles Meryon, *Nadar Elevating Photography to the Height of Art*）（图 II-15）这两张19世纪的石版画可以看出，真正的全景不仅是俯瞰，而且是站在太空中可以移动的观看。这应该是最早的航拍全景方式，并盛行于欧洲。而今天，太空中的观看其实已然被互联网所取代。不变的是，可见的界面或图像背后，依然有一双眼睛监控着各个角落，比如网络警察可以删除任何帖子，另如2013年斯诺登事件、2016年美国民主党全国委员会邮件泄露事件等都是典型的案例。2016年，劳拉·普瓦特拉斯（Laura Poitras）在惠特尼艺术博物馆举办的个展"宇宙杂音"（Astro Noise）之标题便是取自泄密者斯诺登当时为一个满是证据的加密文件夹的命名[2]。杨振中之所以选择这些源自网络的政治新闻图像，不仅暗示着其互联网的属性，同时也指向其全景监控的支配机制。因此，《静物与风景》固然无法实现站在太空的全景敞视，但网络传播其实已经在提示我们它无疑是更全

---

[1] Stephan Oettermann, *The Panorama: History of a Mass Medium*, Trans. by Deborah Lucas Schneider, Cambridge and London：The MIT Press, 1997.
[2] 顾虔凡：《从"全景监狱"到"斯诺登事件"：数字时代的监控与反监控》，"Art-Ba-Ba"网站，http://www.art-ba-ba.com/main/main.art?threadId= 92700&forumId=8。

图 II-15 纳达尔将摄影提升到艺术的高度

方位的观看和监控。

由此,除了《静物与风景》之外,我们也可以将此前的《我会死的》(2000—2005,2014,2016)视为一部全景式的影像装置。同样,现场的部署也许并不符合全景的形式,但其逻辑、特别是 2016 年的互联网征集,意味着其本质上更是一种全景化的实践。这些被征集的参与者没有国籍、没有身份，甚至没有性别，呈现给我们的是作为物理意义上的一般生命的常与无常。每个人都面对着镜头，也许无法避免表演的一面。但我们还是无法确定这句话所传递的真正情绪和态度，它可能是一种期待，一种无奈，也可能是自我戏谑，甚或只是一种模棱不明的无意识表达。问题是，当所有人集体重复这一句话的时候，便构成了一个"向死而生"的荒诞剧场。也是透过这一集体性和重复性，可以想象镜头的背后依然有一个不可见的支配者，它不再是生命的常与无常，而是某一支配者或规定性。2006年的声音装置《我有一个梦》是一个参与性的项目，但同样取决于这一支配性的逻辑。他在现场搭建了一个演讲台，任何一个观众都可随意上台对着话筒讲话。讲话的内容不限，任由演讲者自由发挥，但其声音却被实时转换成一群人的声音弥漫在整个空间。相反，在《我会死的》这里，演讲者被抽离或隐藏在背后，呈现在现场中的则是集体的图像和声音，而集体化的图像和声音是互联网时代的常态。它们的背后都有一个中心，而所谓的集体性都是权力支配的结果。

1882年，奥迪隆·雷东（Odilon Redon）的石版画《像一只奇怪气球朝向无限的眼睛》（图II-16）描绘的是一只足以环视大地和天空的眼睛。有趣的是，在影像《轻而易举II》(图II-17)中,杨振中仿佛颠倒了奥迪隆·雷东的这幅画作,他一只手支撑着东方明珠的塔尖,仿佛整个上海城被他底朝天举了起来,眼睛则仰望着他头顶的这

图II-16　Odilon Redon, *The Eye Like a Strange Balloon Mounts Toward Infinity*, 1882

图 II-17　杨振中,《轻而易举 II》, 影像装置, 1', 2003

座繁华的都市。借用斯蒂芬·奥特曼的说法,我们也可以视其为一幅全景图像。重要在于,它同样源于一个中心,即画面中作为观看者的眼睛。由此可见,这一视觉—政治支配关系作为主题或观念之一,或明或暗始终渗透在杨振中的想象和实践中。

四

福柯指出,"规训社会的形成同其原本就属构成部分的一系列宏大历史进程——经济、司法—政治和科学进程相关",在他看来,全景敞视监狱(图 II-18)是"被还原到了理想形态的权力机制示意图;其运作须被理解成排除了任何阻碍、抵抗或摩擦的纯粹建筑学和光学系统：它实际上是一种可以且必须脱离任何特定用途的政治技术学象征"[1]。也因此，它不仅是一套现代社会的治理术，同时也被视为极权主义的先兆。

杨振中的实践并不是边沁、福柯理论的简单转译，而是通过日常生活中的微观实践，意图揭示互联网与全景画之间同构性的政治机制。这里尤须一提的是，在《静物与风景》中，观众的参与是重要的一环，只有他们坐在圆形装置的沙发上环视四周的图像风景时，其复杂的主体性机制方可显现出来。

之所以选择"静物与风景"作为展览的标题，杨振中坦言是以防审查的权宜之计，同时，也是因为静物与风景本身的日常感和"弱普遍性"，甚至还关涉静物与风景的历史源起。在斯托伊奇塔的叙述中，静物脱胎于宗教绘画，随着宗教改革，从中分离出作为世俗象征的独立的静物画。[2] 风景亦然。文艺复兴以前，自然一直是作为秘密不得公开，因为它同时也是指一种神的秘密。所以，当"风景"真正兴起于文艺复兴时，也就意味着画

---

[1] Foucault, Michel, *Discipline & Punish:The Birth of the Prison*, New York: Vintage Books, 1995, p. 218.
[2] Victor I. Stoichita, *The Self-Aware Image:An Insight into Early Modern Meta-Painting*, Trans. by Anne-Marie Glasheen, New York: Cambridge University Press, 1997.

图 II-18 全景敞视监狱图示

家的目光从此背离了上天,放弃了隐喻,开始转向大地和自然。德布雷研究指出,"风景"(paysage)一词本身含有"农民"(paysan)的词根,代表了一种卑贱和丑陋。所以在人文主义者眼中,亲近自然意味着对古典文化的一种亵渎,反之,也只有那些粗笨、老土、目光短浅的佛莱芒人才会将风景视为一种独立的存在。事实表明,风景就是在佛莱芒和荷兰得到了充分发展。加尔文禁止宗教绘画后,画家不得不选择世俗题材。[①]可见,静物和风景实际上都经历了一个从神灵之光到贴近大地和生活的"光照"的过程。

若仅从视觉的角度而言,静物通常是一种近观,风景则是一种远观。但最初,它们都是从宗教中获得解放,从权力的压制系统中获得主体性的。这一逻辑恰恰暗合了杨振中的观念和话语。比如在《静物与风景》中,很难确定周边的绘画和中心的圆形装置到底哪个是静物,哪个是风景,二者之间更像是一种互为镜像的关系。可是,如果基于全景的"光照"或权力视野,静物与风景其实并无二致,都在其中。杨振中关心的与其说是作为主体的静物与风景,不如说是隐藏在静物与风景背后的世俗权力的"光照"。

---

① 雷吉斯·德布雷:《图像的生与死:西方观图史》,第167页。

可以想象,古代中国作为"帝国山水"的五代两宋山水画(如郭熙的《早春图》、王希孟的《千里江山图》等),无一不是士大夫基于全景视野的政治创制。[①]如果说这里的整个展厅是一幅帝国山水的话,那么中心的环形装置,特别是与之对应的四周的画面所描绘的官方空间图像,则仿佛是点缀帝国山水的宫苑楼阁。何况,德布雷早就说过,作为一种"宗教唯物主义",图像本身就是一种人作用于人的活动。[②]这意味着,它本质上是一种权力的运作。而在杨振中看来,渗透在日常经验中的意识形态本身即是一个巨大的话语空间和能量汇聚处,也因此,他希望通过视觉(图像)与政治的感性交织和辩证混合,传递更多的权力维度和生命动能。

[①] 石守谦:《山鸣谷应:中国山水画和观众的历史》,台北:石头出版,2017,第17页。
[②] 雷吉斯·德布雷:《图像的生与死:西方观图史》,第89页。

3
恶克思话正义

乌克兰

在廖国核的近作中,"乌克兰"突然摇身变为"恶克思",成了他最新的笔名或代称。不敢妄言他"阴险狡诈",但一向貌似憨厚实则老谋深算的他从来不会放过任何一个戏谑、挖苦和进犯观者的机会。"恶克思"自然不是随口一说,在确定使用之前,他其实已经谋划了很久,据我对他的了解,能想到的可能的寓意他早想到了。不过,最直接的来源还是他的微信名"X"的谐音——兴许,在他略带湖南口音的发音中,"X"原本就读"恶克思"。

在"X"之前,廖国核一直是使用"乌(乌)克兰"

作为自己的代号、微信名及微博名。①"乌克兰"来自他2008年的一幅同名作品和2010年的同名个展。这幅作品的背景是当时乌克兰的政局,艺术家最初通过新闻媒体了解到这些,巧妙地吸纳并将其转化为自己的实践。凯伦·史密斯(Karen Smith)将画面中的黑色方块解读为乌克兰的象征——因为乌克兰的国旗是一个正方形,红心则被视为克里米亚——克里米亚的国徽不仅以红色作为底色且外形也近似心形②,那么,追赶着黑方块和红心跑的那只灰色的熊所指的无疑是俄罗斯——俄罗斯人向来对熊情有独钟,连现任总理梅德韦杰夫的这个姓氏在俄语中也是"熊"的意思,所以熊一直是俄罗斯的象征之一。三者在此构成了一个三角关系,其中,克里米亚半岛作为俄罗斯和乌克兰之间领土争议的焦点,使得这里一直以来纷争冲突不断。然而,这些沉重的政治议题,到了廖国核的笔下,却成了轻松的调侃、戏谑和讽喻。这并不意味着它是一幅政治漫画,事件性之外,画面还交织着多个不同的层次和维度,比如美术史。廖国核从不回避自己的非科班出身,但对于美术史,他在长年的

---

① 据廖国核所说,其微信名和微博名之所以用"乌乌克兰",因为最初注册微博名的时候,"乌克兰"注册不了,所以改用"乌乌克兰"。后来,注册微信的时候,直接沿用此名。
② 凯伦·史密斯:《包您满意:廖国核的绘画作品》,贺潇译,《中国好画家祝你爽》(文章部分),南京:四方美术馆出品,2014,第46页。

阅读中业已形成了一套自己的理解，这也是他画画时常援用的资源之一。在另一幅作品《黑心肠的马列维奇》（2010）中，同样的母题和图式，他却直接引向了美术史的维度——黑方块本身也是马列维奇的标志，也因此，我们方可洞悉《乌克兰》中所暗藏的另一个更深的伏笔：作为乌克兰人的马列维奇这一寓意。除了这些，"乌克兰"本身还是一个色彩的修辞，因为"乌"和"兰"亦暗示两种不同的色彩：黑色和蓝色。①

当然，在所有这些修辞、语法背后，还有一个更强大的系统，就是媒体叙事与自我传播。一方面，其大量的绘画题材直接来自新闻事件，并直指现实，另一方面，不得不说，这与他在成为职业艺术家之前从事电视台工作不无关系，就像他为2010年的同名个展"乌克兰"所虚构的那个神奇的浪漫故事一样，以及此前在小平画廊（Shopping Gallery）举行第一次个展"悄悄崛起的商业沙文主义暨蠢人岸边无用的国王——吴山专王兴伟廖国核卖创作展"时伪造的出生地和传奇简历，本身都是基于艺术系统内部的一种策略使然。确切说，这些都是与时任画廊总监的艺术家徐震共谋的结果，而且在展览期间，他们还义正辞严地编造了一篇某媒体就乌克兰局势对廖

---

① 贺潇：《大智慧还是小聪明？》，《艺术时代》，2014总第36期。

国核的采访。①

这样一种策略运用可以追溯到艺术史上经典的"达达"案例《泉》。一百年前,诡计多端的杜尚化名R. Mutt,历经百般周折,终将"小便器"变成艺术品。后来到了安迪·沃霍尔这里,此变更加彻底,在他身上,传播已然成了语言结构的一部分,甚至是支配性的。对此,廖国核并不陌生,但他并没有机械照搬,以至于我们在他的画面中看不到甚至说忽略了他语言系统中的这些要素,事实上,他不少的精力恰恰是耗在如何将这些元素(包括自媒体运用和传播)渗透在自己的实践中,从而使画面避免流于简单的"恶趣味"和"坏风格"。当然,就像时年作为阴谋的"坏画"一样②,这种趣味和风格本身也是一种态度。借用哈尔·福斯特的说法,这样一种粗鄙、庸俗的趣味本身就带有强烈的创伤感和煽动性。③ 问题是,态度又很容易使其陷于某个范畴或类型。

廖国核的绘画也曾一度被视作"坏画"的一个典型,对此,他不以为然。如"坏画"是反形式,或是去形式化

---

① 《对乌克兰目前的政治局势有何评价?》,"新浪微博",http://blog.sina.com.cn/s/blog_6a48794d0102w9td.html。
② 易英:《坏画探源》,"雅昌艺术网",http://news.artron.net/20170103/n899228.html。
③ See Hal Foster, *Bad New Days: Art, Criticism, Emergency*, London: Verso Press, 2015, pp. 7–19.

的，但他不认为自己的画面没有形式，相反，他很在意形式，包括构图、色彩和笔触等基本形式要素及其之间的关系。虽然他并未视自己的作品为"好画"，但他自认为还是一个"好画家"。其实透过他画面中的那些玄机也可以看出，他对绘画的理解并不限于如何塑形、如何叙事，或是如何用色、如何排笔，从一开始，他对绘画的认识就不仅限于这些，更非视其为中心和重心，而是意图诉诸一种立体的、能动的系统思维，这其中，画面或许只是一个结果或终端，亦或只是其艺术实践的一部分。以《乌克兰》为例，当我们将以上所述的这些可见的、不可见的环节统统纳入其中，甚至纳入他的日常装扮、言行等，或许才能真正理解他为什么连外框、内框都不要，且即便如此，还要以绘画的方式挂在墙面，才能理解为什么画面的形式如此狂放无忌，趣味又是如此恶俗不堪。在此，追究他能不能照着绘画史上的经典标准画好一幅画似乎并不重要，也没多大意义，不消说，他的这样一种选择和介入本身就是对既有的标准、典范的挑衅和冒犯。事实是，不仅在观念和语言结构上他未脱离艺术史和艺术系统，且其画面本身也不乏形式的经营和修辞的考究，这尤其体现在语词与图像、风格与观念的智性部署中。

正义

从"乌克兰"到"恶克思","正义"无疑是出现在廖国核画面中最多的一个母题或主题,前后他曾画过大大小小四五十张。即使是在《乌克兰》的叙事中,也暗藏着一个关于"正义"的底本。何况,他大多作品都始自社会新闻事件和日常生活所见(比如拆迁、反贪等),以艺术家和新闻记者双重的感官触角伸向这个时代最敏锐的地带。

作为古典政治哲学的核心概念,"正义"被视为人间秩序的基本律则。在柏拉图的《理想国》中,"正义"即善,指一种节制、勇敢、智慧的品质。到了现代政治哲学这里,以法治为基础的"自由公平"取代了"善"成为"正义"的内涵。罗尔斯《正义论》的"平等""差异"两大原则,系统论证了自由与公平、个人与国家、机会与结果等社会政治问题,意图为现代社会重建公平正义的道德基础。而在福柯眼中,这一正义不过是由市场和法制原则建构起来的一套权力话语。诚然,无论柏拉图还是罗尔斯,抑或福柯,都不是廖国核绘画的理论前设。尽管福柯的话语看似更接近他的修辞策略,但他实际上全凭直觉和经验,尤其是多年在媒体从业的经历和互联网时代的公共言论,对他影响尤甚。即使如此,他在画面中也从未清晰地表明过自己的立场,其中"正义"的寓意常常来回滑动，很难捕捉其明确的指向和定义，大多时候，他更像是在消解"正义"的本意。为此，他竭尽所能穷尽了各种语言策略和修辞手段。

情色无疑是廖国核画／话"正义"最普遍、最重要的一个语言策略，也是艺术史上常见的一个主题。他当然无意探讨诸如"欲望与正义"或"性与政治"这样的哲学难题，但在他轻松诙谐且不乏现实指向的描绘中却不由自主地带出了这些问题。2013年的《正义（蓝 圆球 麦克·凯利屁股）》（图 II-19）的底本是麦克·凯利（Mike Kelley）

图 II-19　廖国核，《正义（蓝 圆球 麦克·凯利屁股）》，布面丙烯，50×60cm，2013

的一张画《亨利双胞胎》(*Twin Henrys*, 2009),他做了一些替换和改动,将原画中左边的光头小孩换成了一个有嘴有眼且手持火柴的蓝色气球,右边臀部中间的红色圆球被"正义"二字所取代,分别位于臀部两边,由红色的小圆点构成。除此,从色彩到造型也都有所不同。在麦克·凯利的原画中,左边的光头小孩注视着右边的臀部,且不说其本意为何(也许是生殖的一种暗喻),但到了廖国核的笔下,注视变得次要,点燃的火柴成了画面的中心,从而使整个画面变得更具现实针对性和政治讽喻的色彩。民间有一种说法:屁股决定位子,位子即是权力,权力代表正义。这意味着,正义与否最终取决于屁股。可同时,它又是一个极具诱惑的对象,如画面中点燃的火柴所指的或许是"引火烧身",这样的话,其最终可能带来的结果是,它不仅毁掉了"屁股",也可能会引爆点燃者自己,亦即画面中的蓝色气球。也许,它所暗喻的是"正义"的另一面。和其他很多作品一样,正是图像与语词之间所建立的"互文性",导致画面内部的种种断裂和不确定。

也许是因为有底本的依托,这幅画在廖国核所有的作品中算是为数不多、画得比较克制的一幅,类似题材的《无题(福 女人 正义 天使)》(2014,图 II-20)看上去要相对粗野、放肆很多。在此,他用一种非常"拙劣""鄙俗"的笔法和线条,勾勒了一个撅着臀部的裸体女性,画

图 II-20　廖国核,《无题(福 女人 正义 天使)》,布面丙烯,220×236cm,2014

面的右上方,一个有着魔鬼面孔一样的"天使"手持毛笔在女性臀部上面写下了两个字:正义。与之对应的是女性的菱形面孔,他用一个带有民俗色彩的红色的"福"字代替了眼睛、鼻子和嘴巴——这个"福"字曾反复出现在他的画面中。显然,这样一种母题组合本身就带有对某种禁忌的冒犯和亵渎意味。但是,这样一个构图并非单纯作为观念的载体,人体造型本身实际是受毕加索的启发,即如何在平面中呈现更多的面向,而不在于如何将三维压成二维,所以,这里人物的头部、胸部与其他部位以不同的角度同时呈现在一个平面上。与之相应,在《无题(异形男女 正义)》(2013,图II-21)中,画面中面对面站着两个近似平面的人物,一男一女,二者的生殖器分别被"正义"二字所替代,前者(即左边的男性)外凸,后者(即右边的女性)内嵌。在此,图像与语词之间的"互文性"被消解了图像与语词边界的"图形诗"所取代,画面变得更加多义和游移。他不仅将正义分开处理,二者之间还

图 II-21　廖国核,《无题(异形男女 正义)》,布面丙烯,220×228cm,2014

图 II-22　廖国核,《无题 (坦克鞋 正 骆驼鞋 义)》, 布面丙烯, 172×233cm, 2016

呈现为一种进攻关系, 而这一进攻关系又巧妙地嵌合在身体/性别之间。2016 年, 在《无题 (坦克鞋 正 骆驼鞋 义)》(图 II-22) 和《无题 (拿枪的正和举手的义)》这两幅画中, 艺术家放大了这种进攻关系。据他所说, 最初是想表现两个下肢残疾的人物之间的关系, 后来选择将其概念化, 抽离为 "正义" 二字, 并分别支撑在 "坦克" 和 "骆驼" 两个不同的工具之上。"坦克" 和 "骆驼" 在此是象征性的, 这一点早在此前的《利奥波德二世的橡胶园》(2015, 图 II-23) 这幅画中就已经埋下了伏笔。

用同样粗糙、看似拙劣的笔法, 廖国核在《利奥波

图 II-23　廖国核,《利奥波德二世的橡胶园》,布面丙烯,206×209cm,2015

德二世的橡胶园》一画中描绘的是局部重叠的两棵橡胶树,如果没有各自顶部的枝叶加上标题的提示,很难确认他描绘的是两棵树还是别的什么,看上去,又像是两个人,左边的在追赶并攻击右边的。因为两棵树的中上部位的枝杈化身为"正义"两个字的造型,所以寓意不言自明。画面中虽然没有明显的"坦克"和"骆驼"的图像和图式,但是标题"利奥波德二世的橡胶园"中则暗藏着玄机和深义。这里需要交代的一个重要背景是：19世纪下半叶，在西方帝国主义列强瓜分非洲的狂潮中，比利时国王利奥波德二世卷入了争夺刚果河流域地区的竞争，开始了在中西非地区建立殖民帝国的侵略活动。他以提升当地人民生活和该地区的发展为名义，大肆攫取象牙、橡胶和矿产，然后在世界市场上销售。据此，不难理解这张画真正的寓意。历史上，殖民者往往都是以"正义"的名义，对被殖民者进行掠夺和占领。因此，这两个字分开也是合乎逻辑的，"正"的意思是合乎道理和法则，而"义"本身也具有合乎正义和公义的意思，那么，换一个角度看，作为被殖民者的"义"对于殖民者的"正"的反抗也是"正义"的。对于双方而言，都是"正义"之举，但内涵截然不同，甚至是相反的。画面的基调是绿色的，这当然也取决于"橡胶园"这一主题，但若进一步推断，或许还暗示着一种"和平"和"伪和平"的意味。而廖国核粗俗狂放的画法本身也可以引申为殖民者的野蛮与无理。应该说，到了《无题（坦克鞋 正 骆驼鞋 义）》和《无题（拿枪的正和举手的义）》这里，同样的寓意变得更加明确了，画面中"坦克"/"汽车"和"骆驼"各自的所指不言自明。且在我看来，这样一种地缘政治修辞，其实早在《乌克兰》这里，就已经隐隐有所显露。

虽然《无题（正义 裂口 心形）》（2015，图II-24）的

图 II-24 廖国核,《无题(正义 裂口 心形)》,布面丙烯,184×230cm,2015

出发点并不在"正义"及其悖论,但我们将其置于这一阐释框架似乎也不为过。画面被有意处理成皮肤一样的颜色和质感,其中"正义"二字的笔画以及其余零星散落的线条都被处理得像是刀划过的伤口,这自然地让我们想到了卢西欧·丰塔纳(Lucio Fontana)的极简主义行为绘画,而廖国核也不回避这一风格因素的卷入,但在我看来,画面的重心恰恰在于这一"正义"形式所释放的感官性,及其对观者感官经验的迷惑和挑衅:它的一面是公平和善的化身,另一面则是权力的傀儡。由此我们才能理解,在《无题(蒙脸女孩 正义戒指)》(2010)中,作为戒指的

"正义"二字何以成为眼睛的替代物;在《正义(白底 浅正女 深色侧男)》(2013)中,两个人物各自的一只眼睛何以被分别写有"正义"二字的小方块堵上,且无论他们的目光投向何方,作为象征的正义的方向却是一致的,也是不变的。换言之,"正义"所掩盖的也许正是我们真实的目光。

可见,廖国核的用意之深。其实在他的实践中,作为修辞(策略)的"正义"要远比这些丰富得多,篇幅所限,无法面面俱到,一一展开。然而,就像新作《正义(黑地白圆1,2)》(2017,图 II-25)所传达的,他眼

图 II-25 廖国核,《正义(黑地白圆2)》,布面丙烯,199×218cm,2017

中的"正义"不仅没有具体的所指,且即便是在同一幅画中,也不确定。在这一系列作品中,画面通过一种非常简单、稚拙的图案游戏,巧妙地传达了"正义"这个语词的反象征性与虚幻感。中国民间素有的"白纸黑字"一说,本身就是一种契约;同样,在西方自然法的传统中,正义的前提即是契约自由。与之相对的"黑白颠倒",自然是一种非正义的举动。那么,廖国核之所以用黑底白字(或其所谓"黑地白圆")也可以视为"黑白颠倒"的反正义的隐喻,但画面首先传递给观者的信息却是一个"正义"的字符。两张画的区别在于,第一张画中的"正义"二字看上去像是不同大小的石子随意摆出来的,在第二张画中,他按照透视原理,刻意摆放得像一座建筑,按他自己的说法,他是预设了一个目光,此时我们的目光所及实际上取决于我们的视点或观看的位置,就像我们眼中的"正义"。进而他想说的是,通过电视、报纸、网络等媒体我们所接受的种种社会事件的信息,本质上取决于镜头的位置,我们实际所见的只是一个幻象。

事实上,"X"就是这样来的,它最初就是脱胎于"义",反过来,"X"真正所指的亦正是无名化的"正义"。在某种意义上,"恶克思"则强化了这一修辞逻辑及其现实的针对性。值得一提的是,作为"恶克思"的指涉之一,马克思到底反对正义还是赞成正义,直到今天学界仍聚讼不已。①

真理

廖国核相信绘画中仍旧存在着将被探求的真理。②不过，同正义一样，真理虽然有着自己的历史，但它并非种种强制性真理的历史，而是关于所要认识的对象、认知主体的功能和位置、知识的物质性、技术性和工具性投入的历史。③绘画亦然。它不是纯粹的形式—风格，亦非只是图像—语词和视觉—观念的游戏，更非简单的趣味使然，而是一个复杂的、立体的、变动的认知系统。那么这也说明，正义、真理与绘画三者其实共享着一个论述的维度，由此可以推断他关于"正义"的话语本质上亦是绘画的一种自我指涉。就像《绘画的真理轻轻吹过》(2011)、《绘画的真理是浑球》(2012)所提示的，与其说是绘画在拆解"正义"，不如说是绘画在拆解自身。

两张画都是画中画的结构，描绘的都是绘画的场景，而且都充满着荒诞、低俗的气息。前者描绘的是一对男

---

① 张霄:《马克思与正义——评当代英美马克思主义伦理学研究中的一场争论》,《道德与文明》,2010年第3期。
② 转引自王辛:《扯画家》,《中国好画家祝你爽》(文章部分),第65页。
③ 福柯:《话语的秩序》,《语言与翻译中的政治》,许宝强等译,北京：中央编译出版社,2001,第6页。

女亲昵地抱在一起荡着秋千，同时男人伸出一只夹着画笔的脚在画布上画着什么；后者描绘的是草地上的两个男人，前景中的慵懒地躺在地上，一只脚同样夹着画笔对着画布画画，后景中的两只手握着生殖器像是对着一个水桶在撒尿。艺术史上描绘绘画场景的作品并不鲜见，且都带有绘画的自我指涉性，但在廖国核这里，一个根本的区别在于，他将其替换为一个谐趣、反讽、挑衅的场景，某种意义上，他是将戏谑绘画本身看作绘画的真理所在。诚如标题中所言，"绘画的真理轻轻吹过"，顾名思义，所谓绘画或绘画的真理就是真理的消逝；"绘画的真理是浑球"，"浑球"指的是不明事理、不讲道理，那么这里的意思可能是说，所谓绘画或绘画的真理就是绘画不讲道理，就是没有真理可言。说到底，真理本身已经不再是真理了，何况绘画。所谓的"真理"，若借用阿甘本（Giorgio Agamben）的话说，就是亵渎一切不可亵渎之物。

系统性的拆解并不意味着形式和趣味不再重要，相反，它恰恰是我们进入其语言结构的一个重要入口。所以，画面本身显得尤为重要。对于廖国核而言，粗鄙、庸俗、荒诞、亵渎是一方面，另一方面，他的画面中还在在渗透着幽默、智性、反讽的喜感。值得一提的是，在古希腊，喜剧恰恰是最高的政治哲学（或正义）。即是说，本质上它还是一种政治工具或统治术。这一点看上去与他反本质主义的绘画观和正义观是相矛盾的，但事实是，政治哲学意义上的喜剧和绘画功能恰恰是他的现实针对性所在。试想，喜剧或喜感不正是今天消费社会和大众文化的普遍症状吗？这样一种风格和观念本身不正是当下荒诞现实的表征？以荒诞应对荒诞，以恶俗应对恶俗，以反真理、反正义应对真理的消逝、正义的阙如，在廖国核这里，这既是绘画的使命，也是绘画本身。

有别于涂鸦的是，廖国核的绘画不仅只是态度，重要在于，它从属于一个更强大的认知结构和实践系统，或是某个认知结构的一部分，且它本身亦是一个结构，抑或说是某一认知结构的压缩或褶曲结果。对他来说，选择什么画法、形式、风格包括图像与语词、象征与视觉等之间的关系固然重要，但他更看重的则是整个话语结构和认知机制的运行。这个时候，甚至连他自己都成了其中的一个要素，而这也表明了他严肃、审慎和智慧的一面。

近十年前，廖国核的出现几乎成了一个绘画事件。从一开始，喜欢与不喜欢、认可与不认可就分化为两个极端，直到今天。看上去，廖国核似乎很享受这种被争议的感觉，也许这尽在他的谋略之中。本文真正关注的正是他何以如此倍受争议。至此，我想重申的是，不要被他的表象和伪装所迷惑，那些反复出现在他画面中的拉屎、撒尿、放屁的粗俗场景，也曾出现在勃鲁盖尔这样的古典画家的作品中，而不只是对于当下既有的某种审美、伦理规范和认知经验/禁忌秩序的简单冒犯和反智式破坏；那些反复出现在他画面中的图像—语词的思辨结构，不仅是充斥在日常生活空间中的各种标语、段子的变体，同时也是巴赫金、克莉斯蒂娃的"互文性"和玛格利特"图形诗"的一种理论衍生。他常常通过带有些许本质、精英和消费认同色彩的方式，表现出对于本质主义、精英主义、消费主义及其支配性的不屑和不满；常常通过诉诸"自指性"或"自反性"的转置逻辑，对他一贯的"恶趣味""坏风格"以及他意欲传达的"真理"构成一个个反诘的循环。窃以为，这一主体机制的能动性恰恰源自他绝对的怀疑和彻底的虚无。对他而言，这本身就是一种"正义"使然。

4
边界、走私者与不可见的暴力

来自拉脱维亚的艺术家戴安娜·塔玛尼出生于 1986 年，五年后，苏联解体，拉脱维亚宣布独立。独立后的拉脱维亚开始全面推行私有制和自由市场，和许多后社会主义国家无异，期间同样经历了经济阵痛和社会动荡。在这个过程中，作为一个四世同堂的普通工薪家庭，戴安娜一家的命运亦被彻底改变。

据她所述，早在 20 世纪 90 年代中期，她的父亲就频频在西欧与东欧的不同国家和城市间走私和贩售各种货物。多年以后，由于经济危机而生意失败的母亲也做了长途货车司机，迄今依然奔波在欧洲各个国家和城市之间。《母亲》《消息》和《在路上》这组作品便是艺术家对于母亲工作现场的一次田野式的捕捉和呈现（图 II–26），也是与母亲的一次深度接触。三件作品，三种不同的媒介，母亲以三种不同的形式"出场"，在巨幅摄影《母亲》

图 II-26　戴安娜,《母亲》《在路上》等作品展示现场,SMAK(根特),2016

(图 II-27)中,作为驾驶员的母亲透过车窗盯着镜头——这一形象常常出现在前苏联的宣传画中;在《消息》(图 II-28)中,邮件中的文字替代了形象;而《在路上》中的母亲,则是以说话声音的方式出现的。对于戴安娜而言,这些都是日常的情景,通过图像、语词和声音这三种不同的媒介和感知通道,所传达和释放的更多是一种焦虑、紧张、不安和一种无形的压迫和暴力。另一件巨幅摄影《接触类型学》(图 II-29)无疑是其最好的注脚,因为她拍摄的就是她母亲身体的一个局部。她放大了皮肤的纹路和毛孔,表面的肌理与质感提示我们,这与其说是一个观看之物,不如说是一个触摸的对象。然而,这里的触摸并不是

图 II-27　戴安娜,《母亲》,喷墨打印,1160x100cm,2011

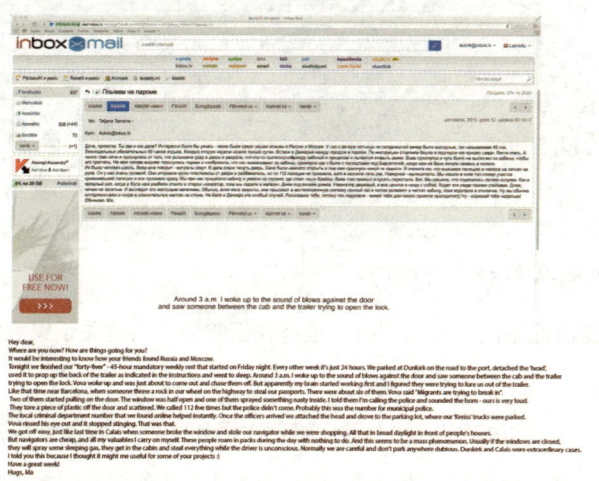

图 II-28　戴安娜,《消息》,录像,3'25",2016

体验和想象一种亲情的温度,它同样是在传达一种不可名状的陌生、紧张和压迫感。相关的另一组摄影作品《来自我的家庭相册二》(图 II-30、图 II-31)展示的是她所收集的平时与家人身体碰触时的那一瞬间,这些曾经无意识的经验碎片被放大后凸显了像素的颗粒,一个新的触觉维

图 II-29　戴安娜，《接触类型学》，喷墨打印，2016

度由此生成，与之同时，也将我们顺势带入她关于家庭的另一组作品《全家福》。

从 2012 年开始，戴安娜每次回到家里，都会和母亲、祖母、曾祖母一起坐在沙发上合影，每次都是同样的位置、顺序和坐姿，她有意选择了录像而不是照相的方式，希望记录的不是某个静止的瞬间或切片，而是四个人在面对镜头时的心理距离与各种不适、紧张，以及伴随表情和身体变化的时间性。布展的时候，她有意地将视频调至看似与观众对视的情境，此时，观众的不适、尴尬等各种不同的反应也是她感兴趣并意欲探测的一个距离。去年 4

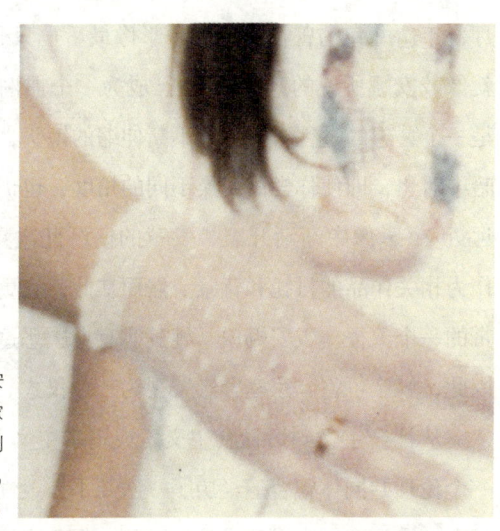

图 II-30 戴安娜,《来自我的家庭相册二》系列之一,喷墨打印,20x20cm,2016

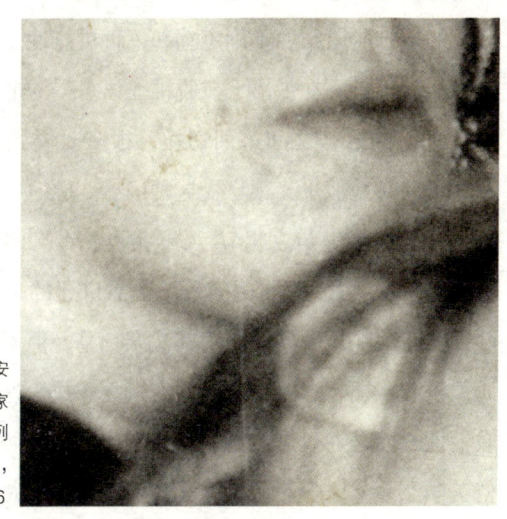

图 II-31 戴安娜,《来自我的家庭相册二》系列之二,喷墨打印,20x20cm,2016

月，年逾九旬的曾祖母去世，影像最后也只剩下三个人。就像戴安娜所说的，"它看似已成为一个惯例，但同时也是一个冥想的过程"，"就像不断伸缩的镜头，你不能在黑暗中对焦，即使你尝试变换不同的角度，也仍然把握不了远近"。影像中渐渐开裂、发黄的壁纸此次重现在展厅，作为相关作品的衬托和背景。然而在此，它更像是家庭纽带的一个象征。戴安娜说，她其实有点厌恶这个壁纸，也因此，她宁可将"家庭合影"视为一个仪式。

从社会主义到后社会主义（或资本主义），家庭作为一个伦理共同体曾普遍经历了一次几乎摧毁性的变革。不仅在东欧，中国也遭遇了这一重创。但戴安娜关心的并不是这些，更诱惑她的是像她的家庭这样一个混合的、矛盾交织的地带所蕴藏的不确定感和诸种可能性。就像她在家的时候，不得不在俄语、拉脱维亚语、爱沙尼亚语、英语等几种不同语言之间来回切换，很多时候她对此也很困惑，可同时她似乎又很享受这种困惑。此时，家本身便构成了一个边界。与之相应，《鲜花走私者》同样是一件有关边界（或"边境"）的叙事。作品讲述的是她祖母带着两束鲜花前往俄罗斯境内为其父亲扫墓，但不幸被俄罗斯海关没收、罚款这一事件。戴安娜无意放大这一事件及其政治性，而是通过展示她祖母所拍摄的花的照片及其"庸俗美学"，举重若轻地将其压缩在一个纯个人化和自传式的微观叙述中。

边界是一部政治机器,本身便蕴藏着种种可见的和不可见的暴力。就像戴安娜母亲信中所描述的恐怖遭遇,亦如她所罗列的母亲去年一年的足迹和相关的信息,包括她曾祖母记录在照片上的心率和血压值,所有这些语词、概念和数据皆指向一种生命政治的自觉。在此,既有的意识形态框架和价值冲突变得模糊和复杂起来,从艺术家个人的成长经历,到她家庭的变迁,直至拉脱维亚这样一个国家形态及其政治社会处境,所有这一切都通往一种含混的"边界"状态。在某种意义上,可以说它是一种尚难定义的地缘机体和政治逻辑,而这里的每个人都可能是一个"走私者"。

戴安娜自认为是一个普遍主义者,她不愿意被诸如身份、性别、种族以及左翼、右翼这些教条的、简单的政治话语所定义或裹挟。而且,这一由日常记忆、生活经验和个人事件中的那些常常不为人知的细枝末节所编织的自传式叙述,反过来也恰恰构成了对于这些政治话语及其复杂性、含混性本身的一次深度测试。戴安娜反复声明,这是一个关于摄影本身的展览,她希望打开摄影本身更多的语言维度,而这样一套叙事也自然成了一个重要的入口和观念支撑。其中,我们既看到了作为摄影的影像,也看到了作为摄影的概念/数据,甚至还有作为摄影的现成品或观念等诸多非摄影的摄影。由此,我们不妨将整个展览看作一个由多个不同句法的线索交织在一起的庞大的摄影装置。

这样一种实践和观念并非特例，不仅在欧洲，即使在美洲、亚洲特别是在中国也不鲜见。甚至可以说，在后社会主义国家，这已成为这一代艺术家（多指'85后一代）普遍的共识。何况，大多东欧国家的前卫艺术与中国的前卫艺术早在20世纪八九十年代其实就有着很多相似之处。由阿雷斯·艾尔扎维克（Aleš Erjavec）、格罗伊斯、高名潞等所编著的《后现代主义的镰刀：晚期社会主义的艺术文化》一书系统论述了这些后社会主义国家的前卫艺术实践及其政治社会运动，书中没有提及拉脱维亚，但想必其与书中的国家亦不乏共同之处。诚如马丁·杰伊（Martin Jay）在"序言"中所说的，尽管全球化拥有将各地均质化的力量，但对于诸多后社会主义国家而言，它实际上是从西方进口、在地方性脉络中再次运作的，进而导致了很多出乎意料的结果，而简单的政治符号拼贴和意识形态标签也似乎成了他们共同的特征。可是，到了戴安娜这一代艺术家这里，这些却成了警惕和抵御的一种话语方式。出生在前苏联，成长在拉脱维亚，其中也经历了政治变革和社会动荡，但这些已经成为她的童年记忆。1999年2月，拉脱维亚正式成为世界贸易组织成员国——"入世"本身即是全球化的重要标志，五年后，又先后加入了"北约"

和"欧盟"。今天的戴安娜常常往返于东西欧之间,也习惯了和来自世界各地的人们自由交往,所谓的西方化、全球化已然成为她经验中的一部分。因此,也不存在进口不进口的问题,而她亦无意诉诸地方性的身份叙事。在中国,事实也是如此。

2001年11月,经过漫长而艰难的谈判,中国正式加入了世界贸易组织。随着经济的崛起和互联网的高速发展,全球化已经渗透、甚至主导着年轻一代的生活方式和认知机制。在这一背景下,我们也不难发现,艺术观念的更替并不为像拉脱维亚这样的东欧后社会主义国家所独享,中国其实同样经历了前卫的消失和新的语言的生长。当然,意识形态壁垒森严的"全球化—中国",很多时候还是无法摆脱简单的——甚至是反智的——二元对峙结构,只有极少数艺术家对于新的身份、阶层、地缘等问题的复杂性有所触及。不同的是,全球化的拉脱维亚却依旧是一个混合地带,这本身就是一个例外的形态,而戴安娜所关心的正是植根于此的种种纠缠、矛盾、冲突与不可见的暴力。从小叙事到大历史,她的这一视角和路径无疑为我们进入这一胶着的政治地带提供了一个适切的入口。可即便如此——也许是为了警惕任何政治正确性的介入——戴安娜还是不忘再次提醒我们:这终究是一次关于摄影语言的尝试。

5
战争、贸易与进化共同体

普罗米修斯将文明带给了人类,但同时也成了人类异化的根源。从"完美有机体"(Xenomorph)到"异形皇后"(Xenomorph Queen)、"信使"(Runner)等,直至最近的"新变体"(Neomorph),英国导演雷德利·斯科特(Ridley Scott)执导的系列电影《异形》悉数了未来人类的十余种异化形态。作为"异形"的前传,《普罗米修斯》(2012)无疑是他关于人类文明的终极追问。不同于达尔文的进化,异化没有目的,也无轨可循,在某种意义上它恰恰是对于进化带给人类的威胁和可能的灾难的恐惧与检讨。福柯的系列著作(如《疯癫与文明》《规训与惩罚》《性经验史》等)便是在揭橥文明的进步如何异化人类社会的历史。然而,在马克思眼中,资本主义才是异化的源头,这其中,普罗米修斯扮演的则是一个解救芸芸众生的殉道者的角色。在此,且不论他到底是人类异化的根源,还是作为解救众生的至高圣者和殉道者,有一点是肯定的,在技术的进步和社会、政治、文化的变异过程中,资本和资本主义无疑是最重要的推力。今天,由资本主义主导的全球化即是一个异形的"巨兽",我们每个人都寄生在这个巨兽的体内。就像布拉伊多蒂(Rosi Braidotti)所说的:"一切生物都被卷入了全球化经济的纺织机里。……全球化意味着地球上形式各异的一切,都被一系列内在关联的方式所占有和商品化了。"①

全球化曾一度是人类大同的一个普遍构想。然而,冷战的结束非但没有终止、反而加剧了区隔、冲突与离散。金融危机、中东困境、欧美政治变局、朝核的挑衅以及世界各地的政治抗议、社会革命和民族分离运动的丛生等等,所有这些都在全球化的构想之外,但同时又是全球化内在的构成部分。异形固然是相对的,但几乎所有的异形都是超出我们既有的经验和认知范畴,尚无法被认知和命名的偶然发生。更加致命的是,全球化已然处在加速进化和变异的进程中。

作为全球化的三个基本支点,"贸易—资本""冲突—战争"及其共构、催生的"进化—变异"是徐震—没顶公司自20世纪90年代末至今艺术实践的三个"隐秘"主

---

① 布拉伊多蒂:《后人类》,宋根成译,郑州:河南大学出版社,2016。

题，特别是近年来的实践中，这些主题及其结构逐渐浮出水面，并适时回应了当下世界的激烈变局。回看他（们）二十年的实践，三者始终相互交织、共生，在积极参与和渗透全球化的同时，想象着它可能的极端异化和超级变体。换句话说，它既是全球化的表征，也是一部未来共同体的寓言。

过去，关于徐震—没顶公司艺术实践的论述主要还是围绕其艺术语言的系统变革展开的，聚焦在从"徐震"时期对于艺术—社会体制的挑衅到"没顶公司"和"徐震®"时期集生产与消费为一体的文化创制这一系统性的转向。本文则尝试换一视角，探讨基于全球化这一大背景下，其一系列实践与资本、战争/革命以及社会进化的关系，意图为其勾勒一个新的话语谱系，借以回应并参与当下更为复杂的现实世界以及对于未来的构想。在此，我们姑且将其视为一个仅限于文本而并不诉诸现场的专题性个展。

一　贸易：商业本体论

自15世纪以来，社会、文化与经济的变革，无不与世界各地的贸易体系息息相关。正是贸易，将世界各地不同民族、不同文明的人联结在一起，它促成了全球化，也改变了世界各地的自然和社会。历史上许多重大事件的发展、突变和观念革命几乎都与贸易有关。至于中国与世界贸易的历史关系，除了马可·波罗、郑和等伟人们的文明探险与文化交往以外，亦不能忽视鸦片、糖、棉花、咖啡（包括艺术）等物质的全球流通和贸易，以及它们是如何改变世界格局的。①

1990年代初，随着冷战结束、苏东解体和新一波全球化的来临，中国政府开始全面推行市场经济体制改革，到2001年正式加入WTO（世界贸易组织）标志着中国全面汇入了全球贸易的浪潮中。也是在这个过程中，随着全球艺术市场的兴起，特别是博览会的扩张和艺术系统权势的转移，当代艺术成了全球资本主义的一部分。今天，资本已成为当代艺术的基本属性之一。

1999年4月10日，由徐震、杨振中、飞苹果（Alexander F. Brandt）策划的"超市展"（Art for Sale）在位于上海淮海路的"上海广场"四楼尚未启用的铺面盛大开幕（图II-32），30余位艺术家参加了展览。展览由两个部分组成，一部分是"超市空间"，艺术家提供作为商品的作品，展览期间按照超市规范进行现场售卖，另一部

---

① 彭慕兰（Kenneth Pomeranz）、史蒂文·托皮克（Steven Topik）:《贸易打造的世界：1400年至今的社会、文化与世界经济》，黄中宪、吴莉苇译，上海：上海人民出版社，2017。

图 II-32 "超市展"现场,1999

分是"装置空间",即常规的展览部分,展示的是艺术家最新的创作。在展览史上,这是一个非常重要的案例,它不仅是一次在临时空间的展览语言实验,同时也是一次社会参与实践。当然,还有一层更重要的意义是,从展场的属性(商场)到展览的主题"超市",包括第一部分"超市空间"的售卖行为,所有这些作为观念,本身即是市场、贸易与资本渗透日常生活和市井角落的表征。而且在策展人和诸多参展艺术家看来,这也是上海有别于其他城市的独特之处。

一年后,徐震加盟比翼艺术中心,任艺术总监一职。由乐大豆(Davide Quadrio)创办的比翼艺术中心成立于

1998年，就像它的英文名字"Bizart"（比翼）所提示的，它包括"商业"（Business）和"艺术"（Art）两个部分。到2010年关闭为止，十余年来，比翼艺术中心先后策划组织了近200次展览和活动。它虽然是一家非盈利机构，但从其观念本身而言，至少表明一点，商业并不独立于艺术。

2006年，徐震和杨振中共同牵头创办了Art-Ba-Ba网站，并很快成了中国最具活力的自由论坛，也是迄今为数不多的允许匿名评论的当代艺术社区之一。"Art-Ba-Ba"在此包含三层寓意：1."Ba-Ba"来自阿拉伯民间故事集《一千零一夜》（又名"天方夜谭"）里的一篇故事《阿里巴巴和四十大盗》，也多少与1999年马云所创建的迄今中国最大的电商平台阿里巴巴有一些观念上的联系。据此而言，所谓"Art-Ba-Ba"，1.指的是一个汇聚了各种有关当代艺术的信息、知识以及智力交锋的平台；2.因为网站带有普及、教育的功能，所以也映射"爸爸的教育"这一带有中国特色的父权作为主导的家庭教育模式；3.这是一个像酒吧、咖啡吧一样的开放空间，希望团结来自五湖四海的艺术家。借助这个平台，他们组织翻译、传播了大量国外最新的当代艺术讯息和评论文章，并精选部分编辑成刊（如《几何》、《精页》等）。对于徐震而言，除了传播、讨论和教育以外，Art-Ba-Ba的"资本"属性（如和马云之"阿里巴巴"的联系）无疑是他更感兴趣的地方。大概也是在这前后，博览会作为一种新的艺术资本运作方式在世界各地蔓延开来。2007年12月，徐震在迈阿密博览会创作了《香格纳超市》。作为全球艺术博览会的一个真实缩影，这件作品形象地揭示了当代艺术的象征价值、商业逻辑和资本属性。

两年后，徐震做了一个大胆的决定，组建成立了"没顶公司"（MadeIn Company），并以此替代了他个人主体。"没顶"在此有两层含义，一是源自英文"made in"即制造的意思，二是源自中文字面意义，即没有顶点或"上不封顶"的意思。和此前不同的是，在"没顶"这里，作为艺术家的身份与作为策展人、公司经理的身份是一体的，而且徐震是有意地取消了它们之间的区分。从此，他开始以"没顶公司"的名义进行创作，举办和参加展览。这里既没有艺术家，也没有文化身份，毋宁说是一种没有主体的创制。当然，将生产和消费融为一体，诉诸自我的更新与扩张是一方面，另一方面，之所以选择"made in"（"没顶"）作为公司名称，与中国当时作为"世界工厂"（即渗透全球的"Made in China"）的全球经济局势也不无关联。

另外，这期间他们还开过一家画廊，叫"小平画廊"。值得玩味的是画廊的名称，"Shopping"的寓意自不待言，指的是"购物""消费",而"小平"不仅是"Shopping"的音译,同时也暗示着1992年邓小平南巡讲话以及市场经济在中国的兴起。只是不幸的是,开业没多久就赶上了2008年金融危机,仅做了一两个展览,画廊就被迫关闭了。但在某种意义上,它既是"没顶公司"的预演,也是"没顶画廊"的前身。2014年,没顶公司推出了"徐震"品牌。同年,没顶公司旗下的新机构"没顶画廊"正式开业运营。紧接着他们又陆续推出了《徐震专卖店》,《香格纳超市》的升级版《徐震超市》也先后"临时"入驻上海、伦敦的社区中(图II-33)。不消说,所有这些都是徐震艺术实践的一部分,而且,资本、贸易与市场本身也一

图II-33 徐震,《香格纳超市》展览现场,龙美术馆,2015

直是他感知话语的重要维度。

贸易作为艺术实践是一个系统工程,徐震一直在构想并竭力打造着一个属于自己的"资本帝国",希望由此真正汇入全球文化资本体系中,进而带动更多资本进入"狭义"的艺术系统,将艺术的触角伸向更远和更深处。但同时,就像沃霍尔一样,他也希望能随时从中抽身出来,以此反观、洞察和批判自己所在世界的这一根本逻辑。借用马克·费舍尔(Mark Fisher)的话说,作为"资本主义现实主义"的一种,其实践不只限于艺术或广告功能的准宣传方式,更像是一种无处不在的"气"。而这一全面的渗透性也正是中国社会变革的现实,可以说过去三十年来,资本主义现实主义仿佛在中国成功地安装了一个"商业本体论",几乎社会上的一切,甚至包括医疗和教育,都已成为企业化的经营。[①] 90年代以来,无论是新左派的兴起及其不满,还是持续多年的左右之争,都聚焦在这里。一向习惯借力打力的徐震自然不会选择简单的批判和盲目的抵抗,反而选择了一种"迎合"的态度,甚至还曾"戏言":"展览的都是商品,能卖的才是艺术。"[②] 这意味着,徐震—没顶公司的系统实践所针对的正是这一"商业本体

---

① Xiaorui Zhu-Nowell, "Capitalist Realism", 2017, 未刊稿。
② 鲁明军:《从方法到文化:"没顶"的系统实践》,《艺术界》, 2014年2月号。

论",反之,"商业本体论"也是其"艺术本体论"的一部分。

在徐震眼中,全球化和互联网已经消融了体制性对抗的所有可能,他面对的是资本主义的新境况,是一个更大的文化系统及挑战,甚至关乎的是新一轮"文化权"的竞争。这显然不是狭隘的同行竞争,而是不同系统之间乃至不同文化之间的竞争。法国思想家吕克·博尔坦斯基(Luc Boltanski)和夏娃·西亚佩洛(Eve Chiapello)曾深刻地指出,竞争是资本主义转型的最低正当性。这一正当性被资本主义活动所内化,并暗含着自我批判的可能性。正是这一自我批判,赋予资本主义精神的变革某种原动力;正是通过吸收批判,资本主义才取得如此惊人的生存能力,才有可能解除反资本主义势力的武装。[①] 而徐震—没顶公司所做的则是将这一内化的事实演绎为一个强大的异质现场,它真正的动力不是反动和抵抗,而是变革和竞争。其实早在十几年前,帕梅拉·M.李(Pamela M. Lee)就说过,我们最迫切的挑战在于对艺术世界如何将全球条件内化为日常习性做出更具批判性的阐释:其中包括机构的、政治的、经济的以及艺

---

① 参见吕克·博尔坦斯基、夏娃·西亚佩洛:《资本主义的新精神》,高銛译,南京:译林出版社,2012,第11—43页。

术的和批评的紧迫性。但同时,我们还需要生产性——将"艺术世界"本身反思为一种内在性的全球生产模式,而不只是将其看成一面被动反射地缘政治广泛变化的镜子。① 对于徐震—没顶公司而言,"商业本体论"不仅是世界的现实,也是一种内化的自我批判,更重要在于,它构成了资本体系内部艺术变革和文化竞争的动力。而只要有竞争,就无法避免冲突、区隔以及认同的重建,这也构成了全球化的另一面向。

二 冲突:话语的革命

晚清以降,清王朝面临着一个结构性的危机:鸦片、白银、税收以及围绕对华贸易而产生的西方国家之间的冲突是一种新的世界性的产物,中国作为进出口的主体则被贬低为殖民贸易体系的边缘区域。② 欧洲列强的野蛮入侵迫使中国不得不加入由民族国家主导的现代世界体系。可以说,伴随全球化进程的正是世界性的殖民运动和帝国主义掠夺。所谓民族国家,是由一系列条件构成的,其中,

---

① 帕梅拉·M. 李:《边界问题:全球主义标志下的艺术世界》,安静主编:《白立方内外:当代艺术评论50年》,北京:生活·读书·新知三联书店,2017,第297页。
② 汪晖:《现代中国思想的兴起》(上卷第二部:帝国与国家),北京:生活·读书·新知三联书店,2008,第638、641页。

国境的划分和主权的界定是最为重要的一个条件。[①]吉登斯（Anthony Giddens）曾明确指出："国界只有在民族国家产生过程中才开始出现。"[②]"如果说第一次世界大战最终确立了民族国家的自主性与边界的话，那么二战结束后，雅尔塔协定的签署则标志着某些大国在全球民族国家体系中的霸权。"[③]列宁早就说过："帝国主义的本质特征，就是许多强国间，为争夺世界霸权的对抗。"不难理解，全球化的吊诡就在于它是由民族国家建构的一个霸权体系，它看似制造了一个没有边界、多元均质的自由大同世界，但这只是一个表象，其背后所潜藏的是全球化／美国作为新型帝国及其不平等的支配结构。此"帝国不再建立权力的中心，也不再依赖固定的疆界和界限，它是一个无中心（或多中心）、无疆界的统治机器。在开放的、扩展的边界当中，它不断地加强着对整个全球领域的统合"[④]。一切冲突、抗议和社会革命皆根源于此。约翰·福斯特（John B. Foster）尖锐地指出："20世纪后半叶，美国在战场上杀人百万、侵略他国，以及压制全球的叛乱势力，展

[①] 葛兆光：《何为中国？——疆域、民族、文化与历史》，香港：牛津大学出版社，2014，第68页。
[②] 安东尼·吉登斯：《民族—国家与暴力》，胡宗泽、赵力涛译，王铭铭校，北京：生活·读书·新知三联书店，1998，第60页。
[③] 安东尼·吉登斯：《民族—国家与暴力》，第331、306页。
[④] 哈特、奈格里：《帝国》序言，杨建国、范一亭译，南京：江苏人民出版社，2005，第2—3页。

现了他作为世界上最具毁灭性民族的面目。"[①]而这在某种意义上也体现了全球化真正的逻辑。

2005年8月,徐震实施了一个狂妄的行为,他和助手一行三人登上了珠穆朗玛峰,"锯掉"了峰顶1.86米(相当于艺术家身高)。作为世界最高峰,珠穆朗玛峰既是世界中心之一,同时也是中国与尼泊尔的边界,这使得这一虚构的行为不仅指涉民族国家的边界,也是去帝国的一个隐喻。2006年11—12月,富有野心的徐震又筹划了一次特殊的旅行。在短短的18天内,他和助手一行三人驾驶一辆越野车,先后前往中俄、中蒙和中缅边境,每到一处,通过远程操控,试图让玩具坦克、飞机和轮船越过边界进入对方国家境内。结果只在中缅边境,玩具坦克成功进入对方境内。这看似是一无聊之举,但又像是一次严肃的虚拟的偷袭或入侵,然而其强烈的政治色彩则直指现代民族国家的边境冲突和主权之争,同时亦不忘提示我们,所有的冲突、纷争其实都是人为的权力游戏。

两年后,在长征空间的个展中,徐震用实物、道具与演员重置了南非摄影师凯文·卡特(Kevin Carter)在《饥饿的苏丹》中所拍摄到的那一幕,展厅顶部安装着"烈日

[①] 约翰·福斯特:《革命与反革命,1917—2017》,范刚垲译,"保马"微信公众号,2018年4月14日。

图 II-34 徐震,《饥饿的苏丹 11 月 4 日》, C-print, 120×180 cm, 2008

炎炎"的大瓦数照明灯,树丛、草垛与泥土是专门运到展厅来的,电动秃鹫不时地伸着脖子,像真的一样,而黑人儿童则是专门从广州雇到北京来的,他的母亲就在一旁看着这场表演(图 II-34)。展览随即引发了关于人性和道德的强烈争议,但徐震似乎表现得"满不在乎",兴许争议原本就在他的预料和计划之中,甚或说是作品的一部分。这是一个关于观看及其权力机制的测试,不过在这里,他将问题引向一个更为复杂的结构当中。它与其说是我们对于非洲(族群、社会与政治)的观看,不如说是关于西方人观看非洲的观看,包括一个在中国的西方人又如何看我们如何看西方人是如何看非洲的,还有在一旁的非洲小孩的母亲又是如何看我们如何看这个虚拟的现场的。这一测试将我们从既有的中西二元结构中摆脱出来，它拆散了西方作为中心的观看结构，进而在一个多层次的权力机制中反观自我及身份认同。

这里不可忽视的一个背景是，1993年3月26日，《纽约时报》刊登了这张照片后，迅速在全世界传播开来，次年，凭借这张照片，卡特获得普利策新闻摄影奖，然而没过多久，卡特因为不堪精神重负在约翰内斯堡结束了自己的生命。卡特的自杀再次引发争议。而这也提醒我们，这里值得质询的或许还有新闻传播和普利策这一荣誉本身的伦理基础和道德底线。更何况，苏丹的历史本身就深嵌在西方的殖民运动中。更为复杂的是，当时，苏丹尚在美国关于支持恐怖主义国家的黑名单内。而徐震的介入则意味着，中国与非洲的历史关系或许也是一个重要的参照。在此，他以完全个人化的视角将我们重新带到了中国、苏丹（非洲）与西方三者之间复杂的历史与现实中。

2009年的"看见自己的眼睛——中东当代艺术展"是没顶公司成立以来的首个展览（图 II-35）。展览在上海的香格纳画廊和纽约的 James Cohan 画廊同时举行，所有参展作品都与中东历史、文化、地理、宗教、习俗、建筑、社会、政治有关，展厅充满了阿拉伯文字、陶制工艺品碎片、骆驼、政治漫画等习见的中东符号，呈现了一个观看中东的多杂视角。展览几乎穷尽了当下流行艺术界的

图 II-35 "中东展"回顾

各种套路,所有作品都是根据西方艺术体制的眼光创作的。这和中国的现状其实并无二致。因此"中东"只是一个引子,徐震真正的目的是为了揭示一种流行于非西方国家的艺术方式及其背后的意识形态策略,调侃和检讨这一被西方中心主义所支配的艺术运作机制。然而问题在于,为什么一个中国艺术家要选择在纽约做一个中东当代艺术展?

揭示西方中心主义及其消费性的(宰制)眼光是一方面,另一方面也不能忽视,西方与中东的冲突与危机实则牵动着全球地缘政治结构的平衡,特别是在今天,因为"一带一路"的倡议,更显现出中国、中东与西方三者之间关系的现实感和紧迫性。这也说明,中东并非与中国无关,中东与西方的关系不仅是全球化的一部分,也是中国与周边、与西方直接相关的一部分。在近作"进化"系列(2016—)中,他将非洲或印第安地区的原始雕像嫁接在敦煌壁画或古代宗教雕像上,抛开他天马行空的想象和话语不言,若从其背景及其逻辑而言,它恰好将《饥饿的苏丹》与"中东当代艺术展"连在了一起。敦煌壁画和中古时期的宗教肖像雕塑记载了西方、中东/中亚与中国的文明交往史和古代宗教的传播与流通,而这些非洲、印第安的原始雕像在西方原本就事关殖民史和种族问题。这也说明,徐震的嫁接、混合看似是一种无厘头的调侃,但实际上,猎奇的背后潜藏着复杂的历史与政治。

2013年,在长征空间举办的个展"运动场"中,徐震将世界各地的抗议游行和革命运动的路线图抽离出来,重新组合,演化为一个公园。另一相关的系列作品《革命翻模》,由政治游行中投掷的石块翻模而成。20世纪的革命,一是反帝国主义,二是阶级斗争。然而,革命的结局并不尽如人意,"60年代似乎赢得基地的大多数解放运动,于今,全面溃败;2007—2009年的金融危机,则彻底撕掉了资本主义的面纱,全然揭露了现阶段的全球垄断金融资本,及其带来的空前的不平等、社会失衡和摧毁文明的好战性"[1]。无论"运动场",还是《革命翻模》,这样一种转译的确带有某种虚无主义色彩,但不能否认的是,在此,它们既是全球化的活体纪念碑,也是意识形态冲突的祭祀场,同时,亦是一个朝向未来的乌托邦。革命才是未来。就像后来的"永生"系列一样,它混合着全球化背景下的诸种意识形态,是贸易与冲突、资本与战争共同催生的一个未来变体。

三 进化:混合共同体

莫妮卡·泽维齐(Monika Szewczyk)认为:"徐震虽然并不是第一个从个人转型为公司的艺术家,更多的艺术家选择不动声色地做这些事以使操作性与利益最大化,但没顶公司至少在一方面是特殊的:公司的生产越发地被理解为对'天国'概念的思索状态——它不提供给你关于天国的清晰图景,而是将其抽象化为一个问题。"[2] "天下"系列的名字与"天国"的比喻不谋而合。这一系列的画作曾作为2014年军械库艺博会的整体视觉呈现,为艺博会

---

[1] 约翰·福斯特:《革命与反革命,1917—2017》。
[2] Monika Szewczyk, "MadeIn Company", *Parkett*, Vol. 96, 2015, p. 20.

图 II-36 没顶公司,《没顶曲项瓶—清乾隆炉钧釉莲蓬瓶》,装置,尺寸可变,2014—2015

的商业功能服务。"天下"成功架空了艺术与商业的矛盾性——这也透露出徐震的策略,相较于针对看似坚不可摧的景观魔障,不如借由这样的力量,达成自身的自治。[①]然而,无论"天下",还是"天国",其观念的深处,都在

---

① 《"文明迭代:徐震个展"新闻稿》,巴黎:贝浩登画廊,2016。

朝向一个普遍的未来共同体。

故"天下"不只是一个传统政治文化的象征,除此系列外,《没顶曲项瓶》(2014,图 II–36)、《孔子体育》(2014)及《优化》(2017)等作品也都在暗示着对文明迭代、进化的某种期许。正是透过这一猎奇式的景观,艺术家传递着他对于这个时代的敏感和想象,甚至焦虑。以赛亚·伯林(Isaiah Berlin)有一句名言:文明之间是不可通约的。然而,在徐震—没顶公司的想象中,似乎没有什么文明是不可通约的,但又没什么文明是可通约的。在大型装置《永生—涅槃佛》中,通过巧妙的并置,他建构了一个"诸神共舞"的世界。不消说,它们都是资本主义的产物,都隐伏着不同意识形态,并意图朝向一个真正化内外、去冲突(包括种族、阶级、性别等)的新大同世界。就像一百年前的康有为一样,徐震也在构想一个新的世界和宇宙的普遍法则。新展"异形"便是基于贸易与冲突、混合与进化的最新创制(图 II–37)。

关塔那摩监狱事件是《异形》的主体部分。2001 年,9·11 事件之后,阿富汗战争爆发,美军在阿富汗抓获了上千名恐怖组织嫌犯,由于嫌犯不具备战犯的身份,所以对他们的关押和审讯与《日内瓦公约》中的规定和要求不同,但在美国境内不经审判地无限期关押嫌犯是违法的,于是关塔那摩便成了美军当时的选择之一。美国认定的数

图 II-37　徐震 ®,《异形》,装置,尺寸可变,2018

百名恐怖分子被关押在这里。而其之所以特殊就在于,它处在一个边缘地带,是一个法外之地。被关押者在这里没有罪名,也不能请律师,或是进入司法程序。犯人不知道自己何时会被释放,何时会被枪决,因为他们没有被判刑。

这里还须交代的一个重要背景是关塔那摩特殊的地缘政治及其历史。1898 年,美国从西班牙手中夺回古巴,并在关塔那摩湾建立了军事基地。1901年2月,美国总统威廉·麦金莱签署普拉特修正案,法案规定美国有权对古巴实行军事干涉,并要求古巴让出部分领土用以美国建立军事基地和开采煤矿等。两年后,美国获得关塔那摩湾部分土地的永久租赁权。1934年,由于古巴人民的不断抗议和斗争,普拉特修正案被废弃,两国签署了新的条约。1959年,卡斯特罗上台,关塔那摩使得两国关系变得更为敏感和紧张,期间摩擦、冲突不断。值得一提的是,这里还曾是冷战的前线之一,据说美国当时还在此部署了核武器。进入90年代中期,随着古巴对于美国的军事威胁削弱,关塔那摩逐渐淡出了人们的视线。直到2001年9·11事件的爆发,关塔那摩再次成为全球媒体关注的焦点之一。2005年,美国军方调查人员向参议院军事委员会提交的一份报告证实,关塔那摩美军基地监狱存在大量虐囚现象。次年上映的由马特·怀克洛斯(Mat Whitecross)和迈克尔·温特伯顿(Michael Winterbottom)执导的纪录片《关塔纳摩之路》聚焦于美军无故关押和虐待三位前往阿富汗提供人道援助的英国穆斯林,并将其在关塔纳摩监狱囚禁两年的事件。2009年,奥巴马就任后曾下令关闭这座监狱,但因种种原因未能实现。2011年1月11日,170余人身着关塔那摩监狱的囚服,在美国白宫前示威游行,要求政府关闭关塔那摩监狱。

以上只是一个概略，但从中可以看出，关塔那摩先后经历了19世纪的帝国主义殖民运动，20世纪的冷战与社会革命，以及新世纪以来的利益之争与种族冲突。毫无疑问，这是一个世界性的历史进程，中国自然也是其中的一部分。也是从19世纪末开始，中国开始被卷入由民族国家和资本主义扩张主导的世界体系；20世纪全球社会革命运动和冷战格局中，中国同样扮演着重要的角色；新世纪以来，随着中国经济的崛起，中美关系成了全球化时代国际地缘政治的重要杠杆。因此在今天，我们很难将中东危机以及类似关塔那摩监狱的事件孤立起来，这些看似与我们没有直接的关系，但实际上与我们同在一个动荡的国际局势和政治体系中。而维系这个历史过程的正是"贸易—资本""冲突—战争"以及"进化—变异"的疾速扩张和蔓延。

徐震巧妙地用放大的、同样是跪姿的汉俑代替了关塔那摩监狱囚犯的形象，他不仅将汉俑外表刷成橘黄色囚服的样子，还为它戴上黑色头套。然而这一嫁接不只是一种形式上的暗合，若将汉俑视为汉帝国的一个象征的话，那么它所牵涉的是早期西方、中东（包括中亚）与中国之间的交往史。当时，中东、中亚或者说整个欧亚大陆正是连接罗马帝国与汉帝国的"丝绸之路"。而贯穿"丝绸之路"的除了贸易、冲突以外，还有文明之间的相互渗透以及由此衍生出来的种种"进化"和"变异"。一千多年后,欧亚大陆再次成了全球地缘政治聚焦的"心脏地带"。美国学者马汉在《海权论》中曾经指出,谁控制了大海谁就控制了世界,20世纪美国之所以成为超级大国就在于此;英国地理学家麦金德据此提出了"陆权说",他认为谁控制了欧亚大陆,谁就将控制世界。麦金德一百年前的说法是不是中国政府"一带一路"倡议或"西进路线"的预言,还在争议当中,但可以肯定的是,这一倡议的真正意图即是为了重建中国与欧美之间的关系,它同时也是平衡全球地缘政治结构的一个重要战略举措。不消说,支撑这一倡议的依然是贸易、冲突与进化。

徐震无意简单地将汉帝国和罗马帝国分别附着在当代中国和美国的身上,但这一历史性的关联也并非是巧合。诚如前文所言,从20世纪90年代末参与策划"超市展"到2007年的《香格纳超市》、2009年没顶公司的成立,直到近年的《徐震超市》等,市场、贸易或资本主义作为语言本身一直是他艺术实践的一个重要线索;与之相应/对的是,从早年的《18天》《我的俱乐部》到后来的"中东当代艺术展"、《饥饿的苏丹》、"运动场"、《革命翻模》等,可以看出全球化背景下的冲突与革命是他艺术实践的另一个重要线索。除此以外,还有一条线索就是由上述二者共同催生的社会进化和文化变异。这在既往的《达尔文和爷爷》以及近年的《没顶曲项瓶》、《进化》系列绘画、雕塑等作品中已经有所暗示。然而在徐震的实践中,《进化》并非是全球化这个巨型怪兽的"再现"或"表征",而是带有一定自省的关于新的未来共同体的构想。这一构想一方面承认全球化是无力抗拒、也不必抗拒的事实,另一方面似乎又不满足于全球化的现状,而借以想象一个新的未来全球体系和共同体。如果说《永生》和《优化》多少还在探讨中国与西方两种文明之间能否通约的话,那么以关塔那摩监狱为母本的《异形》不仅直指当下动荡的国际政治局势,而且还由此带出了同样事关西方、中东/中亚与中国三者之间的贸易史与战争史,进而通过汉俑或中国的"介入",将当下美国与中东之间的关系拓延至全球地缘政治的框架中。

《异形》保留了关塔那摩监狱的形式,二十余个身着"囚服"的汉俑被"关押"在牢笼里面。除了上述这些历史与现实寓意以外,作为装置,这里他还预设了一个观看的结构。在观众眼中,无论是作为汉俑,还是作为关塔那摩监狱的囚犯,都是一个被看的对象。而此时的观众,既是想象中的"囚禁者""看护者"或"施暴者",也可能是电视机前的普通观众或报纸的一般读者。因此,我们固然可视其为一种抗议的姿态,但同时不得不承认,这也是一个被消费的对象。况且,关塔那摩监狱事件最早就是通过媒体传播开来的。诚然，在资本的策动下，媒体似乎在传达着某种政治性，可同时，媒体的资本属性也在削弱着其政治性。于是，媒体常常制造着更多的真假和是非。但在徐震这里则不尽然，其艺术很多时候作为一种无限混合的虚构，原本就不承载任何真假和是非，而媒体、信息通常也是其援引和混合的对象。

混合制造异形，异形在悬置或复合、化解资本及既有政治经验的前提下，打开了新的政治空间，也构成了"徐震®"的世界。与其说它依然无法避免作为消费对象而被强大的资本卷入，不如说资本被它强大的引力和能量所吸纳和化解。就像其最新系列绘画作品《运气》，晶莹剔透的绿色古代玉镯在此被放大、分解并演绎为一个个像旋涡似的纵深空间。如果说玉镯是永恒性的象征的话，那么这里的视觉旋涡则仿佛是全球化的一个隐喻，它消解了原本的物质形态，摆脱了意识形态的束缚——或者说是在既有的意识形态框架彻底失灵的境况下，将一切坚固、永恒的东西演化为一个尚无法命名的感知黑洞。正是这一未名的混合的异形和虚构的深渊，暗藏着变革的动力和孕育新的共同体的潜能。

后记：2018 年 3 月 22 日，美国总统特朗普宣布了对华贸易战。据媒体称，这是有史以来中美最大的贸易战。

4月13日,也就是在宣布对华贸易战20天后,美国联合英、法两国展开对叙利亚的空袭。对华贸易战和空袭叙利亚看似是两个独立的事件,但诚如徐震—没顶公司的系列实践所提示的,它们都在全球化的结构之中,之间必然有着或明或暗的联系。故唯有将其放在一起予以审视,我们方能触及危机重重的世界现实及其内外逻辑。

III
世纪幻影

引论
"大众"视角与革命的"当代"

20世纪以来,艺术史论界关于"现代绘画"或者绘画之现代性一直是众说纷纭,莫衷一是,塞尚、马奈、库尔贝都曾分别被视为现代绘画或现代艺术的起点,阿尔珀斯甚至断言:与其说是马奈因为学习委拉斯贵兹而变得现代,不如说委拉斯贵兹本身就已经很现代了。① T. J. 克拉克在《现代生活的画像:马奈及其追随者艺术中的巴黎》一书的前言部分也曾系统清理过绘画与现代性的问题。② 不过,这里我并不想深究这一问题,而就目前掌握的材料,不妨选择从库尔贝谈起。毕竟,若从大众的角度看,库尔贝无疑是一个重要的历史节点(或起点)。

---

① 参见拙文:《画室作为媒介:图像的历史生成——阿尔珀斯的视角与取径》,2016,未刊稿。
② T. J. 克拉克:《现代生活的画像:马奈及其追随者艺术中的巴黎》,沈语冰、诸葛沂译,南京:江苏美术出版社,2013,第35—36页。

在《**库尔贝与大众图像:论写实主义与素朴**》一文中,夏皮罗(Meyer Schapiro)系统考察了库尔贝绘画与流行街头的大众图像(主要是漫画、插图,还包括摄影)之间的密切关联。他说:"在早期印象派画作中,我们能够看到那么多毫不拘泥、自然率真的日常社交生活方式,看到那么多早餐、郊游、散步、划船旅行、节日或假期聚会等场面。这些城市的闲暇田园诗不仅展现了19世纪六七十年代资产阶级娱乐休闲的客观形式,通过主题的选择和新的美学手段,它们也反映了一种艺术观念,即把艺术看作是纯粹自娱自乐的领域。"① 可见现代绘画不仅从大众图像中汲取资源和营养,其本身也已成为一种消费和娱乐的方式。阿尔珀斯亦发现,马奈所在的那个年代,巴黎街头便流行西班牙的风物,自然包括西班牙绘画,由此可知委拉斯贵兹何以会影响马奈。② 这反过来也提示我们,19世纪中后期的巴黎、伦敦等城市,大众文化其实已经空前地繁盛。

据说,在19世纪80年代,也就是现代艺术发生的年代,伦敦有500多家歌舞厅,这些地方不是上流社会的沙

---

① 夏皮罗:《现代艺术:19和20世纪》,沈语冰、何海译,南京:江苏美术出版社,2015,第59—92页。
② 参见拙文:《画室作为媒介:图像的历史生成——阿尔珀斯的视角与取径》,2016,未刊稿。

龙，而是乡村小调、地方音乐、移民歌舞的混杂，同时还有下层社会特有的生活方式，酗酒、吵闹、烟雾、色情，等等。1877年，美国人托马斯·爱迪生发明留声机；又过两年，留声机和唱片开始商业化生产，到1920年代，录音已经实现机器化，1928年，据统计英国将近有250万台留声机。应该说，到了这个时候，通俗文化已经在大规模地生产，就像阿多诺所感慨的："标准化的声音每天都被大量地消费，这和消费一根雪茄或一盘玉米薄饼已经没有区别。"①

另外还须一提的是，摄影的发明是在19世纪40年代，随后的几十年里，它很快进入了家庭。1861年，伦敦已有200家摄影工作室，这些工作室提供大众化的摄影产品，从肖像到风景，甚至还为学院派画家拍摄模特儿的造型。虽然开始的时候摄影只是绘画的模仿，但也就十年工夫，到1870年的时候，在小型肖像方面，摄影便完全取代了绘画。由此我们才能理解乔弗利·巴钦（Geoffrey Batchen）在《热切的渴望：摄影概念的诞生》一书中将摄影概念的起源归为对于再现瞬间的渴望，因为绘画已经无法满足这一点，也无法满足人们对于图像的复制和传播

---

① 易英：《抽象艺术的理论死亡》，黄宗贤、鲁明军编：《视觉研究与思想史叙事》（上卷：形式—观念—话语），桂林：广西师范大学出版社，2013，第3—16页。

的渴望。当然,摄影对于绘画的取代也为不少艺术家所不齿,在他们眼中这些照片是逼真的、通俗的、低级的审美趣味。大约十年后,产生了便携式相机和快照,机器图像渐渐进入千家万户,包括婚纱摄影、旅游纪念、全家福、纪念照、相册等,它们不为审美而创造,反而消解了艺术的审美。进入 20 世纪以后,摄影的社会功能进一步扩大,广泛应用于犯罪记录、新闻调查、消费广告、明星剧照等领域。摄影为一切欲望的需求提供图像,摄影教育公众的眼睛来消费形象,反过来,消费的眼睛也改造了摄影。① 除了摄影之外,电影也已是当时高度普及的东西。1914 年,电影院已取代先前的剧院和歌厅,到 1920 年代,已出现超过 4000 个座位的电影院,对很多人来说,看电影已成为周末最重要的事情。潘诺夫斯基说:"不论我们愿意与否,电影比其他任何单独的力量,更多地改造了世界上 60% 以上的人类的观念、趣味、语言、服装、行为,甚至精神面貌。"②

所有这些都可以归为大众文化的范畴,自 19 世纪以来,它们已渐渐渗透到被视为高雅或高级、前卫的现代艺

---

① 参见乔弗利·巴钦:《热切的渴望:摄影概念的诞生》,毛卫东译,北京:中国民族摄影艺术出版社,2016,第 51—52 页。
② 转引自易英:《抽象艺术的理论死亡》,黄宗贤、鲁明军编:《视觉研究与思想史叙事》(上卷:形式—观念—话语),第 15 页。

术中，甚或说，现代艺术的发生本身就是大众文化的一部分。

一 形式、大众与现代主义的悖论

透过当时大量的摄影和漫画，其实也不难看出库尔贝、马奈甚至塞尚等与大众图像的关系。夏皮罗发现，库尔贝几乎所有的绘画主题都是流行的，甚至很多时候还被认为是宣传性的，富有教条色彩的。兴许是源于他与蒲鲁东的友谊，他曾自称是一个"天生的共和主义者"，加上受傅立叶等社会主义思想家的影响，大多时候他不仅是同情下层人民，还描绘他们。这种对下层平民的同情，不仅体现在他的画面中，也体现在他的日常言行中。库尔贝的绘画技巧常常被认为难登大雅之堂，他运用画刀和拇指作画，带着刺耳的声音工作，随意刮擦，直接靠记忆即兴发挥，而不愿意采用学院里那些陈腔滥调的手法；同时，为了与19世纪三四十年代的那些纨绔子弟区别开来，据说他在巴黎街头刻意地用方言说话，抽烟，唱歌，像一个粗人那样说笑。

譬如在《奥南的葬礼》中，人物肖像会给人一种原始的、质朴趣味的印象，远方的头部几乎与近处的头部一样明亮，这些形象令奥南那些曾为此画做过模特的民众感到高兴，但是在浪漫派那类对比鲜明、充满阴影而富有大气感的绘画中接受教育的巴黎批评家们，却发现这些肖像作为人类形象是丑陋的，画法也粗俗拙劣。那些来自中下层阶级的朴素的观众对肖像画人物脸上阴影的看法，就像要求为她画像的郎世宁将两边脸画成一样颜色的慈禧一样。当然，就画面内容而言，这其实是一个流行的主题，也可以说是一种民间的风俗。要知道《葬礼的回忆》本身就是当时流传甚广的一张民间木刻作品。另如《生命的步骤》，也是一张当时的通俗印刷品，画面以年龄次序排列，形成了一个拱形或半圆形。夏皮罗的解释是，在法国大革命之前，中间的空间充斥着《最后的审判》的形象，此后则被世俗化为一辆简单的灵车，或一种象征性的成长过程，如一丛蔷薇，一把麦子，一架葡萄藤。且不说库尔贝是不是拷贝了这些图像，它们的确有着一定的相似性。何况，他还曾经与人一同制作过"大众图像"，甚至在书信和公开声明中宣称他是那个时代唯一一位代表了人民大众情感的艺术家，从本质上而言他的艺术就是民主的艺术。①

如果说库尔贝是现代艺术的滥觞的话，那么，这种基于形式的现代意识一方面源自大众图像，另一方面似乎又

---

① 夏皮罗：《现代艺术：19和20世纪》，第59—92页。

对立于大众。如前面提到的《奥南的葬礼》中，库尔贝试图压缩画面的纵深空间，凸显一种平面感，这一点后来也成为从具象向抽象或者从写实主义向现代主义过渡的一个形式化途径。而且，绘画到了抽象（包括印象派）的时候，它的受众也不是大众，而是资产阶级和中产阶级。与之相应，T. J. 克拉克也认为，诸如马奈这样的印象派看似与大众文化有着直接的联系，看似描绘的是社会底层和无产阶级，但本质上它还是资产阶级或中产阶级的产物。这使得现代艺术的唯一性和大众文化的复数性变得复杂和微妙起来。罗萨琳·克劳斯曾专门论述过现代主义或前卫的唯一性与大众文化的复数性的悖论关系。[1] 一方面，库尔贝、马奈等在当时的确深受大众图像的影响，但另一方面，从印象主义开始的现代主义的视觉革命，其实也是对于大众文化（mass culture）的策略性回应。不少人认为，"现代主义一直宣称的文本'自足'，只是一种策略、一种假象，其立意是广告学意义上的宣传推销，而绝非出于对哲学意义上绝对事物的思考"[2]。值得一提的是，20世纪80年代末，戴维·萨默斯（David Summers）写过一篇

---

[1] 参见罗萨琳·克劳斯：《前卫的原创性及其他现代主义的神话》，周文姬、路珏译，南京：江苏美术出版社，2015，第119—135页。
[2] 蒂姆·阿姆斯特朗（Tim Armstrong）：《现代主义：一部文化史》，孙生茂译，南京：南京大学出版社，2014，第83页。

文章，叫《"形式"——19世纪的形而上学与艺术史描述的问题》，单从标题便可以反证，我们对于所谓现代绘画的形式或形式主义解释，实际上源自19世纪的形而上学思潮，而这也恰恰构成了对于大众文化的一种批判性的回应。①

从方法论的角度讲，夏皮罗的这篇文章实际上是从图像学的角度出发的，而这一点所针对的在某种意义上也正是当时讨论现代绘画时的形式或形式主义路径——尽管其中他还是不可避免地使用了诸多形式分析的方法。1937年，夏皮罗在《马克思主义季刊》（*Marxist Quarterly*）上发表过一篇文章，特别指出早期印象派的力量不仅在于涂绘的乐趣和对于光和色的嗜好，他认为马奈及其追随者的艺术实践还有一种"道德面向"。T. J. 克拉克在讨论马奈的时候就是沿着这条路径进一步将其意识形态化的。阶级、性别（包括种族）构成了他的基本主题，其中涉及奥斯曼改造、城乡接合部、交际花等社会变革与新的阶层矛盾的出现等问题，明显带着马克思主义的批判色彩。比如在论述《奥林匹亚》时，T. J. 克拉克曾尖锐地提出，赤身裸体是阶级的一个强有力的标志，也是它的一个危险的

---

① 戴维·萨默斯:《"形式"——19世纪的形而上学与艺术史描述的问题》，普雷齐奥西（Donald Preziosi）编著:《艺术史的艺术：批评读本》，上海：世纪文景出版集团，2015，第122—125页。

例证。因此,奥林匹亚的阶级不在他处而在她的身体里,猫、黑人女仆、兰花、花束、拖鞋、珍珠耳环、项圈、屏风、披巾——它们都是诱饵,没有意义,或者说并无特殊的意义。我们都很熟悉《奥林匹亚》与提香《乌比诺的维纳斯》的艺术史关系,但是如果放到马奈当时所处的文化情境中,《奥林匹亚》本身也成了一个流行的大众图像,例如塔尔贝尔的插图,其中他安排了一只尾巴竖立的黑猫来取代那只遮蔽生殖器部位的手,并在床下安放了一把夜壶,枕头下则放了一个烟斗,称奥林匹亚是来自巴蒂诺尔的运煤女工,还给她的花束添了一道命令——一个执行官要求及时付清账单否则责任自负的命令。[①] 在我看来,这些大众图像其实反过来也为我们提供了重新理解这些画作的新的视角和路径。

二 大众的艺术与艺术的大众

作为 T. J. 克拉克的学生,托马斯·克洛(Thomas Crow)认为,马奈的《奥林匹亚》是用一种当代的廉价符号,扁平化地再现了当年提香的《乌比诺的维纳斯》中

---

① T. J. 克拉克:《现代生活的画像:马奈及其追随者艺术中的巴黎》,第 115—198 页。

所蕴含的色情意味,而莫奈、德加等正是因为他们常常在娱乐休闲场所流连忘返,所以才有了那些赤裸裸地刺激视网膜的印象派绘画。显然,在《大众文化中的现代艺术》一书中,克洛是将"大众"(或"大众文化")系统化了。其中的几个章节如"Kitsch"(艳俗)、"Markets"(市场)、"Photographys"(摄影)、"Cities"(城市)、"Natural History"(自然的历史)等既是现代艺术的资源,也涉及现代艺术的生产系统和消费机制。在克洛看来,现代艺术与大众文化从一开始便具有天然的亲密联系,作为现代艺术承担者的前卫艺术不断在高雅艺术(或高级艺术)和大众文化之间进行渗透,打破既有的等级秩序,从而形成与大众文化合谋的现代艺术。这样一种现代艺术既是对资本主义的否定,同时又表现出不可避免的妥协性。换言之,高级艺术家必须与底层社会结成同盟,以便为求得政治认同而斗争,而且,这种同盟关系常常是以否定的术语加以表述的。[1]

在某种意义上,可以说当时印象派画家所描绘的就是一种时尚,而且他们是以一种时尚的绘画语言在描绘时尚。这一点直接是由现代主义与消费社会的共谋关系决定

---

[1] 托马斯·克洛:《大众文化中的现代艺术》,吴毅强、陶铮译,南京:江苏美术出版社,2016,第9—10、282页。

的。[①] 借用乔伊斯·韦克斯勒（Joyce Wexler）的话说，"远离市场对现代主义（文本）有害无益，它们会沉湎于意义含混和毫无规则可言的文字游戏当中"[②]。特别是进入20世纪以后，艺术家公然成了时尚人物，参加各类时尚活动，相形之下，马奈们活动的圈子还是有限的，至少他们尚未成为公众人物，而到了波洛克这里，艺术已经成为时尚文化的一部分，甚至被他的第一个赞助人拉入了时尚圈，使得他的满幅泼溅画经常成为各种时装秀的背景墙。这并非孤例，其中一个重要的背景是，二战以后，大规模的生产和消费使得西欧经济改走北美路线。人们对于技术将巩固哪种类型的社会不再存有任何质疑：形成了一种稳定却压迫人、工业凌驾一切、资本通吃的文明。这种新文明创造的环境迫使大众文化和高雅艺术联系日益紧密，最终导致高雅艺术被整合进文化工业。[③] 时至六七十年代，也就是波普艺术兴起的时候，大众文化（包括大众事件）本身便成了一种激进的语言和行动。其中，广告成为一种重要的语言，各种广告手段充斥在艺术实践中。除此之外，詹明信（Fredric Jameson）还提到一点，作为规范的一部分，

[①] 托马斯·克洛：《大众文化中的现代艺术》，第13页。
[②] 转引自蒂姆·阿姆斯特朗：《现代主义：一部文化史》，第93页。
[③] 本雅明·布赫洛：《新前卫与文化工业：1955到1975年间欧美艺术评论集》，何卫华等译，南京：江苏美术出版社，2014，第321页。

高雅的现代主义被迫只能在大学里传授，这在某种意义上已然淘空了它们过去的颠覆力量。① 沃霍尔也曾声称《影子》不过是迪斯科派的"装饰品"而已，这看似是一种妥协，但事实就像克洛所说的："前卫艺术家们不断在高雅和低俗之间制造种种不稳定的平衡——这些平衡搅乱了等级制度表面上的一成不变，使其走向新的令人信服的架构，因而从内部使这一制度成为问题所在。但是，这种轮流刺激和撤退的模式表明：这些平衡关系最终对于积极乐观文化的形成是富有成效的，就像它有助于批判意识的表达一样。"②

透过资本主义的生产及其劳动组织形式与艺术风格的关系这一视角，奈格里（Antonio Negri）提供了另一个与夏皮罗、T. J. 克拉克、克洛等相应的脉络。奈格里分析指出，1848—1870年间，艺术通过工人阶级的劳动在其全部物质性中的一种粗野的大众化而得以表达；1871至1914年印象派时期，技术工人是主角，而且他们逐渐意识到，作为敌人的资本主义世界是可以被瓦解的，而所谓的创造就体现为瓦解；三年后，十月革命爆发，资本主义被迫对作为生产之基础的无产阶级强加进一步的大众化，

---

① 詹明信：《晚期资本主义的文化逻辑》，张旭东编，陈清侨等译，北京：生活·读书·新知三联书店，1997，第417页。
② 托马斯·克洛：《大众文化中的现代艺术》，第37页。

通过确立新的消费准则，把抽象化水平推至极限。正是在这一时刻，"抽象形式"在艺术生产中强行提出了自身。在此，"抽象"既是现代分工制度和抽象劳动的一个表征，也是对抽象劳动的一种参与，且同时，它还是一个另类的想象，即社会主义的一个源头；1929年之后，仅存的艺术维度是由大众艺术家生产的，直到1968年，他认为"五月风暴"等一系列事件象征着大众化工人的终结。从此，艺术和劳动都受制于全球资本主义，艺术转向一种认知性劳动和生命政治的劳动，即一种对生命形式进行再生产的活动。① 奈格里的判断自有他的视角和理论前提（包括批判的态度），作为生产要素或生产机制的大众化自19世纪中期一直延续到1968年前后，至少在这一阶段，可以看出它跟现代艺术（比如抽象、表现等）之间不乏冲突的共生关系。

回过头看，事实上克洛的论述并没有超出夏皮罗和T. J. 克拉克，而且克洛的重心不是19世纪，而是20世纪。正是沿着这一叙述链条，原本现代、当代这种断裂的历史叙事也变得衔续起来。克洛不断地重申，现代艺术与大众文化之间互相依赖、不可分割，它们都是资产阶级文

---

① 奈格里：《艺术与诸众：论艺术的九封信》，尉光吉译，重庆：重庆大学出版社，2016，第39、98—111页。

化的一部分，自始至终都不存在格林伯格所谓的"前卫与庸俗"那样泾渭分明的区分和对立。他举了很多例子，从19世纪中期的巴黎一直到20世纪90年代以后概念艺术的复苏，比如印象派绘画中那些休闲娱乐场所、酒吧舞厅，60年代后大众摄影、广告进入波普艺术，包括当代艺术的生产、传播和接受机制，等等，所有这些都表明了一点：大众文化从一开始便决定了高级艺术、前卫艺术的生产机制。他甚至认为：大众文化是优先的和决定性的，而现代主义不过是它的后果而已。[①]

需要指出的是，吸收大众文化，甚至成为大众文化的一部分，并不是简单地迎合大众趣味，而恰恰是要以一种批判和自省的态度捕捉当下时代最为普遍的症状。这也是波普艺术真正的逻辑。事实上，它本身就具有强烈的自指性或自反的意识。如果说在19世纪的艺术家那里，"大众"只是作为创作资源、画面主题、形式要素以及批判的起点的话，那么到了20世纪中期，"大众"本身便构成了一种批判。哈尔·福斯特曾精准地指出，早期抽象艺术只是倾向于否认再现，但事实上否认的结果是反而保留了它，而极简主义和波普中的重复和对于拟像的（再）生产，则倾向于颠覆再现，从而彻底切断了其

[①] 奈格里：《艺术与诸众：论艺术的九封信》，第10页。

指涉逻辑。也即是说，真正取代再现的不是抽象，而是重复。而重复中的差异也恰恰是商品符号之政治经济的消费对象。这一逻辑决定了极简主义和波普的结构：在极简主义中，它体现为不同的特殊物品和重复的系列化排序之间的张力，在波普中则体现为以重复的流程（如丝网印刷）来生产不同的图像。最终，不是什么极简主义的工业技术或是波普的大众文化内容，而是这种早已在高级艺术和低级（大众）文化中都广泛存在的逻辑，重新定义了两者之间的关系脉络。[1]

此时，即便是形式主义的复苏，也已无力挽回被大众化或消费化的现实。关于这一点，左派会觉得现代主义的否定一直是一种假象，只不过是一种重新打磨优秀商品的途径；而右派则发展出一种轻松和折中的多元主义，他们认为这种复苏是不够充分的，而且厌恶保留任何一点否定性，即便这种否定性被彻底升华到了形式的层面。[2] 换句话说，大众文化已经彻底消解了左右意识形态的区分。这让我联想到今年由 DIS 小组（Lauren Boyle，Solomon Chase，Marco Roso 和 David Toro 四位艺术家组成）策划的第 9 届柏林双年展的"内容恐惧"（Fear of Content），

---

[1] 哈尔·福斯特：《实在的回归：世纪末的前卫艺术》，第 75—77 页。
[2] 托马斯·克洛：《大众文化中的现代艺术》，第 40 页。

这是一个极具争议的展览,褒贬不一,但在我看来,它就是把网络美学或"后网络"实践这样一个普遍的、流行的文化现状扔给你,你可以说他们没有鲜明的立场,少了必要的政治态度,但不能否认他们对这个时代的文化症状的敏锐感知和捕捉。借用克洛的说法,这种看似妥协的实践本身便构成了一种"批判"。

三 平等:作为一种新的审美体制

如果说夏皮罗、克洛的叙述还是限于艺术史和艺术系统内部的话,那么,作为当代左翼思想家的朗西埃在《美感论:艺术审美体制的世纪场景》一书中则为我们提供了一个更为激进的视角。[①] 不过,朗西埃关注的对象不是马奈的《奥林匹亚》、马列维奇的《白上之上》、杜尚的《泉》等人们耳熟能详的经典之作,他将触角伸向一些过去不被过多关注的绘画、文学、戏剧、摄影、雕塑和电影的案例。在我看来,其框架本身就是一个"大艺术"的概念,他取消了传统的媒介划分,意在重建一部新的美学体制叙事。若从时间的角度看,这一叙事从 18 世纪一直延

---

① 朗西埃:《美感论:艺术审美体制的世纪场景》,赵子龙译,北京:商务印书馆,2016,第 1—10 页。

续至20世纪40年代（1764—1941）。而之所以从18世纪温克尔曼谈起，是因为朗西埃有一个基本的判断，他认为在此之前是一个诗学占主导的时代，而温克尔曼在某种意义上开启了美学的时代。就其根本的观点而言，他和夏皮罗及其追随者T. J. 克拉克、克洛实际上并无实质的区分，依然强调现代艺术与大众文化的去边界问题。但不同的是，他不仅将此从19世纪的库尔贝追溯到18世纪的温克尔曼这里，更重要在于，他提供的并不是一种基于具体经验的解释，更像是一种政治性的理论介入，但这种介入带有明显的感性色彩，这也使得整个写作更像是一次带有某种人类学色彩的当代策展实践。

朗西埃发现，温克尔曼生活在巴洛克盛行的年代，然而其《艺术史》却一反巴洛克风格，重申了古希腊审美理念。所以，当时有人称他为落后于时代的卫道士，孰料，到了拿破仑时代，随着新古典主义的兴起，温克尔曼反而被尊称为新古典主义雕塑之父。他借用了普鲁塔克《希腊罗马名人传》的叙述模式，在普鲁塔克这里，艺术分为两类，一类是人文艺术（指的是艺术家的个别想法和技法），一类是技工艺术（指的是艺术制作中相对普遍的知识和技术）。但是在温克尔曼的笔下，人文艺术和技工艺术被抹平了，并构成一部不可见的新的历史。换句话说，艺术之所以被视为众多作品构造的可感环境，就是因为有了历史这种看待集体生活的认识模式。这一历史模式意味着,艺术的历史讲的就是集体生活的历史。① 另如,基于黑格尔对穆里洛《小乞丐》的描述,朗西埃追溯了一种所有人可能共享的精神自由。他说,作品的可贵之处并不在于它表现了这些平常的事物,它的魅力在于画面上的光亮和影照。因此,绘画并不是要画出什么内容供人信奉,也不是要画出某种自命的伟大而加以称颂,在这里,任何社会力量都不见踪影,人们看它,只为欣赏那些外表上的游戏,享受利欲消解时的纯粹乐趣。正是这种外表的游戏,实现了普遍的精神自由。②

以上两个案例看似与现代艺术无关,但需要重申的是,在朗西埃这里,已然没有了所谓的古代、近代、现代之分,他讨论的只是"艺术",没有时间的前缀。正是基于这一当代认知视角,古代、近代、现代的界限被取消了。相形之下,就大众与现代艺术的关系而言,最典型的无疑是他所提到的卓别林,后者既为大众所喜闻乐见,同时也是现代主义的代表,甚至在他看来,卓别林对现代主义的贡献要远远超出蒙德里安和康定斯基。③

朗西埃关心的并不是现代艺术与大众文化是否相互影

---

① 朗西埃:《美感论:艺术审美体制的世纪场景》,第 11—32 页。
② 同上,第 33—51 页。
③ 同上,第 200—214 页。

响，而是二者之间可能共享的某种感知机制，并由此构成了一种新的政治。如果说在以往，所谓艺术的现代性是说每种艺术都取得了自治，摆脱了日常生活中的"审美化"形式的话，那么在朗西埃看来，艺术的创新以及艺术与生活的联通，这些被认为自艺术现代性理念中生发出的追求，其实是来自于审美体制下特有的变动，这种变动总是抹消艺术与日常经验之间、各种艺术彼此之间的边界，除去各种艺术的特性。而它所依靠的则是一个不可见的感知机体。也是在这一点上，精英和大众并无阶级之分，而是形成了一种平等的关系。朗西埃说，从德国的温克尔曼笔下，艺术开启了它至今的旅程，它并没有依靠自闭取得一种超凡脱俗的自治，恰恰相反，它找到了一种新的主体，即人民，找到了一个新的空间，即历史。而就历史而言，他的整个叙述其实和另外一个文本《历史之名》是一贯的，在后一本书中，他关心的是如何在不可见处寻找历史的可能。换句话说，真正的历史和政治可能恰恰是在不可见的感知当中。[①]

显然，这一思考和叙述逻辑依然带有明显的福柯色彩，朗西埃所提供的在某种意义上也可以说是一部"艺术

---

① 参见朗西埃：《历史之名》，魏德骥、杨淳娴译，台北：麦田出版，2014，第 xxxv—lxv 页。

现代性"的反面历史。这一点其实和夏皮罗、克洛有着一定的相似之处。基于此,他重新定义了"艺术",即其如何作为一种可感的肌理和认知的形式。但他最终的意图并不是重新定义艺术,其意图在于政治,即诉诸一种不可见但又可感的绝对平等。如果说在夏皮罗(包括 T. J. 克拉克)的身上还有明显的传统马克思主义的色彩,对于下层平民的同情构成了他的主题的话,那么克洛则试图通过揭示精英与大众之间的渗透关系,消解他们之间的区隔和不平等,而到了朗西埃这里,他关心的不再是如何取消等级,也不再是艺术体制的存在,而是在既有的阶级区隔中探得或理论建构一个二者可能共享的平等地带。

余论

20世纪80年代末,奈格里曾说,1968年以前,美学普遍是一种抵抗的美学,一种去神秘化的美学,甚至是一种好斗的美学。然而此后,市场渐渐成了唯一的生命舞台,敌对的集体主体已经彻底消失。在抽象化的潮流中,敌托邦业已不可还原。市场及其权力已然废除了一切潜能,以便否认其生成独一的可能性,否认其对某人或某物的有效性。[①]也就是说，从此我们进入了一个后抵抗的时代。三十年后的今天，尽管民族、宗教冲突以及国际地缘政治问题日益凸显，世界局势变得更为复杂，但不能否认，新自由主义或市场机制依然主导着全球文化政治体系，抽象依然是我们生存的唯一共同体，它依然是我们的自然，依然是我们劳动的性质。[②]奈格里并不认为"艺术在形式上和一种真正的、激进的民主一样地敞开"，但和朗西埃一样，他认为艺术的生产机制总归是民主的。而且，他始终坚信艺术是反市场的，将艺术行为还原为市场这一日常的羞辱是可以避免的。[③]为此他提出艺术应该回到潜能和伦理，回到活生生的劳动和独一性的发明。艺术，在这个意义上，就是诸众。[④]

不同于通常意义上的大众，这里的"诸众"（或大众）不是毫无区别的群众，也不是民族，不是古斯塔夫·勒庞（Gustave Le Bon）笔下的"大众"和莫斯科维奇（Serge Moscovici）笔下的"群氓"，而是由杂多的个体组成的一个网络，是一种奇异性的集合或集体的自治。[⑤]它不是群

[①] 奈格里：《艺术与诸众：论艺术的九封信》，第7—19页。
[②] 奈格里：《艺术与诸众：论艺术的九封信》，第12页。
[③] 同上，第29—30页。
[④] 迈克尔·哈特（Michael Hardt）、奈格里：《大同世界》，王行坤译，北京：中国人民大学出版社，2015，第6页。
[⑤] 奈格里：《艺术与诸众：论艺术的九封信》，第xvii—xviii、110页。

体化的,是一种非物质的、智性的、感情化的、关系化的和有关语言的劳动,其共同性、流动性、灵活性与不稳定性自觉地构成一种抵抗的力量。这是一种全新的抵抗。显然,它不再是一种反应式的行为,而是行动和生产的一种形式。它的基础是生产性劳动的创新和超越,是生产性主体之间的独立的合作,是开发超越生命政治统治的建构潜能的能力。①

奈格里相信,只有通过诸众,我们才能获得解放,才能建构生产和存在之超脱所必需的大众基础,进而获得更加绝对的自由。今天来看,这一他所谓的"美"的"共和国"无疑是另一个乌托邦②,确切地说是一个敌托邦——如果说朗西埃的平等是一个乌托邦的话。因为,谁也无法阻止任何想象、行动和解放被纳入资本流通系统,被还原为一个价格,尽管在他眼中,全球资本主义或新自由主义依然是今天人类最大的敌人。这其中,值得我们珍视的,或他和朗西埃所共享的,似乎只有可感性或者他所谓的欲力(conatus)、欲动(cupiditas)及其分配机制和共同体伦理。

* * *

---

① 参见奈格里:《超越帝国》,李琨、陆汉臻译,北京:北京大学出版社,2016,第45—77页。
② 奈格里:《艺术与诸众:论艺术的九封信》,第50页。

本文意图引出的与其说是"大众"视角，不如说是一种平等的政治，以及人与世界乃至整个宇宙的一种隐秘关系。以下将要论述的，包括陈彧君对于其离散经验和记忆的拼凑，刘雨佳通过海滩这样一个视角对于人与世界、与自然关系的洞察，赵要在宗教与游戏之间对当代人位置的寻找，周啸虎关于"玩偶"和"地上"的隐喻，以及刘䶮关于技术物及其关系的想象和虚构，等等，无不指向人们对于过去、当下、特别是未来的惶恐。而所谓的"世纪幻影"，准确地说是人们对于时间的某种感知、犹疑和焦虑。

1
离散的拼贴：记忆的纹理与伦理

一

2014年初，陈彧君做了一个重要的决定，他辞掉了中国美术学院的教职，携家带口从杭州搬到了上海，开始了他真正作为职业艺术家的生涯。这之后，他陆续在柯恩画廊、"9平米美术馆"等机构做过三四个独立的项目，然而严格说，2017年初在阿拉里奥和BANK这两个地处原法租界的画廊同时举办的个展"故土不乡愁"，是他移居上海以来的第一次正式亮相。

此次个展展出的是他近期的两组（实为一组）全新作品，之所以选择在这两个不同的空间同时开展，一个重要的原因在于，这样的展示本身就是他作品的一部分，即关于空间的实验。

从"亚洲地境"到"木兰溪"（与胞兄陈彧凡合作），

"空间"一直是陈彧君艺术实践重要的视觉—观念语素。此次展出的作品,既是延续,也是一次新的尝试。在某种意义上,这也是他从莆田到杭州,再从杭州到上海,以及20世纪初很多宗亲族裔移居南洋,这样一种迁徙生活和"离散现代性"(disaporic modernity)[①]的一个表征。而所谓的"新"尝试,相比以往的"木兰溪"系列项目而言,一个最大的不同是,"木兰溪"本身不再作为支配性的观念,更不是他们兄弟俩的一种标签。当然也是因为,他不想再局限于这种地方性和特殊性的狭隘认同中,而是意欲回到个人的真实经验中。这期间,他也体会到,事实上这一经验并不特殊,它早已成为现代人的一种普遍"症状",何况全球化背景下迁徙和移居已然是一种常态,刻意的重申反而显得有些矫情了。也即是说,当"木兰溪"成为一个符号或教条的观念的时候,其既无法生产新的语言空间,也难以切入现实的肌理。因此,这里的"木兰溪"不再是一种乡愁,也不再作为观念而独立于我们的生活,而是作为习惯和常态成为他经验的一部分,浸透在他的感官和心智中。

不过,可能我们越是日常化,反而离日常愈加遥远。陈彧君说:"故土是你的出发点,它始终与你保持着一定

[①] 高嘉谦:《遗民、疆界与现代性:汉诗的南方离散与抒情(1895—1945)》,台北:联经出版股份有限公司,2016,第23页。

的距离，而这种距离已逐步变成一种可以衡量你与现实关系的尺度。"[1]这种尺度并不是固定的，而是动态的，是流变的，就像此次展览的两个空间，它看似是一个内外的部署，但这种结构实际并不确定，毋宁说是一种暧昧的、黏滞的、局部嵌合的关联体。

陈彧君将 BANK 的展厅设计为一个"内部空间"，将阿拉里奥的展厅设计为一个"外部空间"。前者展示的是一组与"家"相关的窗户、合影等主题的作品，后者展示的则是一组"木兰溪"主题的河流、森林等自然情境（局部）作品。一内一外，一实一虚，二者构成了一个整体。在此基础上，他还在两个展厅各自植入了一两个临时建筑或临时空间，在内部形成一种互文性结构。他特意用了很多废弃的、临时的建筑材料，这些材料并不纯粹，我们也不妨将城市化背景下传统乡村生活秩序的变化和危机作为它所承载的观念之一。

二

在 BANK 的临时空间的进门处上方，陈彧君设置了

---

[1] 转引自《"故土不乡愁：陈彧君个展"新闻稿》，"阿拉里奥画廊"微信公众号，2017 年 1 月 25 日。

一个微型的木空间，它既是整个空间部署的指示符号，也像是一个"祭祀"的象征物。临时空间左侧的门口——也就是画廊空间的左边角落——用麻绳悬挂着一个涂有色彩、像椅子一样的木结构，灯光下在旁边墙上的影子恰好回应了他某一绘画系列的图像母题，麻绳的另一端则拴着一块从老家捡来的老木头，并拖在地上（图 III-1）。绳子当然是"纽带"的一个喻示，而它所建构的这一虚空间则同样带有某种"祭祀"的仪式感，或一种"死亡"的气息。更有意思的是，这样一种设计或部署（包括挂画，他也没有按照美术馆惯有的秩序，而是依据日常生活空间的"拼贴"方式进行布置的）巧妙地暗合了 BANK 这一老建筑地下室的空间特征，我们甚至会觉得它像是一座充满着生活气息和日常温度的古代墓室或考古现场。

临时建筑的内墙上贴满了陈彧君从老家莆田收集来的废报纸、老照片、包装纸等，角落里摆放着同样来自老家的用于民间日常祭拜的雕像等物品，墙上零散悬挂着一组最近才完成的拼贴作品，素材来自他春节回家后所拍摄的宗族祭祖的仪式，另一面墙上则播放着一部由相关题材剪辑合成的影像作品，也源自他所收集的家长里短和人情冷暖（图 III-2）。

拼贴是近年来陈彧君常用的一种手法。这在艺术史上并不鲜见，我们可以追溯到 20 世纪的现成品、波普等流

图 III-1 陈彧君个展《故土不乡愁》现场 – 1，Bank 画廊，2017

图 III-2 陈彧君个展《故土不乡愁》现场 - 2，Bank 画廊，2017

派，甚至更早的阿比·瓦尔堡（Aby Warburg）这里，其基于人类学机制的"记忆女神图集"也似乎带有"拼贴"的特征，且直到今天，依然常出现在艺术家们的实践当中。不过对于陈彧君而言，它却有着格外的意义，或许艺术史还不是他最重要的考量，真正的动因是记忆。也即是说，拼贴本身实际也是指向艺术家自身的经验，也可以说是一种有关自我的"档案"实践。在这个意义上，"拼贴"本身也被赋予了某种仪式感，意味着这既是时间离散的拼贴，也是空间离散的拼贴。尽管看上去陈彧君的拼贴有点随性不定和脆弱不安——这与空间的临时性也恰好是一致的，但实际上，他在拼贴中设计了一套植根于传统宗族文化的关系和次序，并提示我们，变化的不仅是艺术、艺术家，传统宗族的仪式和生活秩序本身也在变化，也面临着随时瓦解的可能。而之所以裁剪和重新拼贴这些图片和报纸，其目的不是简单地建构一种新的美学和叙事关系，或是将这种记忆碎片的拼凑视为一次重建秩序的尝试和努力，毋宁说是制造一种间隙和分裂。这些间隙既是现实之一种，也是一个想象的出口。

"寻根"固然不是陈彧君的目的，但就像前面所说的，这并不意味着这些生活方式和传统习俗独立于他的经验而存在，恰恰相反，自始至终它们都从来没有脱离过他的日常生活。这也是他此次选择水墨这一媒材的原因所在。水墨在这里并不代表一种传统，或一种往昔的存在，而是我们与生俱来的血液中的一部分。也因此，他并不想赋予水墨某种观念和文化意涵，反之，他也无意将水墨抽离为一种纯粹的媒材，更不相信水墨是纯粹的。或许是由于没有任何文化心理的负担，所以使用起来，反而得心应手。因此，这与其说是重返传统，不如说是带出一种日常伦理。比如记忆，即是日常伦理的一部分。而画面的灰度之所以看上去也像是一张老照片，其实也是试图诉诸某种记忆。艺术家一方面使用大量的老照片作为图像母题，另一方面又巧妙地将老照片的影像特征与水墨形式结合起来。由于水墨中掺杂了金粉，灯光下的画面泛出一种异样的质感。这样一种方式和画面质感，让我联想到20世纪早期郎静山的集锦摄影，同样带有集合、"拼贴"的特征。虽然他们使用的媒材和形式不同，但二者共同指向了日常记忆及其文化伦理。我们可以将陈彧君的这种拼贴导致的平面性视为一种时间的压缩和空间的折叠，此时，画面中常常出现的窗户和影子不仅拓展出新的空间和纵深感，也暗地指向了绘画本身。

若依循绘画史的逻辑，可以说新画中的"窗户"蕴含着"视觉"和"象征"两个不同的体系。"绘画即窗户"，阿尔贝蒂的这句名言表明，画面中的窗户与绘画一同构织了一个"画中画"的框架。在陈彧君这里，"窗户"及其纵深映射的是一种有关记忆的目光。窗户作为虚实空间的一个界面，也指向他展览整体的空间部署。窗外是想象，是记忆，窗内空间同样布满了往昔的人、物和事；前者是不可见的，后者则是可见的。毋宁说，是记忆将两个可见／不可见的空间分隔开来，又将二者连接起来。而他之所以选择带有明显地方建筑特征的拱形窗户，并且画面采用符号式的拼贴方式，也因为其本身是一种带有强烈个人经验色彩的象征。面对纠缠在一起的两个系统，陈彧君既化解了二者的冲突，同时又呈现了一种分裂感。这里还有一个不容忽视的相关细节是，他保留了纸本作品画框上的玻璃，通过隐隐约约的反射，意在与观众和整个空间建立某种关系，而在阿拉里奥空间，他去掉了玻璃。前者看似将观者带入其中，后者则不然，但事实上，恰恰是玻璃的反射分离并阻隔了观者与作品的关系，而当观者在对象中看不到自己的时候，反而沉浸在它所营造的氛围中。

同窗户一样，影子也是一种目光，也标示着一种绘画的自我指涉。古罗马作家老普林尼早就说过，影子就是绘画。在文艺复兴时期，影子主要用以如何让绘画变得更加自然，它不仅依循于透视法则，也是基督道成肉身的一个象征符号。进入17世纪以后，画面中的影子虽然不再承担象征寓意的功能，但它并非是作品的说明书，而是一个关于再现的说明书，借用斯托伊奇塔的话说，此时作为"转置图像"的影子，无疑也是绘画或艺术家主体自我指涉的对象。[①] 同时，在我看来这三层含义也体现在陈彧君的"影子"中。影子首先是一个视觉的概念，当它以一个完整结构出现在画面中的时候，它暗示着一个纵深的目光，并与平面性的拼贴形成一种分裂；而当它以剪影的结果出现的时候，它既是纵深的目光，也是象征的平面。其次，这里的影子特别是"集体合影"中那些错错落落的人影也是一个象征，而且"合影"这一题材本身即是一个象

---

① See Victor I. Stoichita, *The Self-Aware Image: An Insight into Early Modern Meta-Painting*, Trans. by Anne-Marie Glasheen, New York: Cambridge University Press, 1997.

征,一个记忆伦理的符号。至此,视觉系统与象征系统的分离无疑将其引向绘画自身,并形成了它的第三层意义。

线面关系这一形式语言是画面"影子"话语中的另一重分离。影子是块面的,塑形用的却多是线描。这种线面分离有时也让画面的视觉机构变得更加复杂,比如"四季"系列。但陈彧君关心的并不仅是如何构成错视,事实上,这里他之所以选择这种写意式的描绘,除了赋予画面某种质感以外,本身也是为了强化一种痕迹感。笔墨中的浓淡、虚实,都是为了强化空间的层次和痕迹作为一种感知方式的切身性与真实感。其意义在于,它既是空间的衔接,也是诉诸时间和记忆的一种方式。与之相关的是画面中反复出现的河流、树木、老建筑以及集体合影等。陈彧君并没有试图再现或想象一个相对完整的场景,几乎所有的视角都是局部的,微观的。这也意味着,它不是一种简单的形式或象征,其中暗藏着丰富的可见/不可见的话语维度。这也自然地将我们引向另一个空间,即作为"外部空间"的阿拉里奥展厅。

三

陈彧君将这一组画归为"木兰溪"系列。根据画面的图像提示,我们不妨将整个展厅想象或虚构为一片黑森林，而四周墙壁上的那些零散画面所隐喻的，既是一种断裂，也是一种衔续。如果我们尝试将这组同一题材、风格、色调乃至规格的画连接起来，隐约可以看到一条神秘蜿蜒的"河流"，或一棵自然横亘在墙上的"大树"。这本身便是一个真实记忆的表征。也许是由于他选择用一种局部的观看和描绘，画面尤其凸显或者说是放大了水流、木头的纹理。这固然是一个形式和趣味的产物，但不容忽视的是，它同时也是一个符号或象征，象征着一套自然秩序与宗族礼仪。

如果只是将其看作是这样一个象征物，似乎显得过于简单了一点。陈彧君考虑的要比这复杂得多。整个画面都以灰色为基调，就像前面所说的，它既是水墨，也是影像／装置。即便是在如此"沉闷"的暗灰背景下，也隐约可见其丰富的视觉结构和空间话语。所有的画面基本上是由河流、树枝和临时空间（或某不明物）三者构成的。它们原本是他经验和想象中有关故土"木兰溪"的三个"符号"。河流与树枝的纹理由于太过接近常常被粘连起来，但并非没有分界，相反大多时候二者更像是一种空间的折叠、扭结或组构。这个时候，画面中作为"第三者"的临时空间（或不明物）则显得尤为重要，它有时候是一种"强行切入"，有时候是平面叠加，有时候则和前两者牵缠在一起……但无论采取什么方式，都不仅强化了画面的不确定感,同时也释放出更多的空间感和时间性。这也是它与此前"木兰溪"系列实践的一个根本的区别。在他看来,这个过程并非始于某个概念,也不受某一既定思路的限制,而完全凭靠的是直觉(以及必要的控制)。换句话说,此时真正主导或支配描绘过程的是主体的一种感知力,它并非源于观念,与知识也似乎没有直接的关系,毋宁说是一种"自然的流淌"或某种"神秘的动能"。恰是这一"自然的流淌"或"神秘的动能"带出了他的观念、认同及其变化。

在阿拉里奥的展厅,陈彧君同样植入了两个"临时空间"。两个空间都设在二层,一个立在地面上,另一个则横架在楼梯的上方。地面上的空间虽然体积不大,但其造型像一个寺庙一类的宗教建筑,其中有一面墙的外立面被代替为一张同类题材的绘画作品《错屋》(图III-3)。显然,这里"建筑"的外形本身就具有某种象征性。空间内缓缓流淌出溪水的声音,它来自一件声音作品,恰好与四周墙上同样题材和形式的系列组画构成一种对应关系。这种对应并非只是体现在图像和形式上,同时也体现在感官层面,即视觉与触觉之间的互文中。值得一提的是,"临时空间"外立面墙上的那张画《错屋》,它描绘的是一簇树木,上面有几只小动物,还搭建了一座"临时建筑"。在我看来,这张画已足以表明展厅中临时空间与展厅四周

图 III-3　陈彧君个展"故土不乡愁"现场-3，阿拉里奥画廊，2017

绘画的关系,而它本身就像是一个处在想象与现实之间的衔接面或临界线。可见,整件作品同样包含了三重嵌套关系或"转置空间",无论大空间与临时空间之间,还是临时空间与《错屋》,亦或是大空间与《错屋》之间,都具有强烈的自我指涉性。也即是说,这是一个关于空间的空间的空间……由此,我们还可以引申到真实的"木兰溪",乃至艺术家经验中的迁徙和移居。

横架在二楼楼梯上方的空间像一个植入在画廊空间中的巨型长方形木盒,其对称性的设计则带有一种象征性和仪式感,而盒子本身也含有收集、归档的意思(图III-4)。木盒内壁描绘的是一棵大树,四周穿插着各种不可名状的生物。除了水墨,他大量使用了金粉,这既是南

图III-4 陈或君个展"故土不乡愁"现场-4,阿拉里奥画廊,2017

洋自然风情的一个表征，同时也是全球资本主义欲望的一个暗示，但其视觉或美学上的高度协调还是无法掩饰二者内在的紧张和冲突。画面的重心"大树"一方面回应了整个空间的主题，另一方面，它与另一个临时空间也形成了一种对应关系，其中一个空间的内部是视觉的，另一个则是听觉的。这样一种隔离或分裂状意味着它们又是孤立的，同样作为"转置空间"附着在整个展览空间的内部。在某种意义上，这种空间的关系其实也带有拼贴的色彩。而拼贴本身便包含着临时、脆弱以及可拆解、可移动等特征和属性——那些从老家搬来的石子、木头、家具和食物等"现成物"同样是临时的和脆弱的，它们既亲切，又陌生。这与艺术家整体的感知与空间部署是一致的，同样也是他所观照的"木兰溪"这一生活方式、价值秩序及其现代遭遇的一个隐喻。在此基础上，他所有的"设计"又都指向绘画自身。

四

自从搬至上海以来，陈彧君明显感觉到工作、生活的节奏比以往快了很多，也因此，他反而越加向往故土的闲适悠哉和慢条斯理，一有时间他便"逃往"莆田老家，有时候一待就是个把月，此次展出的很多作品就是在那里完成的，有一些还是在往返两地的路途中构想的。这当然不是一种"避世"和有意的"抗拒"，陈彧君真正关心的是多维度时空区隔中的分裂和间隙，所有的想象和可能性都源自这里。也是在这个过程中，他渐渐体会到"木兰溪"本身也在变化之中，甚或说，现代生活方式业已成为"木兰溪"的一部分；同时也发现，上海与莆田之间固然存在着许多文化习俗乃至时间性的差异，但已无法构成一种空间上的对立，二者重叠和共享的部分远远大于区别。陈彧君敏锐地捕捉并刻划着其中在在移动和流变的纹理。"木兰溪"依然是"木兰溪"，但在陈彧君这里，已然不同往昔。在我看来，它业已成了一个生产性的概念。如果说此前的"木兰溪"是在全球化/现代性背景下诉诸一种地方性和特殊性认同，或者说是在变中求不变的话，那么今日之"木兰溪"则更像是在地方经验的背景下探讨个人生活中的普遍性与自然性，以及其中的变与不变。我们可以将其视为一种人类学的实践，但不同于一般人类学的是，此时艺术家自身同时也是其田野实践的对象。也因此，他避免了"他者或被他者"的诘难，他所描绘的既是一个异质的文化，也是一种普遍的现实，既是他者，也是自己。换句话说，这里的他既是主体，也是客体。

作为一个人类学的样本，"木兰溪"或者说陈彧君的田野实践包含着丰富的意义维度。除了在地经验与全球化/现代性之间的关联以外,不可忽视的是,BANK 和阿拉里奥两家上海的画廊原本也是由两个非本土画廊主(一个是美国人,一个是韩国人)经营的空间,而两个空间又都恰好地处曾经的法租界,更何况,人类学这一学科本身最初就带有殖民的色彩。这一复杂的地缘、身份关系所对应的正是陈彧君和上海(包括全球化的艺术系统)之间的关系,且二者还不是一种简单的对应,而是与个人生活的迁移、家庭秩序的变化以及族裔的离散历史等多个维度嵌套、纠缠在一起。①

人类学家阎云翔曾经指出:"集体化终结、国家从社会生活等各个方面撤出以后,社会主义的道德观也随之崩溃。既没有传统又没有社会主义道德观,非集体化之后的农村出现了道德与意识形态的真空。与此同时,农民又被卷入了商品经济与市场中,他们便在这种情况下迅速接受了以全球消费主义为特征的晚期资本主义道德观。"②地处东南的莆田固然是个例外,相形之下,它的传统宗族观念似乎更为"顽固",也更具典范性,加上早年的族裔迁徙及其认同变化,使其社会文化结构变得更为复杂。但即

---

① 参见拙文:《用具—记忆—艺术:从日常情感到伦理政治》,《书写与视觉叙事:历史与理论的视野》,桂林:广西师范大学出版社,2013,第 71—81 页。
② 阎云翔:《私人生活的变革:一个中国村庄里的爱情、家庭与亲密关系(1949—1999)》,龚小夏译,上海:上海人民出版社,2017,第 265 页。

便如此，也不可避免地遭遇消费主义和私人化的"洗劫"。可见，它并没有构成"传统—现代"或"集体—个人"这样一种简单的对立关系，而是呈现为一种混杂的经验状况。就像前面所说的，一方面他自己就身处其中，但另一方面，他又扮演着一个"局外人"的角色。但陈彧君并没有就此表明某种姿态，或者试图澄清什么，而是尽可能地将这种复杂性化为自己的艺术实践。反之，此时艺术实践及其作品亦为艺术家和观众进入或者感知这一复杂性提供了一种动因和推力。

1998年，另一位人类学家阿尔弗雷德·杰尔（Alfred Gell）在《艺术与能动性：人类学家的理论》一书中，则将艺术品抽象为一个"索引"（Index），表示任何一件艺术品，事实上也是任何一样"东西"，包括作为原型、受众和作者的"东西"，都有其能动性（Agency），我们可以将其理解为作为介质的力量。因为任何"东西"都可能作为主体或者介质，而任何介质也都会有野蛮的能动性，于是能动性也就成了任何"东西"的自然属性。[1]杰尔试图避免从西方认识论的理性主义角度去解释艺术的"能动性"。通过深入的历史田野考察，他发现人类艺术制造出

---

[1] 王献华：《杰尔论艺术品风格》。本文作者在"视觉考古"研讨会上（上海，2012）的发言，未刊稿。

的图像价值——不管是神学家用言语描述出的还是画家创作出的图像——在于其"神圣"来源。[1] 据此而言,之前的"木兰溪"实践还是或多或少带有某种策略性和"认识论"的色彩,但在这里,它更接近一种具有能动性的"索引"或介质。如果说"木兰溪"曾经是陈彧君念兹在兹的一种生活方式和价值秩序,那么当这一切"分崩离析"之时,"木兰溪"对他而言不仅是现代性症状的一个提示,同时也是一部自然的寓言和一种新的个体言语的能动性。

---

[1] See Alfred Gell, *Art and Agency: An Anthropological Theory*, Oxford: Oxford University Press, 1998.

2
海滩:拓扑的影像与景观

2015年底,刘雨佳只身来到新疆克拉玛依某能源工业基地。在近一个月的时间里,她置身于这一混合着戈壁和雅丹地貌的奇景中,完成了《黑色海洋》的拍摄(图III-5)。这部受卡尔维诺《看不见的城市》启发、由数个短小的章节构成的影像,透过对现代变迁中的边疆及其坚韧与脆弱的描绘和刻画,建构了一部被毁灭与被建造的魅影般的风景叙事。其中,还交织着马可波罗与忽必烈关于城市与风景的叙述、论辩与诘问。尽管艺术家使用的是纪实的手法,但我们的目光却常常在原始与机械、野蛮与秩序、生机与死寂、暴力与审美、真实与荒诞之间来回切换。显然,其目的并非是吟唱一首现代边疆的挽歌,而是意图在这一被合理性所包围的蛮荒之地,探触一种新的感知和行动的潜能。

对于刘雨佳而言,这应该是一个小的转折。如果说

图 III-5 刘雨佳,《黑色海洋》,单屏影像,38'35",2016

此前《第三人》(2014)、《终结的进程》(2013)、《光》(2013)等还是通过挪用、虚构及想象的编织,建立她的言语结构的话,那么,《黑色海洋》中的影像拍摄对象即边疆本身就带有叙事的功能或扮演着重要的角色。反之,这一充满张力、吊诡和辩证的混合地带本身也指涉着其影像的叙事结构。一年多后,刘雨佳推出了最新的项目《海滩》(2017),严格说,这是《黑色海洋》的一个延伸。

介于陆地与海洋之间的海滩,不属于其中任何一方,却兼有两者的特征。它是我们度假的场所,在这个场所、这个时刻,我们不是在家里,也不是在工作,甚至脱离了世俗的正常状态。比如在列维·斯特劳斯眼里,自然与文化之别即是海洋与陆地的区隔。前者指自然、野性、野蛮与原始,后者指文化、城市与文明。而海滩便是这一恐怖界限的调和之地。[①]因此,从地缘的角度看,无论是作为"黑色海洋"的克拉玛依戈壁,还是世界各地的"海滩",它们都具有边际或疆域的意涵。按照拉铁摩尔(Owen Lattimore)的话说,这是一个渗透着贸易与冲突,混合着不同文化、信仰与政治的过渡地带,而这本身便构成了一个复杂的社会区域和政治—文化机体。[②]更加意味深长的是,从"黑色海洋"到"海滩",不仅是疆域的延伸,它们也可以被视为同一个物理—地理系统,也即是说,这里的"海滩"不仅是边疆,同时也是作为边疆的"黑色海洋"的边疆。

整个展览(项目)由五件/组作品构成,它们都是围绕"海滩"这一明确的主题或母题诉诸不同维度的叙事。《生活并不意味着安逸,这是在让事情更难办》(图III-6、图III-7)是一部四频GIF动画录像,图像母题源自美国学者约翰·费斯克(John Fiske)著作《解读大众文化》(Reading the Popular)中的一章"海滩解读"。本书主要分析、阐述了人们在生产自己的文化时所面对的一些关键场所和文本,包括海滩、麦当娜、摇滚乐以及电视

[①] 约翰·费斯克(John Fiske):《解读大众文化》,杨全强译,南京:南京大学出版社,2006,第35—36页。
[②] 拉铁摩尔:《中国的亚洲内陆边疆》,唐晓峰译,南京:江苏人民出版社,2005,第156页。

图 III-6 刘雨佳,《生活并不意味着安逸,这是在让事情更难办》-1,四频 GIF 动画装置,2017

图 III-7 刘雨佳,《生活并不意味着安逸,这是在让事情更难办》-2,四频 GIF 动画装置,2017

新闻等。援引至此的四幅原始图像源于 20 世纪 90 年代的澳大利亚考茨罗海滩,描绘的是当地政府规定的三条海滩禁令,包括:1. 禁止袒胸露乳的、针对男性观看的刻意表演(图 a,海滩作为一种窥淫的性活动场所);2. 禁止古罗马、苏丹式的妻妾成群的淫乱生活方式的刻意表演（图c，"我想知道穷人们在干什么"；图b，"生活并不意味着安逸，这是在让事情更难办"）；3. 禁止流浪汉（图d）。我无法明确得知这些图像到底是官方发布的禁令通告，还是好事的漫画家对于禁令的嘲讽，有趣就在于，名义上是禁令，但图像所提供的信息却是百无聊赖的中产阶级貌似毫无禁忌的有闲状态，就像费斯克书中所援引的1979年朋克教父伊基·波普（Iggy Pop）《无尽的海》（The Endless Sea）中那句歌词所描述的："Oh, baby, what a place to be, in the service of the bourgeoisie！"（"哦！宝贝，这是一个多么好的为中产阶级服务的地方！"）[1]

至于这里的"有闲"与"安逸"，在马克斯·韦伯关于新教伦理的论述中，它是通过艰苦努力挣得的；而在马克思的《资本论》中，中产阶级的安逸则是通过榨取工人获取的。马尔科姆·弗雷泽极端地认为，根本不可能存在无产阶级的安逸。[2] 处处是性别、阶级、种族等意识形态的痕迹，很难说这是一个自然的表征。费斯克提醒我们，海滩其实是一个看（Looking）（太阳Sun、冲浪Surf、沙滩Sand和看See）的场所，并且是一个通过男性

---

[1] 约翰·费斯克：《解读大众文化》，第43页。
[2] 同上，第42页。

的看而占有女性的场所。这儿的女孩进行太阳浴既不是仅仅为变出一身棕褐色肌肤而将自然带回郊区,也不是从文化游进(向)自然,而是将自己塑造成对于男性而言的意义的负载者。[①] 由此便不难理解,这样的图像何以会在 Instagram、Facebook 及微信朋友圈等网络社交媒介普遍被人们用来炫耀自己的生活品质和身份阶层,因为其同样依循于这一看与被看的逻辑。如今,古老的(海滩)港口已经彻底消失了,取而代之的是混凝土的集装箱终端;海盗的故事也已属于过去,海滩变作每个人都想去的地方,甚至成了一个拜物的对象。[②]

原图是一组印质粗劣的黑白图片,艺术家用美国波普艺术家利希滕斯坦(Roy Lichtenstein)的风格将其转译为一组高清的像海滩度假广告一样的 GIF 彩色动图。选择利希滕斯坦的风格,自是因为波普本身就是大众文化的一部分,按托马斯·克洛的说法,其表征的背后事实上还掩藏着一重深刻的时代悲悯;而之所以选择 GIF 动图,则是因为这样的方式原本也是因应 Instagram、Facebook 等现代社交媒介的产物,比如我们常用的符号表情,便常常使用这样的动图。当然,作为禁令的这些图像,似乎也可引

---

① 约翰·费斯克:《解读大众文化》,第 41 页。
② 迈克尔·陶希格:《海滩(幻想一种)》,W. J. T. 米歇尔编:《风景与权力》,南京:译林出版社,2014,第 344—349 页。

申为当下无处不在的网络审查和信息锁闭。

对于整个展览而言，这件作品就像一个索引，其他几件作品都多少与之保持着或明或暗的关联。在上述海滩禁令中，最后一条是"禁止流浪汉"。其原图右端远处本来有一个流浪汉的"猥琐形象"，然而刘雨佳在转译时去掉了它（包括左端的文字"BEACH BUMS"），只剩下前景中两位背对观众的裸女形象。费斯克认为，原图作者将观众定位在中产阶级，而且，游手好闲的"流浪汉"与画外中产阶级的观看实际上都带着些许窥淫癖的心理，并由此投射出阶级、性别等意识形态话语。[1] 巧合的是，《柯兰岛》(*The Koh Larn Island*) 这部拍摄自泰国巴提亚附近柯兰岛的影像，便是围绕当地一个名叫YOAD（Yoad在泰语中指的是高级、尊贵）的流浪汉的经历展开的（图III-8）。应该说，刘雨佳去掉原图中的流浪汉形象这一小小的举动，其实也暗合了YOAD的经历和心理现状。因为在YOAD这里，已经不存在这样的权力窥视和阶级—性别眼光。

艺术家原本是想拍一部有关泰国海滩的影像作品，结果未发现令她意外的景致，反而偶遇了流浪汉YOAD。好奇促使她结识了他，并倾听了他五岁时从事黑道的父亲

---

[1] 约翰·费斯克：《解读大众文化》，第42页。

图 III-8　刘雨佳,《柯兰岛》,单频影像,14'47",2017

被仇杀,长大后继承父亲遗产,后因经营不善,几乎倾家荡产,而仅存的房产又被政府强行收回,最终落魄为一个流浪汉的故事。影像的主线之一即是他所讲述的自己的整个经历。与之相应的另一条线索是,一个戴着墨镜、口罩的当地人骑着一辆摩托车拖着一个用来海上救生的塑料鹅,无目的地穿行在岛上,成了一道奇异的景观。艺术家特别交代,拍摄期间不仅遭遇当地警察的干预,也受到作为演员的摩托车司机的不解和询问。但在她看来,"这些询问恰恰透露出他们对于一种未知的、多余的意义的恐惧和不安,以及想要去控制它的欲望"[1]。事实是,影像中的行为传递给我们的似乎也是一种失序的无意义的荒诞之

---

[1] 刘雨佳:《关于"海滩"》,艺术家提供,2017。

举。在此，塑料鹅化身为一个观看者为我们提供了一个特别的视角，透过它的"目光"，我们将一种被毁灭和被重建的"日常景致"尽收眼底。类似的荒诞与超现实感我们其实并不陌生，曾经它也出现在《黑色海洋》中。

值得玩味的是，这两条原本并不相干的线索形成了一种巧妙的图词和互文关系，譬如流浪汉 YOAD 的自述，所传递的又何尝不是一种他者的目光。他在言谈中多次提到"Everything is gone"（什么都没有了），与之相应，一旦塑料鹅离开了海洋和海滩，被拖在摩托车后穿梭在街头巷尾的时候，也就脱离了原来的功能系统，成了一个离弃之物。而 YOAD 也同样是被自己的同伴、亲人和国家所遗弃和放逐，就像笛福"荒岛叙事"中鲁滨孙的孤独命运和离散生涯——鲁滨孙亦曾出现在她另一件录像《Let's Go!》（图 III-9）中，历经艰险与考验的鲁滨孙虽将荒岛改造为殖民地，但他还是回到了英国娶妻生子；对于 YOAD 而言，岛屿、海滩似乎都已经跟他没有任何联系，亦如刘雨佳摄影旧作中的语符"麦格芬"（MacGuffin, 2014），也是一个并不存在或无关紧要的东西，它是一场空无，一个纯粹的表面。[1]

艺术家借助了大量的文本和网络资源，并从中采集了

---

[1] 刘雨佳：《关于"麦格芬"》，艺术家提供，2016。

诸多相关的视频和图片素材，同时还辅以表演和相应的叙事维度。多频影像装置《海滩，幻想一种》（图 III-10）的素材全部源于（购买自）网络视频文献库"Archive Material"，都是由真实的档案素材片段剪辑而成的。其中有我们熟悉的二战联军登陆法国诺曼底的场景（大西洋）、悉尼邦迪海滩冲浪的场景（太平洋），美国迈阿密海滩的场景（大西洋），也有相对比较陌生的埃及亚历山大港（地中海）、巴西里约热内卢城市海滩（大西洋）、拉丁美洲的马丁尼克岛（大西洋加勒比地区）等海滩场景。需要交待的是，这件作品最初是受迈克尔·陶希格（Michael Taussig）的同名文章《海滩（幻想一种）》的启发。刘雨佳参考了作者关于太平洋、大西洋和地中海等不同海域海滩的选取，不同的是，陶希格的叙述是有意逆着美国诗人奥尔森关于世界历史的次序即地中海、大西洋、太平洋（分别代表荷马、但丁和梅尔维尔）这一趋向的论述展开他辩证的想象的，这其中，他甚至是有意地在抵抗或去意识形态化[1]，然而在刘雨佳这里，不仅不存在这一历史的次序，且意识形态恰是她重要的参数之一。

为此，一开始她还预想了几重对应关系，但最后还是

---

[1] 迈克尔·陶希格：《海滩（幻想一种）》，W. J. T. 米歇尔编：《风景与权力》，第 343—378 页。

图 III-9　刘雨佳,《let's go!》,单频影像装置,时长可变,2017

图 III-10　刘雨佳,《海滩,幻想一种》-2,多频影像装置,时长可变,2017

放弃了这个刻意的设计,选择混合在一起,不过其中依然交织着多重对应关系,包括海滩作为战争和冲浪这样的不同极端行为的场所,作为休闲场所的海滩与作为垃圾场的海滩,还有资本主义的海滩与作为第三世界殖民地国家的海滩，以及作为身体的海滩与作为景观的海滩，等等。尽管艺术家所撷取的只是某个片段，每个片段的内容和取向亦完全不同，并且她所挪用的视频素材本身都是基于他者视角的产物，然而，当多屏并置呈现在同一个空间中的时候，仿佛建构了一个交织着性别与阶级、种族与地缘、贸易与冲突、欲望与妥协、自由与恐惧等各种不同文化、生活、政治和心理状态的混合地带。如前面所言，这本身就是海滩的一个隐喻。甚或说，这是一个关于海滩的海滩。而此时，所有他者的目光已化身为参与者或消费者成了海滩的主体。

不同地域的海滩尽管沾染着不同意识形态的色彩，甚至依然壁垒森严——这一点也回应了《生活并不意味着安逸，这是在让事情更难办》中的第三张图"我想知道穷人们在干什么"，然而，海滩中亦常常混合着不同的意识形态，甚至还有可能是去意识形态化的。吊诡的是，它既是边界，同时又是去边界化的。在这个意义上，可以说海滩即是全球化时代民族国家地缘政治的一个缩影或暗喻。不过，当我们从这一多频影像装置中抽身出来，面对同样是由不同素材剪辑而成的单频录像《Let's Go!》的时候，或许会是另外的体认。

《Let's Go!》更像是《海滩，幻想一种》的一个注脚，或者说是为进入《海滩，幻想一种》或"海滩"而设计的一个入口。但这并不意味着它不自足,某种意义上,它恰恰浓缩了艺术家对于海滩的感知和思考。与《海滩,幻想一种》不同,《Let's Go!》是一个文本或关于海滩的档案库,它与观者之间实际上建立了一种阅读的关系。类似的文本和档案方式其实她在两年前的幻灯片投影装置《3-10-6》(2015)中就已经使用过。费斯克认为:"和所有的文本一样,海滩也有其读者,透过海滩,至少人们可以寻找到某种与其日常经验相妥协的意义。"[①] 画面的叠加或重屏的形式一方面是基于自我指涉的设计,另一方面也对应了网络时代可以同时打开多个页面的阅读和观看方式。说到档案,哈尔·福斯特曾深刻地指出,它不仅意味着艺术实践的人类学转向,更重要在于,它还暗含着一种在历史中寻求主体性建构的意义。这其中,档案的作用就在于呈现人类对于历史事件不同的感性反应,并探索这种感性反应如何成为一种批判的力量,调节历史与当下的时空关联。[②] 这些取自不同地方海滩的素材或档案之间,除了都关涉海滩以外,并无太多交叉的地方,可以说是一种歧异的组合和拼装。它的目的并不是诉诸一个连贯的叙事,从一开始,它就带有明显的反叙事、反情境的特征。借用阿

---

① 约翰·费斯克:《解读大众文化》,第35页。
② 周彦华:《当代批评的"情动转向"》,《艺术当代》,2017年第2期。

比·瓦尔堡（Aby Warburg）的话说，这也是"间隙图像学"这一解放性的知识实践。其所谓的"间隙"，指的是一个处在人类中心的无人区。[1]而此处持续的间断、空隙带来的迟疑、质询反过来则演化为一种主体的自觉，反之我们也可以视其为主体生长和移动的一块"飞地"。况且，海滩本身不也是海洋与陆地的一个"非无人区"的间隙吗？

可即便如此，也很难想象时尚广告中作为背景的海滩，笛福小说中的海滩，弗里德里希画面中的海滩，叙利亚的度假海滩，难民登陆的海滩，以及作为日常集市的印度海滩等，它们之间到底有何直接的联系。除了"海滩"这一可见的因素以外，能串起它们的似乎只有隐含在其背后的不同方式和程度的暴力感，包括政治的、战争的、资本的、消费的以及日常生活的等。比如出现在影像中的冲浪，原本意味着自然和冒险，意味着对于某种文化控制的逃脱，按罗兰·巴特的相关理论，可以说这是从意识形态的政治学向快乐的政治学的转移。[2]那么所谓的快乐，即是对既有文化权力的逃脱，是对规范的逃脱。它是一种颠覆行动，并创造了另一种权力，而这一权力的实质就在于

---

[1] 阿甘本（Giorgio Agamben）:《瓦尔堡与无名之学》。见阿甘本著:《潜能》，王立秋译，桂林：漓江出版社，2015，第136页。
[2] 罗兰·巴特:《神话学》。转引自约翰·费斯克:《解读大众文化》，第50页。

它无所不能、无所不在。① 可如今，连冲浪板都成了商品，冲浪也已成为大众文化的一部分。换言之，这里真正的支配者或暴力的主体不是作为激进行动的冲浪，而是作为消费品和大众文化的冲浪。② 这也许原本不在艺术家考量和预设的范围之内，想必在选择这些素材的时候，也没有刻意以此为标准。巧合的是，它们之间不仅存在着断裂、缝隙和冲突，还暗地共享了某种暴力感。此时，断裂和冲突并没有削弱或相互抵消，反而强化了这一暴力感。相信每个人经验和想象中的海滩都是自然、惬意与一片美丽如画的风景，而在此，片段的叠加和背景中层层递进的浪潮（声）仿佛连环撞击一样一同逼迫着观者的目光和感官。亦如影像中鲁滨孙发现海滩上脚印的那一刻，它不仅带来了恐惧，同时也激发了人的智慧和想象的空间。③ 我们不妨将此想象为霍布斯的自然状态是如何通往一个理性社会的。但刘雨佳的逻辑是福柯式的，她意欲揭橥的是，理性的自然、自由与冲撞是如何掩饰暴力的，进而，人们又是如何冲决这一不可见的权力网络的。

与《Let's Go!》同一个空间展示的另一件霓虹灯文字

---

① 约翰·费斯克:《解读大众文化》，第51页。
② 同上，第53—54页。
③ 李猛:《自然社会：自然法与现代道德世界的形成》，北京：生活·读书·新知三联书店，2015，第4页。

作品《我们把钱都扔进了太平洋》(*We've just thrown our bonus money into the pacific*)取材于夏威夷航空的一句广告语。挪用至这里，姑且将其看作一个自我释放的行为，而其在此所指的也许是想象中人们在海滩所获取的自然—自由。当然，自然—自由的背后是隐形的资本—权力及其渗透性的入侵。因此，在逻辑上它与《Let's Go!》是一致的。而之所以选择文字的形式，自然也是为了对应《Let's Go!》的文本性，以与观者同样建立一种阅读的关系。文字与屏幕之间的镜像关系，亦使其合为一体。不过，更加意味深长的似乎还是这句话本身。若稍许推敲，会发现这句话其实提供的并非是一个阅读的视角，由于是航空公司的广告语，它所暗喻的其实是一个俯瞰的视角。也正是这一点，将我们引至同样大量使用俯瞰视角的是另一件双频录像《海浪》(图 III-11)。

影像记录的是海洋冲击沙滩时的运动，由于画面中极少出现人的影踪，加之又是高空俯瞰的视角，从而呈现为一种异样的物理动图。甚至可以说，它是将我们对于海滩的感知和想象完全让渡给其自然和物理的一面。呵护与入侵共生于海洋与陆地之间，这正是海滩本身的混合—过渡属性。在《快乐的科学》中的"意志与海浪"一节，尼采指出，海浪是一个无目的、无意义的发生，是一个狄奥尼索斯的时刻。它不仅超越了时间，也超越了习俗，所

图Ⅲ-11 刘雨佳,《海浪》,双频高清录像,3'14",2017

以,看起来它不只像是固定在某一隔离地点的、可以准许越界的"时刻"。陶希格则认为,海浪的狄奥尼索斯作用事实上是获得了经过事先预谋的政治力量,因为尼采的全部意义就是要试图赢得一种"倒退实验",以解放那种让人与自己为敌的抑制。而"倒退实验"的前提是,在海水边缘、历史边缘、抑制的边缘必须"让人与自己为敌"。[①]尼采的论述和用意显然超越了我们对于海滩的经验及其意识形态框架,并已衍变为一种普遍的认知和生存哲学。而在我看来,无论"边缘敌对"还是"赢得倒退",都是一

---

① 迈克尔·陶希格:《海滩(幻想一种)》,W. J. T. 米歇尔编:《风景与权力》,第377页。

种政治实践。

和 W. J. T. 米歇尔眼中的风景一样,海滩是一个寓言,是一个复杂的政治社会机体。它是一个可以放逐自我的地带,而同时,因为禁令,它也可能会成为一个被规制的区域;因为战争,还可能会成为一个屠戮的现场;因为资本,它又常常是一个消费/被消费的场所……它既是一个现代性的产物,同时又带有强烈的反现代性。刘雨佳借助了大量的文本和档案,整个项目上也的确带有影像写作的特征,但她无意书写一部海滩的文化史或地理志。她真正关心的是,当我们将其重新编织为一部新的叙事的时候,它是如何被形塑为一个新的地缘话语和感知方式的。身处全球化时代,在在皆是碰撞、交融、冲突、断裂和缝隙,此时,海滩不仅是边境、边疆和地缘政治的隐喻,同时也超越了既有的经验和定义,生长为一种新的审美介质和想象机制。

3
"精神高于一切"：仪式—游戏与策略

一

2018年5月18日，赵要的大型绘画装置《自然的力量：10000平米作品在北京》在北京工人体育场盛大展出（图III-12）。10000平方米的绘画平整地铺在整个体育场的地面上，几乎占领了整个工体。画面由无数个形状各异、大小有别的几何块面构成。虽说这里没有颜料、笔触和亚麻布，而纯粹由廉价的普通布料缝制、拼接而成，但我们依然可以将其视为一幅绘画——严格说，它是艺术家另一个系列绘画《很有想法的绘画》的放大版或升级版。巧合的是，体育场四周色彩斑斓的椅子亦恰好呼应了画面红黄蓝绿四种颜色。二者既显得格格不入，又像是量身定制一般。展览只有一天时间，但对赵要而言，这与其说是一次临时的呈现，不如说是一场仪式，一个事件，或是一

图Ⅲ-12　2018年5月18日,《自然的力量: 10000平米作品在北京》展览现场,北京工人体育场

次以自然和精神为名的行动。

两年前,在北京郊区的工厂,赵要花了一年多时间组织数十名工人完成了这幅长116米、宽86米绘画的制作。2016年11月,他将此作不远千里运到了海拔近5000米、地处青藏高原的玉树藏族自治区州囊谦县白扎乡的摩耶寺脚下,并仿照藏传佛教的"晒唐卡"仪式将其铺在山谷中(图Ⅲ-13、图Ⅲ-14)。经过近半年的风吹日晒和雨雪侵蚀,他又将其从玉树运回了北京。此次展出,是作品回到北京后的首次完整呈现。

玉树雪山和北京工体无疑是两个属性完全不同的空间。前者是关乎民族、宗教和信仰的神圣处所,后者则是

图 III-13 2016 年 11 月 23 日,10000 平米作品在摩耶寺山顶展开现场

图 III-14 2017 年 3 日,10000 平米作品在山顶被雪覆盖的现场

全民竞技、众生狂欢并象征着国家意志的世俗—政治空间。项目实施的过程中,因为诸多当地喇嘛和宗教人士的支持、参与和帮助,复杂的宗教信仰和族群认同自然被带入其中。然而,这并不是赵要第一次将自己的绘画运往玉树,2012年12月21日,也就是在玛雅预言的世界末日这一天,他携着自己的七幅绘画驱车来到了玉树雪山上的摩耶寺,请求活佛为它们加持。两个月后,他又带着这组已经加持的绘画来到了伦敦佩斯的个展上,展览名叫"精神高于一切"。这个名字沿用至今。此次为应付政治审查,权宜之计,不得不临时更名为"自然的力量"。不过项目前后两个阶段的基本结构并没有太大改变。表面看上去这一行动似乎被赋予了某种时间性(在雪山半年,在工体一天),但事实是,这个时间的设定并没有特别的所指和意涵,且其强烈的仪式感及其永恒性已然化解了这个时间性,不过仅此,它已区别于一般的展览机制。在赵要看来,如果第一次是为了给作品加持而赋予作品某种崇高感的话,那么此次他是希望通过自然(包括宗教)的"加持",回到关于绘画本身的重新认知和探讨,即作为行动的绘画如何丈量大地,丈量自然,丈量我们的身体、精神及信仰。

画面的形态脱胎于《很有想法的绘画》(图 III–15)系列。这个最初受俄罗斯儿童益智填色游戏启发的系列绘

3 "精神高于一切": 仪式—游戏与策略　307

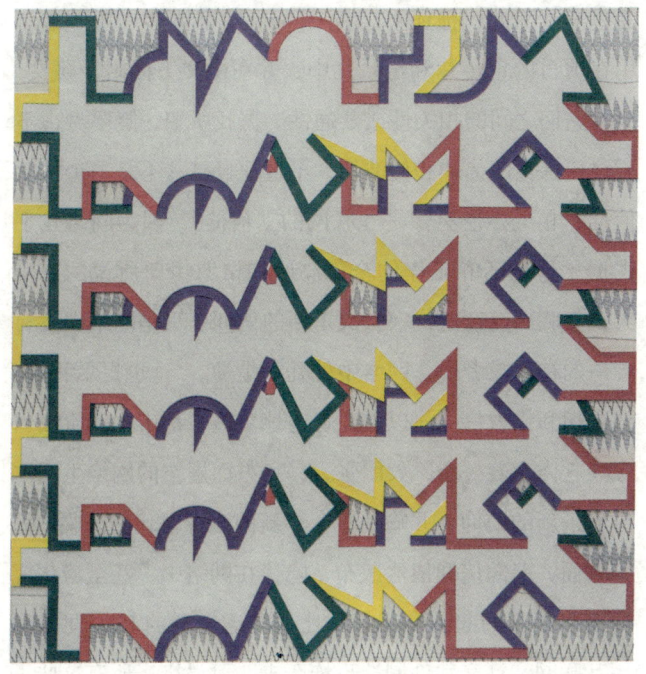

图 III-15　赵要,《很有想法的绘画 i-985》, 布面丙烯, 200x200x8 cm, 2017

画, 在观念上固然有悖于神圣的摩耶寺和玉树雪山, 艺术家也不否认其中的"亵渎"意味, 但显然, 即使是一万平方米的绘画, 置于壮阔的雪山谷中, 也将被自然的能量所消融或吞没。所以临时更名为"自然的力量"也不无道理。这里的红蓝黄绿是自然中常见的几种颜色, 也是藏传佛教经幡的基本构成色, 同时, 还是他在《很有想法的绘画》中的基本色素, 更重要的是, 亦契合了 Google 标志的色彩。除此,他还不忘将 Google 的字体形式巧妙地套用在项目的宣传片和纪录片中,并在中文下面附上藏文,以示它们之间的相关性或共通性。据我所知,赵要身边不乏藏传佛教的信徒和仁波切,不过他自己并不是一个佛教信徒,相反,他更像是互联网的"信徒",因为网络几乎占据了他生活和工作的全部。诚如格罗伊斯所说的,今天,互联网已经取代宗教成了新的信仰。只是网络中没有唯一的神,或者说,网络中处处都是神。①这也提示我们,仁波切和佛教信徒何以如此普遍地渗透在都市中产阶级当中。它内含着一个巨大的张力,一方面虚空的网络生活本身成了新的信仰,并喻示着一个新的诸神时代的降临;另一方面,旧的信仰依然散布、隐伏在网络中,甚至演化成冲突和战争的起因和工具,比如肆虐全球的 ISIS 便是利用互联网和社交软件制造恐怖袭击。可最终,所有这些不同的指向和意涵,都被展览的标题"精神高于一切"及其游戏本源轻巧化解。

如果说在玉树雪山的行动暗示着普遍的精神危机或新的信仰的话,那么在北京工体,它似乎被置于一个由世俗、精神/信仰与国家意志三者交织而成的复杂结构

---

① 格罗伊斯:《走向公众》,苏伟、李同良译,北京:金城出版社,2012,第 175—197 页。

中。有一点是肯定的,无论雪山,还是工体,一方面,它们都是几乎隔绝于我们日常经验的"异质空间",另一方面,它们又常常是信众和民众的临时集结地。如果说前者的召唤者是神或佛的话,那么后者的集结者是明星(无论球星,还是歌星)和偶像,本质上他们是另外一种"神",是一种世俗的"神"。可见,在逻辑上二者并无根本的差异。所以很难说工体是一个绝对的世俗空间,它还是一个由国家意志主导的政治空间,同时也是一个神圣的空间。这意味着,宗教信仰与工体所象征的奥林匹克精神一样,都具有一种普遍的超验性。换言之,这里其实并不存在世俗与神圣的绝对差别。

二

赵要并不预设任何答案和观念伏笔,就像"精神高于一切"这个仿佛宣言一般的标题,他甚至就是想传递一个最表面的信息。不过,他并不因此否认作品内部可能存在的复杂性。因而,他宁可将其视为一个压缩文件,通过层层解压,意图打开无数个看似无关实则密切关联的答案或内容。只是这里的重心并非是这些答案或观众的参与,而是压缩或解压本身及其如何作为一种绘画认知方式。比如,卷曲和隐藏是这幅巨型作品的常态,打开反而成了它的非常态。因此无论在玉树雪山,还是在北京工体,它看似不拒绝任何观看,但事实是,这种展示本身已经暗设了某种观看,一种仪式化的观看。而且,也唯有俯瞰之时,才可能窥其全貌。在玉树,这一观看逻辑显然被阻隔了,而在工体,其建筑结构恰恰提供了俯瞰的可能。

自20世纪初以来,一波又一波的反绘画运动早已剔除了作为媒介的颜料和手感。没有颜料和手感也可以作为一幅绘画,这已成为普遍的共识。甚至在赵要看来,图形本身就是绘画。不过他并没有直接挪用现成品,而是用廉价布料(包括床单和衣服布料)缝制而成。由于廉价布料本身也是他绘画的画布和媒介之一,所以直接援用过来作为绘画本身也符合逻辑。当然也只有如此,才有放大的可能,也才有诉诸这一"疯狂"之举的可能。与之相应,差不多同一时期,另一位艺术家庄辉也来到西北高原,在祁连山谷和青海湖畔完成了《祁连山系》的两个绘画行为。对于庄辉而言,这里的祁连山和青海湖既是画布,也是画面的内容和形式,更重要的是,它真正关注的同样是绘画该如何面对大地,面对自然以及绘画自身。不同在于,赵要的绘画行动是一种物的行动,一种集体性的生产,而庄辉则试图抽掉绘画的物质性,作为一种个人行为诉诸某种莫名的情怀。

伊萨贝拉·格雷(Isabelle Graw)指出,绘画是一个劳动的管道。虽然它在结构上类似于商品拜物教,但它构成了另一种独特的商品和实物。[1]而在赵要这里,集体参与和高昂的成本本身即是其语言系统的重要组成部分。甚至可以说,他的出发点之一就是希望由此调动更多的人参与和介入到这样一幅画的创制和展示中。故而这里的参与不只是作为观众,同时也是作为创作者进入其中。且在很大程度上,生产本身还多少带有些许宗教和信仰的意味,所以,作为生产者的集体不完全是被雇佣者或被邀请者,而赵要更关心的恰恰是内在于后者心智中的主观能动的一面。因此,一方面,这一生产结构和展示系统是事件和行动的需要,另一方面,它实际上承袭并放大了《很有想法的绘画》系列作品的生产模式,即作坊式的人工流水线作业。这在当代艺术系统中其实并不新鲜,且已成为当代绘画普遍的生产方式,甚至可以追溯到沃霍尔那里。当然,这里真正的主导者依然是艺术家,即使他从来没有触摸过画面,二者之间依然存在着观念和精神——而非物理性——的连接。[2]值得探讨的是,在大多的艺术家工作室或工厂中,从业者不少是非绘画或艺术专业者,他们都是局部的作业者,对绘画本身并

---

[1] See Isabelle Graw, *The Love of Painting: Genealogy of a Success Medium*, Berlin: Steinberg Press, 2018, pp. 320-322.
[2] Ibid., p. 322.

无整体的认知。由此,我们不得不回到一个更基本的问题:作为参与者,这些工人或被雇佣者如何认知自我的劳动?进而他们劳动的尊严又如何获得?仪式是人神之间的边界,可以想见,何以在工体展出的时候,赵要拒绝观众进入画面中间,实际上是为了保证观看的敬畏和崇高。因此,赵要的这一仪式和行动多少赋予了这些劳动一种形而上学的色彩,借以引导作业者和临时的被雇佣者对于自我劳动有一个新的自觉和认识。

前面提到,《很有想法的绘画》系列作品源自俄罗斯的一款儿童填色游戏,赵要只是将其转译并放大为一个抽象的平面。颜料覆盖在生活中常见的不同图样的普通布料上,有时候他也会刻意留下布料图样的局部,与颜料及其形式一同构成丰富的层次和空间。层层覆盖的颜料,经他反复的打磨,最终形成一种仿佛塑料一样的质感。无论塑料、布料,还是游戏,它们几乎伴随着赵要这一代人的成长,是其儿时记忆和日常生活的组成部分。不仅如此,它们亦是工业化规模生产的产物。于是,在绘画的生产模式与画面母题及所使用的物质材料的生产模式之间便形成了一种基于自我指涉的嵌套关系。当然,赵要的目的不只于此,他关心的还有画面的抽象形式和空间层次所建立的美学结构。

不同于艺术史上经典的抽象艺术,赵要画面的形式看似抽象，但实际上他的视觉逻辑和观念机制完全不同于前者，他既没有通过点线面的穿插交织诉诸一种音乐感和精神性（如康定斯基），也不是从某个具象的母题剥离出一个纯粹的形式构成（如蒙德里安），更不是在一个二维平面中同时呈现更多的空间面相或维度（如毕加索）。也正是出于对西方抽象艺术之血统性的傲慢的不屑，赵要另辟蹊径，选择以游戏作为绘画的开端，但其目的并非游戏，游戏只是作为一种无目的的手段。相形之下，他的绘画可能更接近贾斯珀·琼斯、利希滕斯坦、里希特以及珀尔克等所开启的道路，都是通过绘画程序的设计否定任何个性化的创造。① 这里的图形并没有一个持续的顽固的逻辑和纵深结构可言，都是一种"临时"的平面部署。因此，赵要也无意凸显颜料的物质性和媒介性，对他而言，之所以依然使用颜料，与其说是为了保留绘画的基本物质属性，不如说他更在意颜料本身的可能指向，即其能否转化成一种塑料的质感，一种已经彻底脱离了传统意义上的绘画系统的塑料质感，并进而将绘画重新带入日常经验和大众生活的感知中。无独有偶，那些布料的使用想必是出于同样的自觉和考虑。借用本雅明·布赫洛（Benjamin H. D.

---

① 本雅明·布赫洛：《新前卫与文化工业：1955 到 1975 年间欧美艺术评论集》，何卫华等译，南京：江苏美术出版社，2014，第 256—257 页。

Buchloh)的说法,在此将廉价布料作为绘画的基料,目的即是为了戏仿、重复并清空现代主义的姿态,从而使其变得无效。[1]此时,如果说绘画本身也是一种游戏的话,那么这里的游戏更像是画面与观者经验之间的一种无目的的拉拉扯扯,并由此形成了他的美学结构,一种"去个性化"的风格和调性。换句话说,"去个性化"也正是他的个性所在,因为所谓的个性一直被视为艺术的普遍性之所在,但赵要的实践不同就在于他并非试图抽离出一个抽象的普遍原则,恰恰相反,正是基于对这个抽象原则的怀疑、警惕和自我抑制,他希望由此开放出更多具体而丰富的经验和差异。[2]而此时,形式上的抽象顶多只是一种相似性的连接。

游戏一直是赵要惯用的方式,甚至主导着他的艺术实践。最初,他的游戏范围似乎仅限于艺术系统内部或者说一种系统游戏,而自"精神高于一切"开始,他将游戏范围意图拓展至系统外部,或者说是尝试进入一个更大的系统。

2011年6月12日,个展"我是你的黑夜"在北京公社开幕。这是他在北京公社的第一个个展。诗意的标题背

---

[1] 本雅明·布赫洛:《新前卫与文化工业:1955到1975年间欧美艺术评论集》,第257页。
[2] 孙歌:《历史与人》,北京:生活·读书·新知三联书店,2018,第32页。

后，隐藏的是艺术家的一个小游戏或小暗算。现场看上去既标准又无逻辑的装置想提示观众的是：别再这样看（或想）展览了，所有那些理所应当的理解和知识背景在这里都是失效的。亦或，艺术家真正想传达的是：其实他什么也没干，但展览的目的，就是想要占据你的大脑，等你意识到这点时它已经自行在脑海中蔓延开了。这样的实践多少带有"新前卫"乃至"达达"的色彩，并似乎同样试图重新定义艺术本身。在此，艺术既不指向观念和经验，也无关形式和风格，而是什么都不是。而且，它即便什么都不是，也已经占据了观众的大脑或认知空间。这也是全球化时代当代艺术的景观本质。

一年后，在北京公社的第二个个展"你看不见我，你看不见我"中，赵要又玩了一个极端的游戏，他几乎原样"复制"了2011年的个展"我是你的黑夜"，不同的是，相同的作品采用了不同材质的重新翻造，并等比例放大，增加体量。而且，他连开幕时间都选在一年后的同一天。在这里，"不同时段的重叠、纠缠使得过去与现在变得同步与共时化，不可分辨且相互让渡。而正是在这个过程中，展示的时间生产体制被打破，'不合时宜'导致了真正的时间差异的现身：在这种虚拟的时间粘连中，赵要以强硬的姿态获取了一种独立的时间体验，一种可以不断重新开始的姿态,一种对于历史再建构的权力"[1]。然而,在赵要的设计中,观众越是被展览现场所吸引,其策略的有效性就越能显现出来。如果第一次展览意图提示观众艺术其实什么都不是,但同样可以占据你的大脑的话,那么这次展览,他关心的是,当艺术家什么都不做、什么都不说的时候,观众依旧可以获得观看一个新展览的快感[2],也可以说恰好中了他的圈套。作为消费品的艺术,其有效性仅限于艺术系统或所谓的艺术圈,且即便如此,更多的时候它所传递的也只是一个展览,或一个新展览这样一个信息。这样的策略与赵要当时在艺术眼、Art-Ba-Ba 等艺术网络媒体兼职不无关系,因为媒体的运行很大程度上取决于观众和读者的参与。对于后者而言,展览的有效性更多的时候只是一个信息,一个似乎无需深度追问的现场。这意味着,真正占据他们大脑的与其说是展览或艺术,不如说是一个信息。信息的目的通常是为了传播、流通,以占据更多人的大脑,进而带动更大规模的消费和生产。但即使赵要的目的并不在此,也不能否认,反过来它会是促使其母体《很有想法的绘画》系列作品广泛传播、流通的一个巨幅广告。这里还需一

---

[1] 杨北辰:《赵要:"你看不见我,你看不见我"》,Artforum 中文网,http://artforum.com.cn/archive/4379#。
[2] 赵梦莎:《连续上演》,《艺术界》,2013 年第 7 期。

提的是,《很有想法的绘画》系列最初源自个展"我是你的黑夜",后来他将其独立出来,并逐渐扩张为一个系列制品。问题在于,这不正是当代绘画在资本主义主导的艺术系统中的普遍遭遇和症候吗?

显然,到了2013年的"精神高于一切"时,赵要已经不满足于小游戏或小想法,而试图拓展至一个更大的系统。但仔细检视2013年伦敦佩斯的"精神高于一切"与2018年北京工体的"自然的力量"之间的关系,我们发现,它延续的正是2011年个展"我是你的黑夜"与2012年个展"你看不见我,你看不见我"之间的逻辑。期间曾有数次绘画表演的尝试(即《"伟大的表演"系列1—3》,2013—2015),但似乎还是满足不了他的野心和抱负。

三

在2013年的"精神高于一切"中,赵要将绘制在牛仔布上的七幅画运至玉树雪山请摩耶寺活佛加持,在伦敦佩斯的现场,这些被加持的绘画悬挂在玉树雪山的图像上面(图III-16、图III-17)。三年后,他直接用布面替代,并放大了画面,同样运至玉树,直接铺在雪山谷中,在工体的展览中,画面铺在地面上,但背景LED屏幕上滚动播放的是作品在玉树的壮观景致。无论是为画面加持,还

图 III-16　2012 年 12 月 25 日，等待加持的绘画作品运抵囊谦县

图 III-17　赵要个展"精神高于一切"展览现场，伦敦佩斯画廊，2013

是绘画与背景的关系，特别是"放大"这一方式，都可以看出，两次展出的逻辑正是承袭自2011、2012年两次展览的巧妙设计。也是在这个意义上，我们不妨同样将其视为一个游戏。但这不再是一个"小游戏"，至少从规模而言，它无疑是一个"大游戏"。

赵要曾经提到，历史上艺术家们眼中的藏区一直是风情化的对象，而他要尝试探讨的是抽象的形式与藏区的宗教文化和风貌是否存在沟通的可能。在他看来，二者唯一共享的就是内在的精神性和崇高感。自不待言，自19世纪形式主义兴起及其背后的形而上学思潮，到康定斯基的"点线面"理论，直至利奥塔关于罗斯科的阐释等，无不表明抽象的精神性与崇高感。而艺术家当初选择牛仔布作为画布也是有意的，它不仅在美学上暗合了伦敦阴郁的气质，且在我们的经验中，它也是美国牛仔的标志和对于西部的一种印象和想象。也许连赵要自己都没有料到的是，由于西藏特殊的宗教、历史和地理背景，英国与中国之间复杂的地缘政治及其历史构成自觉地将这个作品带入另一个更深层次的话语结构中。时至今日，西藏依然是中英之间的敏感话题之一。与此同时，中产阶级普遍的精神焦虑也使得藏传佛教成了一种普遍的信仰。同样，抽象和形式主义对几乎所有经验、背景和特殊前提的悬置，也使其成了一种普遍的语言。然而，复杂的历史构成，意味着它们同时也是界限分明的。这在某种意义上也回应了他后来使用 Google 作为素材的动机。和藏传佛教一样，Google 既是普遍的、无界的，但同时又壁垒森严，即使是在香港与大陆之间，它也是有边界的；而斯诺登事件则更是表明，互联网为自我组织和信息共享提供的可能性已然被隐藏的政治、经济的权力结构所破坏。

值得一提的是，另一位和赵要一样也是出生在四川，但目前工作、生活在伦敦的年轻艺术家沈莘在影像《形态逃脱·序》中，将镜头直接对准了在伦敦的藏传佛教信徒。影片中，她邀请了三位不同身份、不同国籍的中产阶级，包括德意志银行总监、初创顾问和俄罗斯籍英文教师，探触在资本主义支配的权力关系和网络中，可能产生的物化、剥削和挪用三种不同的痛苦。以此追问，在这个权力结构中，作为藏传佛教的信徒这一"隐匿"的身份、阶层扮演着什么角色。如果说赵要是尝试在藏传佛教与日常生活、资本主义之间寻找一种普遍感知和共同体认的话，那么沈莘则直接将这些佛教信徒与资本主义的权力关系作为她虚构和批判的对象。这里还需提醒的一点是，二者的实践中其实都隐伏着一层复杂的地缘政治—历史关系。

然而，早在 20 世纪六七十年代，抽象的精神性就已被消费社会和大众文化彻底瓦解。前几年，那些依然执念于形式的抽象实践还一度被批评为"僵尸形式主义"[①]。罗萨琳·克劳斯曾以"格子"为例,基于精神分析和病理学的角度深刻地指出,现代主义之为现代主义的地方就在于,它具备为反发展、反叙事、反历史充当典范或模型的能力。[②] 基于此,她瓦解了前卫的原创性,揭示了现代主义及其形而上学叙事是如何被虚构和神化的。对赵要来说,显然不是单纯通过抽象的形式诉诸某种精神性,之所以选择到佛教圣地为其加持,看似是为了重新赋予某种精神性,但同时它也提醒我们精神和崇高本身在当下的脆弱性。事实是,作为中产阶级精神空虚的抚慰剂,藏传佛教业已失去了它的神秘感,而成了一种用以自我救赎的心灵鸡汤。就像他自己所说的,或许正是因为人们厌倦了都市生活,才对边疆的异域风情充满了期待和想象。在这个意义上,藏传佛教与抽象形式主义的命运可以说是殊途同归。而赵要却将这二者或者说是将两种不同的空间、时间野蛮地叠加在一起,试图撞击出一种新的可能,进而获取一种新的激进姿态。借用阿甘本(Giorgio Agamben)的说法,赵要是通过一种亵渎,尝试抹平游戏与仪式之间的

[①] Nicholas Chittenden Morgan:《僵尸形式主义》,关赛译,Artforum 中文网,http://artforum.com.cn/archive/10177#。
[②] 罗萨琳·克劳斯:《前卫的原创性及其现代主义神话》,周文姬等译,南京:江苏美术出版社,2015,第 13 页。

界限,从而将一切事物从"神圣之名"下解放出来。此时,仪式和游戏不再是两个不同的机器,而是一部机器。而作为渎神的一种形式,这里的游戏是一种纯粹没有目的的手段。正是这一无目的的游戏,"一方面坚定地保持自己作为手段的本质,另一方面则从其同目的的关系中被解放了出来。它已经快乐地忘记了自身的目标,并能够如其所是地展示自身,即作为没有目的的手段来展示自身"①。仪式将世俗与神圣区分开来,但游戏恰恰成为连接神圣与世俗的通道。在我看来,这才是赵要的实践真正激进之所在。

诚如前文所言,无论图形的构成,还是材料及其质感,包括其与游戏、网络的关系,所有这些皆表明,赵要的实践强调的是与日常生活经验的密切关联。而这种日常感与他在游戏结构中的"暗叙事"其实是高度一致的。从《我是你的黑夜》到《你看不见我,你看不见我》,从伦敦佩斯的《精神高于一切》到北京工体的《自然的力量》,都含有一种日常化的"暗叙事"和剧情感。如果说前者是低成本的小制作,那么后者便是高成本的鸿篇巨制。就像他喜欢看的穿越剧一样,如奇幻玄虚的《三生三世十里桃花》,特别是带有西部异域色彩的《海上牧云记》,那些跌

---

① Giorgio Agamben, *Profanations*, p. 86.

宕起伏的剧情固然引人入胜，但每到结尾的时候，观者才恍然醒悟原来什么都没说。可即便如此，我们似乎依然很享受追剧的快感。而这也提醒我们，和藏传佛教一样，电视剧也已成为一种新的宗教和信仰，或是一种反宗教、反信仰的自我麻醉和精神抚慰。同样，展览虽名为"精神高于一切"，名为"自然的力量"，但对赵要而言，说到底它们只是一个展览，一个信息，一个策略，或一个"无目的的手段"。此时，他所谓的精神行动，毋宁说是一种日常生活的行动；所谓的"很有想法"，毋宁说是一种没有想法的想法。

4
玩偶、次现实与"地上"的狂想

在《疯癫与文明》一书中,福柯曾多次援引500年前尼德兰画家博斯(Hieronymus Bosch)的作品,包括他那张脍炙人口的名作《地上乐园》(*The Garden of Earthly Delights*)。福柯并没有过多阐述这张画,只是提到了个别图像母题的象征及其荒诞意味。这一点,有艺术史家早就指出,它并非全然来自画家的想象,其实也是当时尼德兰社会的一个真实写照。诚如赫伊津哈(Johan Huizinga)所描述的,此时正值尼德兰从中世纪向文艺复兴过渡,人们的思想被两种自相矛盾的倾向控制着,他们征战厮杀却又恐惧战争,沉溺于暴食淫欲却又害怕灵魂玷污,整个社会到处笼罩着一种末日将至的晦暗、迷狂和不安。① 这也

---

① 参见赫伊津哈:《中世纪的衰落》,刘军等译,杭州:中国美术学院出版社,1997,第167页。

正是周啸虎的兴趣所在，同名新作就是受此启发而作的，展览的主题也是取自这里。

"地上"（Chimera）也让我们联想到了南斯拉夫导演库斯图里卡（Emir Kusturica）的经典之作《地下》（*Underground*）。和博斯一样，库斯图里卡亦"虚构"了一个植根于二战时期南斯拉夫动荡的社会与政治的荒诞世界。当然，吸引周啸虎的不仅是影片的幽默和残酷，其背景与当代中国社会、政治之间或明或暗的关联也是他考量的重要参数之一。说到"地下"，自然还会想到20世纪90年代以来当代艺术在中国的历史处境及其变化。一个普遍的观点认为，中国当代艺术实践一度处在"不合法"的状态，很多展览都是在"地下"实施的，直到2000年，才逐渐进入"合法"或"地上"的状态。问题在于，"地下"固然受制于政治体制，但"地上"的"自由"又很快被裹挟在资本的权力系统中。可见，周啸虎的叙事逻辑和库斯图里卡的并无二致，如同后者眼中的"地下"，他所谓的"地上"既是一种艺术生态，也指向艺术生态所处的社会现实。而其中的权力意识也恰好回应了福柯的相关理论。

一

直到今天，周啸虎依然认为自己是在制造一个与现实平行的世界,我们姑且视其为一种"次现实"——也有人称为"二手现实"。虽然他的切入点大多是微观的、具体的,但无论是基本概念,还是话语方式,都带有明显的大叙事的底色。比如木偶,在此不仅是他新作品的主要素材,也是整个展览的一条形式线索,和一种带有"反身性"的语言机制。

玩偶并不是第一次出现在周啸虎的作品中。十几年前,在他开始尝试使用动画媒介的时候,这一素材便已进入了他的视野。有意思的是,动画和玩偶二者其实有着很多相似或相关的地方,甚或说,动画本身就是玩偶的一种。至于最初为什么会选择这样的媒介和素材,2002年在与皮力的一次对话中他曾提到,对于动画作品的兴趣其实是源于他小时候对动画性质影像的迷恋。他说,小时候看这些动画图像都有一种潜在的教育功能,而当他开始在创作中使用动画语言的时候,发现动画本身还具有主观操纵的可能性。于是,操纵与反操纵便构成了他实践的主题。说到底,动画和其他影像媒介的不同就在于,艺术家既是"演员"也是导演,既是客观的对象,也是主观的支配者,两个角色在一个人身上常常还有一种紧张感。这说明,作为媒介载体的动画同时也是一种观念或话语。

比较典型的是2005年的装置《乌托邦剧场》(图III-18),他用黏土制作了一个电视新闻中曾经出现过的场

图 III-18　周啸虎，《乌托邦剧场》，影像装置，尺寸可变，2006

景，然后将黏土新闻场景拍摄成动画"电视新闻"，由此获得了一个已经过滤的、再造的新闻剧场，接着他又将其烧制成陶土雕塑，并与动画电视新闻一并展出。电视新闻本身是一个意识形态的产物，所以，将它变成陶土雕塑，既是为了将其物质化或对象化，也是为了暗示新闻本身是被建构或制造的，或者说是被操控的。那么，信息一旦进入电视这一传播媒介，意味着它对于观众又产生了一种操控性。当然我们可以说，具有操控权的不是新闻（或信息），而是电视媒介。但这并不重要，重要的是内在于其中的这一权力逻辑。不消说，动画和雕塑原本是一个被操控的产物，但随着艺术家的介入，通过揭示这一操控关系，它实则被赋予了一种反向的力量。这也可以解释他为什么会选择木偶作为创作素材。确切地说,周啸虎第一次使用木偶是 2006 年,那时他只是将真人扮作木偶进行表演,紧接着次年的《自卫术》中,木偶才真正成为影像中的一个角色,不过此时,木偶也只是作为一个角色(或道具)而已,其本身还不足以建构叙事。

对于传统的木偶剧,周啸虎并不陌生。在文化生活相对匮乏的 20 世纪六七十年代,木偶剧是为数不多的娱乐之一。不过,观众(包括他)常常被其独特的场景和叙事情节所吸引,而很少(或忘了)考虑木偶剧的运作机制。和普通戏剧不同的是,木偶剧的演员不是表演者,而是木偶的操控者。观众所看到的是木偶,不是表演者。所以,在这一发生系统中,其实多了一层,或者说在这里它包含了三重现实,即:台上的木偶,台后的表演者,还有一重是我们所处的现实。但周啸虎并不想这样刻板地区分,对他而言,木偶和演员是不可分离的。当然,这并不意味着二者的区分没有意义,实际上它们之间的操控与被操控这一支配—反支配关系也正是他的敏感之处。

这样一个结构一直深嵌在周啸虎的感知逻辑中。就像是柏拉图的"洞穴寓言",它制造了一个现实,而这个现实则是由一种秩序或机制建构出来的。因为墙上的影子,洞穴中带着镣铐的舞者才有了一种存在感,但也因此失去了对于镣铐的自我意识。如果说,这里的木偶是一个生命体的话，它和带着镣铐的舞者一样，也没有意识到他们的存在感实际源于表演者的操控。由此我们才能理解，周啸虎为什么在新作中试图将生产结构和结果一并呈现出来，在某种意义上，现场的木偶表演及其装置就是影像《地上乐园》生产结构的一部分，意在表明作为"次现实"的现实是如何被生产出来的（图III-19）。而这其中，单是木偶表演本身便依循于这样一个逻辑，换句话说，木偶的运作机制中就渗透着现实与次现实的关系。当它嵌入另一个同样结构的时候，便产生了一种自我的意识。当然，"自我意识"也不是第一次出现在周啸虎的作品中，2008年的《侦探计划—追尾》中他已经巧妙地利用了这一语言机制（图III-20）。10家侦探公司形成了一个循环的、封闭的侦查或追尾关系，这一关于侦查的侦查的"反身性"既

图III-19　周啸虎，《地上乐园》，提线木偶录像，双频道同步投影，22'，2016

图 III-20 周啸虎,《侦探计划—追尾》,集体行动,录像装置,2008。图片由艺术家提供

生产观念,又在悬置或消解观念。如果再往前,我们还可以追溯到 2002 年的动画《蜜糖先生》。这里的身体既是动画的载体,也是动画本身,而这一"身体中的身体"的"重屏"逻辑则同样依循于元语言的悖论结构。另外,2007 年的《军演营》也是。一方面,作为装置的拍摄现场是影像的一部分,另一方面,影像又是装置的一部分。就像玛格利特(Rene Magritte)的《这不是一只烟斗》中图像与语词的关系一样,影像与装置(或物)彼此的反诘式提示将观者带入了一个现实与次现实的辩证域中。

二

生产的逻辑贯穿了周啸虎此次的展览，除了《木偶》系列，在《以物观物》《听风》《听松》等系列参展作品中，我们可以抽离出同样的话语逻辑。"以物观物"的结构并不复杂，艺术家使用一个语词或概念的书写形式，透过剪影的方式，衍生出一个由各种日常物所搭建的立体装置。我们可以将文字和物分别视为两个不同的现实，而光影便成了连接二者的一个纽带。这与其说是周啸虎制造了两个现实，不如说是它开启了两种不同的感知方式的关联与转换。而且，这种感知方式的转化不只体现在物，还涉及其文字。显然，诸如"极度惊喜""动摇微风发""你就是一块肉"等语词本身就带有一种强烈的感官色彩，甚至他的书写形式也暗含着某种身体感，而并非是刻板的机械产物，且与装置部分形成了一种感官上的联系，或者说是阿尔托所谓的"复象"。

文字与物的关系也体现在他的平面作品中。多年前，周啸虎就已经开始了关于"散点透视"的思考和实验。此次展示的平面作品是他最近的实验的结果。长期以来，我们忽视了一点，以为散点透视和透视（或焦点透视）是对立的，然而事实上，所谓"散点透视"，单就这个语词本身而言，它指的是由多个（焦点）透视以散落的形式组成的一种视觉结构，也就是说，整体而言，它也许没有一个聚焦点，但是每一个点却有自己的焦点透视结构。周啸虎的实验就是将每个散落的点的透视结构揭示出来，并赋予其一个概括的透视模块，画面最终呈现的是多个不同的透视模块的构成。套用施坦伯格（Leo Steinberg）评论毕加索的话说，周啸虎并非在揭示散点透视是如何形成的，而是尝试在一个平面中如何真正地散点式地呈现透视。重心不在散点，而在透视。如果说，"散点"的重心在于时间的话，那么，"透视"则强化了它的空间性。也就是说，他要做的是如何将时间空间化。就此，不仅可以追溯到毕加索、培根，甚至可以推演至塞尚这里。而这一皱褶的展开则如同一部视觉考古学，其实 2011 年的作品《反蒙太奇—党同伐异》就已经对此有所暗示（图 III-21）。

作品改编自葛里菲斯（D. W. Griffith）1916 年的电影《党同伐异》（*Intolerance*）中著名的桥段"最后的营救"。因为持续采用蒙太奇手法，所以整个叙事像一幅散点透视的长卷一样。艺术家以动画的方式，将各个蒙太奇片段分解成 8 个无始无终的现在进行式长镜头，并重建为一个新的影像模块组合，按他自己的说法是将时间空间化了。可是同时，他又利用电影胶片的形式制作了一部雕塑装置，并在雕塑装置中嵌入电影胶片的时间元素，意在将电影胶片的时间序列植入雕塑的空间结构中。后者只是一个背

4 玩偶、次现实与"地上"的狂想 333

图 III-21 周啸虎,《反蒙太奇—党同伐异》,影像装置,尺寸可变,2011

景,他真正关心的还是被切分的 8 个蒙太奇镜头及其相对"自足"的叙事和镜头间的关系。而作为一个整体,其内在的对应关系和前面所说的"散点透视"的语言逻辑实际上是一脉相承的。

需要说明的一点是,尽管木偶是主要素材,且具有一种"反身性",但也只是其中的一个侧面,并非是其叙事的主体。除此之外,还有诸多不乏意识形态色彩的社会景观,以及配乐、旁白等。周啸虎特别提示我们,拍摄现场不光设在摄影棚和工作室,大量的素材实际上是取自水电厂、上海商业街、前苏联援建的矾矿井等地,而且,木偶和人还特意设计成等大的。我相信,艺术家之所以强调这些,说到底还是基于某种观念的诉求。木偶在此被赋予了某种象征的意味,那些畸形的、滑稽的、奇奇怪怪的小丑每一个都似乎暗喻着什么——据说其中大部分角色的造型直接来自博斯在《地上乐园》中的描绘,在此基础上,他虚拟了一个介于日场与神话之间的世界。这个世界看似是具有某种未来感的乌托邦,但又深植于一个极具世俗感的现实之中。或者说,现实本身就是一个乌托邦。这是一个悖论。此时,作为旁白的庄子寓言一方面是这一悖论的注脚,另一方面,不协调的旁白语音——无论内容还是声线——又有意地在制造一种分离感,似乎是在提醒观者它既是寓言或"次现实",也是现实本身。同样的悖论逻辑,在之前的"词语链"系列中,更像是一个概念。然而在此,双频道的剪辑本身就已经暗示了这一点,整个叙事则是依照他所预设的一个框架,在反复的切换和间离中有节奏地展开的。其中,唯一贯穿整个作品并赋予其时间维度的是配乐。配乐统摄了全场,整个展览被营造为一个没有台前台后的区分,甚至取消了表演者、被表演者以及观众界限的剧场。格罗伊斯曾说,民主和平等是装置的政治。[①] 而周啸虎则在2000年左右就已经明确提出并诉诸对这一观念的实践。[②] 在此,操控与反操控、权力与反权力都变得异常透明。而这不仅渗透在作品的生产逻辑中,也体现在其形式的自觉中。

三

在周啸虎的身上,依然残存着很多集体主义或革命意识形态的痕迹。或许,他的实践就是为了将自己从这一意识形态的框架中摆脱出来,这一反复"挣扎"的过程才是他实践的重心。从《乌托邦机器》(2002)、《围观》(2003—2005)、《峰会》(2003)、《庆典》(2003)等,到最新的《现在已经远去》(2015—2016),这样一种带有些许极简意味的序列形式,在我看来既是一种美学趣味,也是集体主义的一个隐喻。2015年,在DAAD(Deutscher Akademischer Austausch Dienst,即德意志学术交流中心,柏林)的驻留项目《夏色》探讨的主题是个人的私密心理与公共心理的纠缠、矛盾和转化,但有意思的是,作品形式所突出的虽然是个人之间的交往和互动,但在设计问卷

[①] 格罗伊斯:《走向公众》,苏伟、李同良等译,北京:金城出版社,2012,第53—82页。
[②] 皮力:《周啸虎访谈》,《美术文献》,2009年第3期,第34页。

内容的时候,他自觉地将其意识形态化或身份政治化,所有的问题都是用马克思或者说是《资本论》的语言表述的,而且都关乎中国的历史和现实。回到"地上",譬如整个展览的色调,既带有某种未来色彩的科幻感,又具有强烈的消费、波普和民间的气息。在此基础上,他又将其转化为动画或影像,意在制造一个"次现实"的时候,便引申出一个新的观念层次,其所指的正是这一"挣扎"的过程。在这里,动画或影像语言本身就具有某种悖论性,一方面其时间性化解了素材的象征性,另一方面它又将这些集体主义的象征带入一个新的意识形态的叙事维度。

这其中,尤值得一提的是 2007—2008 年的《集训营》(图 III-22)和 2010 年的《疯狂英语营》(图 III-23)这两

图 III-22　周啸虎,《集训营》,八频道录像装置,2007—2008

图 III-23　周啸虎,《疯狂英语营》,集体行动,2010

件作品,前者的素材取自"安利"营销,后者则源自"疯狂英语",这两个现象都是当时中国社会的焦点,吸引了诸多民众的参与。很显然,这种参与本身都带有一种集体无意识的特征,它看似解放了观众,但其实是构成了一种无形的支配,而一旦将其援引作为艺术作品的次现实场域,反过来它所针对和反讽的也正是这一集体迷狂的荒诞不经的现实。有意思的是,几次表演都是在英语国家(如伦敦、纽约)的机构实现的,比如"疯狂英语",周啸虎的目的不是将其作为西方人猎奇的对象,以此获得某种身份的认同或反认同。在全球化背景下,像"疯狂英语"这样一种带有强烈精神控制和巨大商业利益的混杂现象,某种意义上正是当代中国"反现代性的现代性"(或者说是

"自由在中国")的典型症状。这一现象的确带有某种中国的特殊性,但是它并非是孤立的现象,在被卷入西方或全球化的过程中,它同时也将后者拖进了自己的历史进程中。因此,如果进一步将其推延至地缘政治的层面,你会发现,英语本身被赋予了一种后殖民的意涵,而当周啸虎将这一吊诡的现象重新摆在西方人面前的时候,一方面这反衬了它在中国所泛起的集体主义和乌托邦幽灵,另一方面我们必须承认它本身即是商业和资本的产物,显然,其目的和方法的多重错位不再像后殖民及其反西方中心主义那么简单,它将我们带进了一个更为复杂、也更加荒谬的现实情境中。这再次提示我们,周啸虎眼中的现实与次现实之间不是简单的对立,而是一个镜像式的悖论。就像他所说的:"生活是荒诞的,我只是想以某个更为荒诞的方式去看待这种荒诞。"也因此,他并不关心能否介入或改变社会,而只是想提供一个植根于经验又能悬置于其上,且还能以不同的视角反观经验的目光和体认。

十几年前,周啸虎就已经在尝试动画、影像、装置,以及雕塑、绘画等各种媒介,然而,他认为自己工作的重心不在媒介本身,而是在于观念。但在我看来,它更接近观念的方式,无关其具体所指。这并不是说媒介不再重要,相反,他恰恰是希望尝试并调动更多的媒介,进而开放出更多观念的方式。不过迄今为止,我们似乎还找不到一个恰当的与之相关的艺术史参照，虽说在类似《误解史》（2012）这样的作品中，他试图与艺术史（比如沃霍尔、博伊斯等）及其中的误读建立某种反思性的关联，甚至还尝试用"媒体现成品""社会协力装置"诸如此类的概念定义自己的实践，且从形态而言，我们还可以联想到丁格利（Jean Tinguely）、肯特里奇（William Kentridge）以及同样以提线木偶为主要素材的埃及艺术家维尔·肖基（Weal Shawky），但据我所知，周啸虎与这些都没有关系，如果说有影响和借鉴，他坦言真正对他有所触动的是捷克的动画，特别是他们的传统木偶剧在当代的转化方式给予他不少的启发。

周啸虎并不是一个唯技术论者，也不是一个唯媒介论者。他会借助技术，也会利用媒介，作品却并不指向技术媒介本身，有时候在遭遇一些令他束手无策的技术难题或故障时，他不得不通过强化观念的逻辑，以化解或掩饰技术上的缺陷。比起很多所谓的新媒体艺术而言，他的技术看上去还是显得粗糙了一点。这也是他不愿意将自己归为新媒体艺术家的原因之一。但尽管如此，他承认作为工具或载体的技术媒介还是带给他很多感知和美学的意外。有时候，甚至由于过分迷恋媒介外在的形式或形态，使得他意欲传达的那些细致入微、甚至是不可见的观念反而被无关新旧的媒介的"狂欢"和相互冲撞所消耗，比如"地上"。借用格罗伊斯的话说,此时媒介不再是信息的承载者,而是变成了信息本身。由此我们也才能理解,他为什么坚持用作品"塞满"整个展厅,其实所谓的"地上",既是后媒介时代的一个表征,也是当代中国的一个寓言;它既是一个次现实,是我们观看和审视的一个角度和进路,也是活生生的现实本身。

一切似乎都在周啸虎的控制和意料之中,似乎少了些许失控和不确定感,甚至在一些观者眼中,作品并不显得有多荒诞和悖谬。然而,周啸虎的目的并不是失控,也不是将自己推至某个极端。因此,与其说这是一个剧场,不如说是一个概念。而这也使得周啸虎的实践本身陷入了一个悖论中,一方面他试图以悖论的方式建构自己的语言机制,另一方面又试图摆脱语言的秩序,透过"影子"或"复象"赋予木偶所扮演的角色以感性和幽灵。我想,他之所以征引《庄子》《诗经》的文本,其实也是出于同样的考虑,即试图通过其中尚未被真正参透的内在仪式和动作,挑战和破坏既有的话语秩序,从而释放出一种久违的张力。

1931年,阿尔托在卢浮宫意外地发现了文艺复兴画家莱登的作品《罗德与他的女儿们》,并为画中的乱伦、混沌、神奇、平衡、无力以及彻底的反秩序和形而上学所吸引。和《罗德与他的女儿们》一样,博斯的《地上乐园》也有一个宗教的背景，且同样神秘和疯癫，但周啸虎的兴趣不在于此，而在于它的荒诞、世俗与现实之间的关系和逻辑。所以，虽说阿尔托和博斯都是福柯理论和精神的资源，但周啸虎之所以如此审慎，也是担心一旦像阿尔托和福柯一般彻底，会不会陷入他所警惕和反对的另一个观念逻辑或意识形态的窠臼中呢？可见，"地上"展出的虽然全是周啸虎近一两年的新作，但毫无疑问，它其实高度浓缩了二十多年来他的美学、思维、感知、态度的变与不变。

5
技术物的世界：幻影、周期与友情

新展《幻影》（2018，长征空间）是刘韡酝酿了许久的一个项目，也是他历经无数次自我对抗、否定后的一个临时决断。一如既往，这一基于直觉的智性实践，再次将他独特的"几何构造"和"垂直美学"推衍到了一个"极致"。

展览开幕前夕，刘韡临时决定取消了原本计划中的表演单元。据其所言，这是为了回到人与物、人与人以及人与世界之间最本能的现场交互，如果加入了表演，有了人和身体的直接介入，也许反而会阻隔这些本能的联系，当然更深的考量是希望由此呈现出技术物的某种自足状态。曾作为"后感性"运动重要成员之一的刘韡，对于现场表演其实并不陌生，可是在此，实验的状态恰恰是他所警惕或抵制的，他更希望通过"严丝合缝"的推衍剔除掉更多不确定和失控的可能。不过，这并不意味着他是在将某一既定的、抽象的物理逻辑实体化，他所期待的也不是观众如何凭借既有的经验去应对某个作品或整个展览，进而获得某个合理的解释，相反，他更希望展览是对我们既有经验的怀疑和质询。按他自己的话说，当观众觉得"看不懂"时，也许正是新知生成的时刻。

偶然、真实与认知蒙太奇

艺术的起因是一种偶然，一种不期而至。这是刘韡一贯的态度。大多时候，即便有了某个成熟的想法或计划，一旦回到具体实践时，他也宁肯选择"守株待兔"，随时捕捉自己意欲的那个瞬间——即使这一瞬间违背了其原初的想法，他也在所不惜，推倒重来。这里的捕捉全凭艺术家的本能和直觉，而非取决于某个预设的经验或观念。事实是，艺术过程原本就无法用概念来涵盖或用语言来描述，亦无法用既有的知识和经验予以简单的比附性解释。毋宁说，它就是一种感知的自觉生成和推衍。

绘画装置《洞穴》（2017—2018）（图 III-24）最初就是艺术家突发奇想，想在墙上开一个洞，它既无来由，也没有目的，只是一个偶尔的闪念。为此，他将制作的权力让渡给了工作室的助手和工人，从外形的制作到表面的喷绘，任由他们自由发挥，期间他极少参与和干预。当

图 III-24 刘韡,《洞穴》系列绘画,布面油画,220 x 140 cm,275 x 170 cm,2018

然,这也是为了获取经验之外的某种意象。很多人将它看作是一张兽皮,这一点他并不意外。即使被视为他物或作其他解释,也无碍他最初的想法。他真正好奇的是这一意象与现实、历史及未来的关系,以及能否从这一迄今尚无法断言的关系中推衍出诸种新的认知。于是这些共生的认知或不确切的意义重影,便构成了一种认知的蒙太奇,其混沌的内部自然不乏冲撞、不适和抵消。可见所谓的"偶然性"或"不期而至",既出乎经验,同时又植根于经验。这也说明,社会性和现实感并未完全脱离其中,可以说从最初决定将创制的权力彻底让渡给工人就是为了将周遭的现实与社会卷入其中。当有人视其为兽皮,抑或他物的时候,则已然被作品带入其中。刘韡也认为,艺术本质上就是一种叠加,这种叠加不是一种物的叠加,也不是图像、形式的叠加,而是一种认知的叠加,并由此诉诸一种不可见的干预。因此,"与其说是生活侵入了艺术,不如说是艺术延展并涵括了通常在艺术外的行动、思想以及感受"[1]。

但不管怎么说,它首先还是一张画。而作为绘画,它既是表皮,也是容器。它容纳了诸种不同的现实,但并非是现实的镜像,亦非作为现实之一种而融入、混合于其中。说到底,这是一种说不清、道不明的暧昧关系:它既在经验或现实之外,又可将一切经验和现实带入其中。尽管刘韡一再反对艺术作为既有知识的某个注脚或视觉附庸,在某种意义上,知识恰恰被用来帮助他做减法,透过知识的参照,剔除掉那些他所认为的冗余经验。譬如"洞穴寓言",理论上兴许是最适切的解释,但刘韡所抵触的又恰恰是诸如此类的知识比附。对他而言,这就是一张皮,一个幻影。

如标题所示,同样不期而至的另一组装置《幻影》(2018)(图III-25)则明确了这一观念。作品的形态延续

---

[1] Hal Foster:《真实的虚构:论"替代事实"的替代方案》,Artforum 中文网,http://artforum.com.cn/inprint/201704/10465。

图 III-25　刘韡，《幻影》，铁、钢、油彩，尺寸可变，2018

了此前的《丛林》和《迷局》系列，很难用具象或抽象来表述或概括，这自是他有意使然。如果说《丛林》多少保留着关于当代都市景观的映射的话，那么《幻影》则将这一提示压缩或剥离至一个可见与不可见或可感与不可感的临界点；如果说《迷局》通过镜面的折叠打开了一个拓扑空间的话，那么《幻影》则通过色彩、颜料以及覆盖或绘画的方式极尽可能地压缩、重构原本繁复的视觉交织，不过即便如此，空间和画面内部两个光源系统的交错依然保留着拓扑的色彩。幻影不期而至，又随时隐没消失。物和形式的局部叠加、交错和粘连，既实在，又虚幻，仿佛一部黑色的蒙太奇装置。值得玩味的是，刘韡没有完全抹掉笔触的质感，某种意义上也是为了凸显绘画的独立属性和自足特征，而那些仿佛沥青或石油一样的色彩，加之是覆盖在铁皮上，又似乎意味着这一视觉和物质的关联本身还是带有些许经验的痕迹。且同样，所有这些都是由工人完成的，这本身亦是一种不牢靠的现实带入。所有这些关系均被控制在一个暧昧的限度。反之对于观众而言，它既是陌生的，可又并非完全被拒斥在外，依然保留着缝隙和入口。

显然，刘韡真正关心的并非物和形式，而是人与物、人与人、人与世界的关系。也正是因此，他"去掉"了人的直接参与，或者说是将其隐藏或化解在物和形式之中。但本质上，这里所有的物和形式的关系都是人与物、人与人、人与世界的关系。比如光影，其隐喻之一即是启蒙之光；与之相对，在反启蒙者眼中，它指的则是人作为被奴役者但又表现出奴役不在的状态。这虽然已经是普遍的现实，但刘韡的意图不是颠倒主奴关系，而是以此"摧毁"这个结构。《幻影》则不止于此，空间外光的投射在某种意义上恰恰弱化了这一认知结构，亦或说，他是以此有意剔除或隐藏作为知识的启蒙和反启蒙话语，至少不想被固定在某个既有的意义向量上。不消说，这一尚难言状和命名的关系才是他眼中的真实。"一方面，模糊本身使得我们的注意力分散，另一方面，模糊也使得画面本身被固定在记忆里。而此时，若想探得其中的真实,只有被建构或被再造"。就像布莱希特所说的,揭示真实的方法之一就是"建造"一个经过蒙太奇处理的图像或文本(或两者的结合)。①

"真实"一度是刘韡反复重申的观念之一,如此前的《颜色》(2015)、《白银》(2015)等无不指向关于真实的感知和表征,在他眼中,真实始终在时间和空间的临界处。问题就在于,所谓认知蒙太奇不正是后真相时代的表征吗?因为真相并不在蒙太奇的背后或暗处,蒙太奇本身即是真相。再说了,黑暗不也正是世界的表皮吗?因为"这个不再能通过增加来进行组构的世界,已经完全满了、被过度书写了、被超定了,再增加也不过是好似滴墨入海。它不再是白板,要想在这张被写满了的石板上展现创造力和构造能力只能去做减法了,就像从油画布上刮下颜料一样——只能通过带走,通过死亡,通过置换"②。也可见,刘韡的实践中何以始终贯穿着减法,何以要回到最本源的运算逻辑,因为只有如此,方可洞穿后真相时代的重

---

① 布莱希特说,"人类关系的具体化——比如工厂——说明这些关系不再简单直接了。于是,我们需要建造一些东西,一些虚假的、装模作样的东西。" Hal Foster 认为,这个观点恰恰击中了意识形态批判的关键:如何将表征背后的真实暴露出来,不然真实要么被隐藏要么被表征加固。Hal Foster:《真实的虚构:论"替代事实"的替代方案》,Artforum 中文网,http://artforum.com.cn/inprint/201704/10465。
② 本杰明·H. 布拉顿:《黑栈》,叶斯译,"道器"公众号,http://philochina.org/本杰明·h·布拉顿-黑栈/。

重幻影。

这是一个诡论。就像这个展览一样,一方面高度不确定,另一方面又极端确定。

算术、情绪与低科技政治

和以往不同的是,此次刘韡加入了机械运转与"简单"的算术。这一方面是为了让空间变得更加有机,暗示着某种身体性和生命感,另一方面,透过这一最基础的算术,他希望回到生命最本原的逻辑或最基础的运算公式,如0和1组成的二进制。为此,他甚至在想,能否从中探得一种函数,进而剔除掉所有情绪和情感的因素,将人与物、人与人、人与世界的关系还原到最基本的逻辑和秩序。尽管装置的各个组成部分形态各异,但都在一个等量的运转限度之内,不过这里的时间间隔一分半钟并没有特别的意义,完全取决于展览空间的大小,之所以采用匀速运转是为了将其控制在一个相对固定的物理机制中。而在我看来,此处的一分半钟和"临界点"一样,在此还有一重所指,即艺术家对于精确的苛求和对于失控的防范(图III-26)。

这些基本的造型并没有具体的现实基础和来源,尽管隐约看上去像建筑,但刘韡不愿意将其化约为城市景观的

图 III-26 刘韡,《周期》-1,综合材料装置,尺寸可变,2018

抽象形态,而宁可回到一种零件的状态,甚或一种放大的分子状态。康定斯基曾说"数学的数学"与"艺术的数学"是完全不同的两个领域,但在刘韡这里,其带有明显抽象特征的形式—美学风格与其所主张的数理逻辑不乏呼应之处。何况,它们实际也不完全是纯几何造型,个别或局部还是保留着明显的人为痕迹。基于高低错落和差异的配置,等量的技术运行将它们横贯为一体。正是这一低科技运行从中抽离出一个平等的逻辑。因此,这一运行外观看似是建构了一个托勒密式的时空想象,但实际上,从地面到空中,或是从上到下,它恰恰是"反地心说"或"反地球中心主义"的。因为在刘韡这里,从来就没有中心可言。且不说是不是托勒密启发了刘韡,但想必,托勒密的理论至少可以帮助他剔除"地心说"或一切中心主义的论述。当然，也是基于零件和分子的视角，人的身体才被还原为与这些技术物并无二致的宇宙万物之一。

诚如他将《洞穴》《幻影》中的绘画部分完全让渡给工人一样，在刘韡看来，影子谁都可以绘制，它原本就没有技术的要求。这是一种平等的工作状态。同样，强调影子，也是为了祛除人作为中心的观念和话语结构。影子不再是附属或客体，它本身也是主体。事实上，其选择低技术本身即是一种平等的实践，因为只有在低技术这个层面，才能将一切阶级和层次拉平。低技术形同儿童的游戏，而西蒙东（Gilbert Simondon）在《论技术物的存在方式》中，正是通过儿童技术教育中关于信息机器的使用，尝试克服成人技术导致的不平等。[①] 朗西埃认为，这一平等实践即是一种政治，甚至是一种政治的政治。

诺里斯·克拉克（Norris Clarke）也早就说过："自身存有的实体，会自然地流向作为关系的存在，在自我通传的行动之时就已经转向他物。存在即是去成为'关系中的实体'。"[②] 可今天的问题是，技术物作为主体更像是无视人的存在而自动进化。就像大数据，是一种自动的高速理

---

① 乔丹·斯金纳：《许煜：在当下的危机中重新思考中国的技术思想》，莫修译介，"澎湃新闻"，https://www.thepaper.cn/newsDetail_forward_1713518。
② 同上。

解系统，它并非源自人的理性，而是完全来自技术本身。而作为大数据的新进阶，区块链不仅是彻底地去中心化，而且是非人类化的。于是，技术物本身反而退居其次，真正的窘境转向人类如何透过这一路径重建自我，及其与技术、与他者以及与世界的关系。

刘韡似乎很少谈及技术运行背后的控制。表面看这是一个低科技运行，但基于不同的轨道（包括悬挂绳索）长度、材质、形状、重量，要想保持匀速运动和同一周期，是需要经过反复测试和运算的。因此，等量匀速的运行实则取决于隐藏在装置内部的精确计算和严密控制。每个部分的运行速度极其缓慢，有的甚至缓慢得一度被忽视。理论上，这一运行本身和装置形态是一致的，都是在高密度的叠加中挤压出来的。这其中，作为一个重要的参量，密度则始终游弋在物质感与视觉感之间。艺术家试图通过几何构成和算法技术剔除掉所有感情的成分，可同时他又认为所有这些（包括密度）都在传递着某种情绪。在刘韡看来，这种情绪的产生即是一种不确切的现实带入，一种关系的衍生，同时也是抵制自动化的一种方式。

展览中唯一色彩丰富的一件装置是《气流》（2017—2018）（图 III-27）。六个不同颜色、形状、大小的不规则水泥球体被悬挂在梁上的机械装置上。球体正对的地面上放置着一面镜子，透过镜子，可以看到一束仿佛气球一样

图 III-27　刘韡,《气流》,水泥、玻璃镜面,尺寸可变,2018

的球体缓慢地上下运动。刘韡模拟的是风吹气球,探讨的是引力、重力及浮力之间的视觉—感知辩证关系。真实的球体越有重量,镜中的气球看上去更具浮力。最初,他想象如果有一阵风吹来,球体若有些许轻微的晃动和摩擦,是否会显得更为真实。但也正是因此,他放弃了这一带有浪漫色彩的计划,而是选择用镜面理性地呈现。历史上,在影子之外,镜像是另一种自我认知的途径。不过即便如此,在整个展览中,这应该是最有情绪的一部分。气球本身就是我们经验中的一部分,尽管他利用物质性转换和感知的辩证，试图消解经验，但也正是这一暧昧的关系赋予我们介于压抑与挣扎之间的一种情绪。而情绪本身的不确定性无疑可以解放更多更为复杂的关系。

周期、自动性与友情共同体

在《周期》中，通过不同形状物体的多向度运转，刘韡建构了一个他想象中的宇宙秩序（图III-28）。我们可以将整个现场视为星空，但刘韡显然不是简单的模拟，他关心和好奇的是时空运转的逻辑。而且，他也并不是全方位呈现，而是围绕周期性这一点展开他的想象和演绎，甚至将其放大至整个宇宙或是普遍的物理关系中。也因此，在创作过程中，他有意剔除了经验中我们关于星空和宇宙的诸多陈见。

然而，就像刘韡所说的，尽管展览中几乎看不到任何人的痕迹，但实际这是一个关于人和身体的展览。除了以上所述的不可见的"奴役"之外，低科技运行的周期性同样暗示着人、身体和生命的存在。因为人的生命或生活同样依赖于诸种周期性秩序，比如人的生命周期，再比如女性的生理周期等。除此，他还提到一个环节同样值得玩味。他说，就像这个展览一样，从和画廊约定好时间，到准备方案、作品制作，直至展览开幕，都是由不同的周期

图 III-28　刘韡,《周期》-2，综合材料装置，尺寸可变，2018

构成的，必须在预定的周期内完成所有的计划。事实是，日常生活又何尝不是如此，同样依循于某一既定的周期或时间秩序，包括其中的变故。这一自觉本身，无疑也是一种现实的带入。

诚然，宇宙的周期性源于人的理性认知，包括人的身体或生命秩序，亦复如此。海德格尔预见了技术对人类的反噬；莫里斯·布朗肖认为，人们起初依照天体运动建立地球计时，后来人本身也成为了参与宇宙秩序的天体。① 刘慈关心的是,当我们去掉了人或身体的存在,宇宙或技术本身作为身体或主体的时候,它是否是客观自足的。在这里,宇宙即是身体,身体即是宇宙。它们之间不再是依附的关系,也不存在支配或宰制,而是彼此独立自足的一种存有。时间也不再是支配者,而是一种平等的逻辑,时间面前,没有等级,也没有区隔。这里的机械、物、宇宙和人一样,都在一种无目的的运转当中,只是一种"感性"的运动、重复以及不可避免的误差。

正是误差的存在提醒我们,即便是周期,也是在变化中循环和展开的。斯蒂格勒指出:"与其说技术存在于时间,不如说它构造了时间。"② 如果将其视为一种本体论的话,那么,这个本体即是算术或技术本身,及其足以架空人类的自动性。梅亚苏所谓的"科外幻小说"的虚构在某种意义上所指的也正是本体化的技术物及其自动性,在他看来,所有的科幻小说本质上还是一种人道主义的关怀和反思。刘慈的实践同样是"科外幻"自动性的一种虚构,但这无碍于其本体,它是"一切生生变化的根源,但其本身却并不变化。不变化意味着自身始终保持着自身同一,而自身同一又必定要产生差异。因为没有差异,也就无所

---

① 顾学文:《技术是解药,也是毒药——对话法国哲学家贝尔纳·斯蒂格勒》,《解放日报》(解放周末/对话),2018年4月27日。
② 同上。

谓同一"①。换言之，正是由于其始终的自身同一，才导致了差异的不断产生。固定的周期保证了其同一性，但同时每个组成部分作为宇宙的零件或分子又保持着独立、自足以及差异。可以想见，尽管其整个运转高度同一，但无论是形态上的不同，还是机械磨损带来的变化，包括机械故障导致的停顿、失控，以及与之相应的人身体的老化，或偶然的故亡，皆是自身同一中的生生之变。因此，与其说是时间建构了变化，不如说是变化建构了时间。所有这些变化皆出自这一运算或技术本体，而之所以视其为本体或本源，也是因为它可以无限地推衍下去，包括风头日劲的加速主义，根本上也是其结果之一。这也再次提示我们，变化的世界原本即是无始无终的，而所有的差异皆根源于此。②故刘韡真正的着力点与其说是同一，不如说是种种可感的和不可感的差异。

而如此将宇宙秩序和人的生命体仅视为一种抽象的平等，显然简化了刘韡的实践，那么，二者之间又到底是一种什么关系？刘韡的回答是：友情。

展览中的另外一组装置《友情》（2017—2018）无疑是这一关系的恰切注脚（图Ⅲ-29）。它由两部分构成，一部

---

① 杨立华：《一本与生生：理一元论纲要》，北京：生活·读书·新知三联书店，2018，第155页。
② 同上，第16页。

图 III-29　刘䶮，《友情》，影像装置，尺寸可变，2018

分是置于地上的一面书桌，桌上放着一个地球仪，书桌的抽屉同样依照既定的时间周期来回移动，亦暗示着人或身体的存在。另一部分是悬挂在一角上空的LED显示屏，屏幕上闪烁着既像路灯，又仿佛是星空的莫名景致。书桌是日常生活秩序的表征，地球仪则象征着人们对于宇宙秩序的认知。它们之间是一种既依附又平行的关系。与之相应，LED显示屏中的路灯与星空之间亦是如此关联。如果说书桌对应的是路灯的话，那么地球仪指向的就是星空。这应该不只是一种巧合，它们之间的叠加与交织本身便构成了一个友情的共同体，并同样弥漫着一种无法名状的情绪。

也正是"友情"，将我们带到了17世纪荷兰画家维米尔的名作《天文学家》这里。画面同样描绘有书桌和地球仪——类似的地球仪形态也出现在《周期》中，只不过维米尔没有去掉人（即天文学家）。克拉里指出，画面所描绘的其实是人类认知宇宙秩序的一个装置。约两百年后，也就是19世纪中期，俄罗斯作家费多罗夫（Nikolai Fedorov）想象未来世界终将人类送往外太空，重返宇宙，与之合为一体。他也因此被奉为"宇宙主义"（Cosmism）之父，并继而掀起一场思想运动。"宇宙主义"者们认为，人是可以复活的，时间本质上是循环的。比如俄罗斯，在其看来即是一个可以允许多重时间在同一个时空共存的国家。一百年前的俄罗斯和一百年后的俄罗斯实际共存于同一个空间。这就仿佛是宇宙:我们在观察宇宙的时候,看到的行星其实是它多少光年以前的样子。[①] 也是在这个意义上,可以说整个展览是在现实基础上叠加了另一重时空维度。

值得一提的是,费多罗夫终其一生都是坐在图书馆的书桌旁想象未来宇宙秩序。[②] 由是可以想见,不仅是关于宇宙、时空的想象,其他如书桌、知识这些细节和局部,似乎皆可引申到刘韡的《友情》这里。然而,刘韡关心的与其说是宇宙秩序,不如说是人关于宇宙的想象,或者说是人与宇宙的认知关系。刘韡在意的并非地球会不会毁灭,人类会不会终结,或会不会转移至另一个星球,而是现实境况下人类何以自处,宇宙何以自处,以及人与宇宙何以相处。面对技术的入侵乃至其更可怕的无视,当所有基于人道主义的抵抗都变得无力的时候,无论是对于宇宙本身,还是对于作为宇宙的身体,友情或许是一种有效的政治方式。亚里士多德早就有此洞见,德里达为了回应卡尔·施密特的敌我区分,亦曾重申这一共同体政治,而斯蒂格勒的"逆熵"方案中也再次提到了爱和关怀。这也意

---

① 赵洋、杜可柯、陈玺安:《宇宙与"宇宙主义":历史、现实与未来》,"OCAT研究中心"公众号,https://mp.weixin.qq.com/s/bDgC8rOs8CND4UQvPA2knw。
② 莫莉·内斯比特(Molly Nesbit):《宇宙主义射线:宇宙主义的兴起》,郭娟译,"艺术论坛"中文网,http://artforum.com.cn/inprint/201802/11175。

味着，刘韡虽然不是宇宙主义的信奉者，且宇宙主义——作为知识——同样也是他质疑的对象，但有一点是肯定的，他从来没有怀疑过宇宙的生生之变，也从不相信所谓的终结论——尽管来势汹汹的人工智能和不可约束的加速主义似乎早已宣告了末世的将临，而友情，或许是唯一的出口。艺术家的创制当然只是一种虚构，但更难想象的是，不以人类为视角（或中心）的万物友情将如何可能。

余说

20世纪中叶，赫鲁晓夫曾就俄罗斯太空运载火箭发出如下声明："我们是世界上第一个在太空中烧制出一条从地球通往月亮的轨道的国家。"就此，海德格尔深刻地指出，如果人诗意地栖居在大地上，就没有什么"地球"和"太空"。火箭所完成的不过是从技术角度实现了过去三个世纪越来越独断、执迷地设置成所谓自然的东西和现在被设定为越来越宇宙化、星际化的技术现实。火箭的轨道遗忘了"大地与天空"。它并不是运行在两者之间的。因此，它并非开启了什么"新时代"，而是把一个业已存在的时代推向了它完全的极致。①

---

① 海德格尔：《手工作坊札记》，"商务印书馆学术中心"公众号，https://mp.weixin.qq.com/s/pkAnBOdAhCezheqKXCjMJg。

半个世纪后,刘韡的实践则再次提示我们,宇宙主义固然曾向人类许诺过一个美好的未来,但实际并不能提供这个未来,因为我们原本就在宇宙和未来之中。此外,艺术也无法脱离宇宙而存在,因为它原本就是宇宙的一部分,或者说它就是宇宙本身,亦或只是其中的一个分子。刘韡多次提到,这是一个关于人的展览,但是,他又恰恰是透过非人性或非人道主义的方式展开关于人与宇宙的分析和思考。在我看来,无论算术与秩序,还是密度与情绪,抑或是怀疑与平等,其同时也在考量和测度一个当代艺术家的生命状态和存在的逻辑。由是,我们或可反身回到一个更加根本的问题:此时此刻,艺术何为?

这里没有永恒的答案,刘韡之举也不过是一个临时方案。因为,即使是持续的后设,本身也在持续的分崩离析当中,它同样无始无终。更何况,身处这一空前的技术现实,几乎所有的艺术反思和行动(包括斯蒂格勒对于博伊斯之"社会雕塑"的重建)都显得无能为力,充其量它只是再度"引爆"了这样一个普遍的存有,唤起我们对于现实世界这一超级幻体的感知。由是不难理解刘韡何以反复说:艺术没有意义。

代跋
重读《另类准则》：艺术作为职业，及其他

> 判断的一切既定标准都是暂时的，而另类准则却总是由于新形式和新思想的缘故而永久发挥作用。
>
> ——列奥·施坦伯格（Leo Steinberg）

一

2018年夏天在纽约时，曾半开玩笑地问普林斯顿大学教授、艺术评论家伊夫-阿兰·博瓦（Yve-Alain Bois）："假如让您推荐一部20世纪最重要的当代艺术论著和文章的话，您会选择哪一部/篇？"博瓦略感为难，表示不好回答，但迟疑了不到一分钟后还是告诉我，如果非要选一部，那他就选施坦伯格的《另类准则》（*Other Criteria*）。开始以为他会推荐迈克尔·弗雷德（Michael Fried）或罗萨琳·克劳斯（Rosalind Krauss）的著作，没

想到他选的是《另类准则》。约十年前,沈语冰教授其实就已组织翻译了这部同名论文集,记得当时读后留下较深印象、也是被讨论最多的是其中他关于毕加索、贾斯珀·琼斯(Jasper Johns)等艺术家作品别具一格的分析和阐释,这篇同名文章及其重要性反而被冷落和忽视了。今次因博瓦提醒再读,方对其有了全新的认识。

20世纪中叶,美国艺术评论界一度有"三伯格"(三山)一说,指的即是格林伯格、罗森伯格(Harold Rosenberg)和施坦伯格三位享誉欧美的艺术评论家。比起前面两位,施坦伯格主要的关注领域其实并非当代艺术,他也不是职业的评论家,文艺复兴艺术史才是他研究的重心。兴许正是因此,比起格林伯格带有霸权色彩的形式主义和罗森伯格充满诗意的存在主义,他的评论少了过分的情绪和姿态,而处处泛着理性的智识和睿见。更重要的是,前面两位都是"美国绘画"或"纽约画派"的捍卫者,但他不是。当然,他也不是一个绝对的反形式主义者,在他的写作中,形式主义非但没有受到拒斥,反而成了他常用的分析工具之一,他甚至认为"自己比任何人都更加形式主义"[1]。

---

[1] 转引自施坦伯格:《另类准则:直面20世纪艺术》译后记,沈语冰、刘凡、谷光曙译,南京:江苏美术出版社,2011,第477页。

代跋 重读《另类准则》：艺术作为职业，及其他

1968年3月，施坦伯格在纽约现代艺术博物馆做了题为"另类准则"的演讲，四年后，由演讲稿修订的同名文章发表在《艺术论坛》(*Artforum*)（1972年3月）上。文章系统地清理了形式主义这一理论模式，并对其予以了深刻的质询和批判。甫一发表，便引起了广泛的关注和争议。但事实上，在他发表演讲之前，抽象表现主义和形式主义这一解释模式就已经整体趋于式微。自1960年代初以来，"寻常物品的新绘画"（帕萨迪纳艺术博物馆，1962）、"六位画家和物品"（纽约古根海姆美术馆，1963）、"流行艺术"（堪萨斯城阿特金斯博物馆，1963）、"波普上架"（休斯顿当代艺术博物馆，1963）、"流行图像展"（华盛顿现代艺术博物馆，1963）以及"美国波普艺术"（奥克兰艺术博物馆，1963）等一系列展览的相继举办，标志着抽象表现主义"一统天下"的格局已经结束，与此同时，批评界也随之展开了对于形式主义的检讨和辩护。因此，对于形式主义而言，施坦伯格的这篇文章既不是最早的批评和质疑，也不是最终的盖棺定论，其意义恰恰在于它开启了诸多新的问题面向。文章松散的结构一方面也许是因为由演讲稿整理而成所致，另一方面不能否认，作者原本就不想将自己流动性的思考框在某个结构里面。

1967年，迈克尔·弗雷德（Michael Fried）发表了

《艺术与物性》一文,透过"物性"和"剧场性"这两个重要的发现,批判了极简主义及其对与观者关系的改变。这看似是为形式主义辩护,却由此打开了我们对于极简主义以及形式主义的新的认知,"物性"和"剧场性"反而成为我们进入极简主义的视角和路径之一。《另类准则》一文虽然关注点不同,但有一点是肯定的,它与其说是反形式主义,不如说是透过格林伯格的眼睛对于形式主义以及极简主义、波普艺术等及其潜在的关联尝试予以重新认知和解释。几年后,罗萨琳·克劳斯将关于极简主义的认识投射到现代主义,进而将极简主义解读为现代主义的一个缩影——不过即便如此,二者依然是决裂的。[1]这里且不论克劳斯是否受到前面两位的影响,但可以肯定的是,三位的解释在内在逻辑上的确不乏相似或暗合之处。

二

独辟蹊径的施坦伯格并没有从作品出发,而是选择从艺术市场开始谈起。他说,20世纪中叶以来,艺术界一个重要的变化是"已经被美国化了的前卫艺术开始与赚大

---

[1] 哈尔·福斯特(Hal Foster):《实在的回归:世纪末的前卫艺术》,第52—53页。

钱联系在了一起"。"艺术已经不再是我们曾经以为的东西了,在最宽泛的意义上,它就是硬通货"。曾经一度,艺术被美国人视为"狡猾""故弄玄虚""矫揉造作"的罪恶之根,现如今,他们则积极地要求改造艺术,试图按照本土的准则同化它们。投资者们一开始并不接受这样的改变。但好在"拒绝的最初姿态"本身就是美国艺术文化的普遍性格。① 这就像那些曾经反学院派的先锋派一样,其实很快也被学院化了。② 所以,艺术家们其实并不担心艺术被改造、同化后会影响公众接受的程度。

在这之前的另一篇文章《当代艺术及其公众的困境》(1962)中,施坦伯格提到,1958年,贾斯珀·琼斯第一次举行个展的时候,别说是一般公众,连他这样的专业作者都"无法接受"。等他第二次去看的时候,才理解了琼斯绘画的真正意义,他渐渐意识到,琼斯的高明之处就在于他终结了错觉绘画,从此,油彩的处理不再被当作一种转化(transformation)的媒介;它不只是对人类主题的一种无视,就像抽象艺术一样,还有一种缺席的暗示,一种人造环境里的人性的缺失。于是,只有物品——人造物的迹象被遗留下来,在人类的缺席中,这些迹象最终成了物

---

① 施坦伯格:《另类准则:直面20世纪艺术》,第76—77页。
② 同上,第21页。

品。① 这一方面表明一种新的艺术创造曲折的受众过程,另一方面也提示我们,这种冷漠与荒芜也预示着一个新的时代的来临。在某种意义上,《另类准则》延续了"物化"和"去人性"这一观点。

施坦伯格智慧地选择两幅画作为引子,一幅是里昂·热罗姆(Leon Gerome)的《皮格马利翁与加拉泰娅》(1881)(图 B–1),另一幅是热罗姆的学生托马斯·艾金斯(Thomas Eakins)的《威廉·鲁什正在雕刻他的斯库基尔河的寓言人物》(1908)(图 B–2),两幅画都涉及绘画的自我投射,不同的是,前者中的雕塑是艺术(家)欲望的对象,而在后者中,模特儿的裸体并不是用来欣赏的,而是出于科学观察的需要,画面中所有人物和对象都专注于自己的工作,因此其更深的意义在于,它将艺术与裸体同化于工作伦理,从而化解了美国人对艺术与裸体的反对。②基于此,施坦伯格敏锐地指出,艾金斯对于诚实工作的颂扬其实来自从事艺术中的清(新)教主义,即一种作为绝对价值的职业纪律的理念。艺术家不再表达恐惧也不表达怜悯——甚至丧失了好奇与创造力,只是一个忙于干活且干得非常有效率的工作者。作为一种绝对的价值,其效

---

① 施坦伯格:《另类准则:直面 20 世纪艺术》,第 27—32 页。
② 同上,第 79 页。

图 B-1　里昂·热罗姆,《皮格马利翁与加拉泰娅》,布面油画,88.9x68.6cm,1881

率的正当性无需证明,它可以将所有的活动都合法化。就像约瑟夫·彭内尔(Joseph Pennell)所说的:"工作今天已经成为世界上最伟大的东西"。"一切诚实的工作,从敲榔头到工程技术,都要比制作法与烹饪术,或者不管什么样的、法国人用来形容绘画的词语,都更适合。"①

艺术家不再是一种身份,而是一种职业。这一观点无疑来自马克斯·韦伯的《新教伦理与资本主义精神》。书

---

① 施坦伯格:《另类准则:直面20世纪艺术》,第81页。

图 B-2 托马斯·艾金斯:《威廉·鲁什正在雕刻他的斯库尔基河的寓言人物》,布面油画,91.3x121.3cm,1908

中,韦伯这样写道:"个人道德活动所能采取的最高形式,应是对其履行世俗事务的义务进行评价。正是这一点必然使日常的世俗活动具有了宗教意义,并在此基础上首次提出了职业的思想。这样,职业思想便引出了所有新(清)教教派的核心教理:上帝应许的唯一生存方式,不是要人们以苦修的禁欲主义超越世俗道德,而是要人完成个人在现世里所处地位赋予他的责任和义务。这是他的天职。"①

而在施坦伯格看来,作为天职或职业,艺术就是"一种积

---

① 马克斯·韦伯:《新教伦理与资本主义精神》,于晓、陈维纲译,北京:生活·读书·新知三联书店,1987,第 59 页。

极行动的人的形式主义——一种独立于内容的价值"[1]。

尽管施坦伯格并没有明确提及,但从中我们似乎可以洞悉其与格林伯格之"形式主义"之间隐伏的联系。换句话说,无论形式主义,还是后形式主义,抑或反形式主义,在施坦伯格这里,它们都具有一个形式主义的底色,而这原本就是美国文化精神和社会结构的一部分,也就是韦伯所说的"新教伦理和资本主义精神"。如果由此再来回看格林伯格的形式主义,那种彻底的形式自足,不正是一种独立于内容的价值吗?施坦伯格关注的是作为工作、职业或生产关系的形式主义,而格林伯格的重心在画面本身的形式主义,前者将人予以"物化"并赋予了它某种价值伦理,而在后者这里,他是将艺术彻底地"物化"——尽管格林伯格不承认物性及其空间属性,但画面作为一个自足的对象或"物"则是一个不争的事实;尽管格林伯格不认为形式主义承载着任何价值,但从"形式"的历史根源看,它本身又与19世纪的形而上学有着千丝万缕的瓜葛。如果说"物化"是工具理性的前提和基础的话,那么这里它并没有丧失或抽离"价值理性"。

李格尔的《罗马晚期的工艺美术》一直被视为"形式"或"形式分析"这一艺术史描述手段的源头。在这本

---

[1] 施坦伯格:《另类准则:直面20世纪艺术》,第80页。

出版于19世纪末的经典著作里,李格尔通过对罗马晚期工艺美术的考察,提出了"艺术意志"这个概念。它源自一种基于重复排列的"统一性"和"节奏",假如"统一性"是艺术作品中自然物体形状(包括间隔)的个体完满性的话,那么它便是通过作为媒介的"节奏"表现出来的。借奥古斯丁的话说,李格尔认为绘画中的黑与白、阴影与光线之间富有节奏感的分布,就是艺术的宗旨。而这一形式秩序不仅是一种内驱力或意志,同时作为一种世界观,几乎渗透在所有学科和领域。他还发现,古代人实际上是在一种纯机械论的结构中寻找他与周围世界的关系,他们所看到的只是一种个体的、自足的形状。而就这一点,古代唯心主义哲学和唯物主义哲学(原子论)之间并无分歧,是一致的。[①] 显然,这里的纯机械论一方面指向艺术的对象化或物化,另一方面也指向作为工作或职业的艺术生产方式。而需要提醒的一点是,李格尔讨论的虽是罗马晚期的工艺美术,但其视角却是来自19世纪末。

戴维·萨默斯(David Summers)极富洞见地指出:形式分析的源起与19世纪唯心主义者的形而上学密切相关,也因此与贯穿了从离奇的到危险的全部范围的各种历

---

① 李格尔:《罗马晚期艺术意志的主要特征》,普雷齐奥西主编:《艺术史的艺术:批评读本》,易英、王春辰、彭筠等译,上海:世纪文景出版集团上海人民出版社,2016,第162—169页。

史推论和归纳密切相关。所谓的形式,即非模仿的成分,但它并不是附带的或多余的,作为精神的表现,它是必要的。因此,在更高的层面上,它是抽象的和普遍的,它所代表的往往是一个时代的精神,并具有一种内在的历史力量。[①] 然而,当"形式"演变成为更加彻底和极端的"形式主义"的时候,与其说形式是对立于内容的存在,不如说形式本身就是内容,进而言之,这里的唯心主义也不再是对立于唯物主义的存在,唯心主义本身即是唯物主义。由此方可理解,萨默斯何以声称对立于形式分析的语境主义者潘诺夫斯基及其图像学研究是唯心主义者的艺术史传统。反之,对于格林伯格而言,形式既是平面的纯粹之"物",同时也是一种本质主义化的理性意志,而这种意志所对应的正是新教伦理。

这里韦伯的论点不仅是施坦伯格解释的依据,他的这样一种解释本身也带有明显的韦伯色彩。形式和形式主义是一个自主的、非伦理的领域,而韦伯在关于康德伦理学的讨论中,业已展现出三种对于价值理论来说十分重要的意涵,即"(1)认识到存在自主的、非伦理的领域;(2)把伦理领域与这些领域明确区分开来;最后还

---

① 戴维·萨默斯:《"形式"——19世纪的形而上学与艺术史描述的问题》,普雷齐奥西主编:《艺术史的艺术:批评读本》,第120—125页。

有(3)确定在什么意义上,以非伦理价值为取向的活动可以被赋予程度不一的伦理地位"①。施路赫特指出,这里韦伯所捍卫的是康德的形式主义伦理学,他试图向人们展示,对于康德《实践理性批判》意义上的"'形式'伦理"的认识,必然会对价值理论以及伦理在其中的位置产生影响。而这不仅仅是一种冷静的认可,也不仅仅是真实和确定的东西所具有的明证感,还包括(足以令人愉悦的)热情。②这里的热情我们可以视其为一种意志,或是一种内在的动力。不过,韦伯此处所谓的"自主的、非伦理领域"中并不包括艺术,他承认艺术日益成为一个自主的价值领域,而且审美形式本身也逐渐得到了加强,艺术的创造者和解释者都把兴趣放在了形式而非内容上。但是,他忽视了一点,将形式归为对立于伦理的审美形式,担忧伦理问题被审美化——除非是限制在一种"纯粹的、无条件的理智的"伦理形式。③殊不知,格林伯格的形式主义所表征或反身指向的正是这一"纯粹的、无条件的理智的"伦理形式。理性而又极端的形式主义构成了一种内在的紧张,且在某种意义上已经抑制甚至化解了热情和意志,进

---

① 施路赫特:《信念与责任——马克斯·韦伯论伦理》,李康译,李猛编:《韦伯:法律与价值》(思想与社会 第一辑),上海:上海人民出版社,2001,第292页。
② 同上,第292—293页。
③ 同上,第302—303页。

而成为一种受工具理性支配的职业伦理。而这一点，只有在基于实践的形式伦理的维度上，方可得到合理的解释。这种意志和热情很大程度上并非来自差异，而是一种源自重复的"快感"，借用韦伯的说法，这更接近来自加尔文教的"入世苦行"的伦理，唯其如此，方可克服一般资本主义享受悠闲、知足的心态。

前面提到，施坦伯格并不认同格林伯格的形式主义，在《另类准则》中，他虽然没有彻底否弃形式主义，但还是"觉得形式主义过于笃定，他不相信他们的定量手段，更不喜欢他们那种令行禁止的立场——一种告诉艺术家应当做什么，告诉观众不应当看什么的态度"[1]。其试图将所有的绘画都还原为一个单一的准则，而这样的观点无异于党同伐异，可以说形式主义者之所以不接受极简主义、波普艺术，其实就是因为担心这样会逾越党派界限。[2] 于是，"对错"取代了"优劣"成了判断的准绳。当然这并不意味着形式主义脱离了社会结构和文化土壤，就像前面所说的，其本身就是新教伦理的体现和表征，如其封闭性，所对应的正是当时美国封闭的工业系统。施坦伯格指出，主宰过去50年的美国形式主义批评的描述性术语，与同一时期底特律汽车

---

[1] 施坦伯格:《另类准则：直面20世纪艺术》，第85页。
[2] 同上，第88页。

工业的演化相平行，这并非纯粹的巧合。当然，这并不是说汽车看上去像绘画，而是说形式主义这一还原性术语与主宰美国发动机工业的组装方式事实上处于同一个系统。①

尽管如此，施坦伯格反复强调艺术作为工作，艺术作为行动的意义，终究还是为了走出形式主义的牢笼。这里的"行动"并非罗森伯格所谓的"行动绘画"（如波洛克、克莱因等）意义上的"行动"，施氏直言这一观点是错误的。不过，罗森伯格在文章中曾经有这样一句话："通过其绘画的行动摆脱了艺术。"倒是提醒了施坦伯格，或许这才是人们所需要的东西。因此，他眼中的作为艺术的行动并非停留在画面上，而是"指一个正在制作绘画的人如何在一个竞技场上行动，经历各种偶然，制造各种事件"。也即是说，对于一个艺术家而言，重要的不是"激发灵感的象征主义，也不是满足知觉上的愉悦"，而是如何构成一种"'真正的社会政治力量'——大胆地发出艺术世界的声音，又重归艺术世界"。当然，他所谓的社会政治力量不是走向街头诉诸抗议，而是如何真正地进入社会运行系统和流通机制。这也是他一开始重申艺术市场、艺术工作以及艺术职业，甚至力挺波普艺术的原因所在。

多年以后，大卫·乔斯利特（David Joselit）在讨论当

---

① 施坦伯格：《另类准则：直面20世纪艺术》，第103页。

代绘画的问题时表达了几乎同样的观点,他说,所谓"当代绘画",是在更广泛的社会、技术、经济网络的沟通中建立关系,而不是构成独立的实体。[①]艺术作为一种职业,艺术家作为一种工作者业已是普遍的事实。且不论乔斯利特是否受施坦伯格论说的影响和启发,可以肯定的是,早在乔斯利特之前,施坦伯格已经深刻地指出了波普以来的新艺术机制:当艺术作为工作或行动,进入传播、印刷以及资本等流通系统的时候,本身已经具有了某种社会政治力量。而形式主义虽然也带有新教伦理的价值底色,甚至还可以视其为美国这一时期工业系统的表征,但它终究是一个封闭的循环。这也是二者根本的区分所在。而这样一种解释意味着,一切似乎都有可能被合理化,乃至像"僵尸形式主义"(Zombie Formalism)[②]这样的批评都成了一个中性的解释。当然,施坦伯格不是没有意识到这个问题,他也不认为所有进入流通系统的艺术都是好艺术,相反,他在文中真正追问的还是到底什么是绘画本身,什么是艺术本身,因为只有通过自我指涉或反身性才可抵御被合理化的危机。

---

① André Rottmann, "Introduction: Remarks on Contemporary Painting's Perseverance", *Thinking through Painting: Reflexivity and Agency beyond the Canvas*, Berlin:Sternberg Press, 2012, pp.11—12.
② Walter Robinson :《"僵尸形式主义"的崛起》,"艺术眼",http://www.artspy.cn/html/news/10/10683.html。

三

1962年10月，在《抽象表现主义之后》一文中，格林伯格这样写道："到现在为止，看来已经确立起来的是，绘画艺术的不可还原的本质只在于两个基本惯例或规范：平面性和对平面性的划定；单单遵奉这两个规范就足以创作出一个可以被体验为绘画的对象：所以，一幅张开的或者钉好的画布就已经作为一幅画存在——尽管并不必然作为一幅成功的画存在。"① 格林伯格原以为"空白画布"是形式主义更加彻底的还原，但令他始料未及的是，一旦成为空白画布的时候，它就不再是纯粹的媒介，而是日常经验之物。两个月后，在另一篇文章《艺术写作如何获得了坏名声》中，他为形式主义做了进一步的辩护，但也被迫做了新的撤退："对任何处理扁平表面的人来说，现在已证明，艺术几乎是不可逃脱的，即使那多半是坏艺术。"② 在极简主义和反形式主义者强大的压力之下，格林伯格不仅提出了"空白画布"这个重要的概念——它在某种程度上标志着形式主义理论模式的自我瓦解，同时还对绘画与艺术之间做了自觉或不自觉的区分。问题是，短短两个月

---

① 转引自德·迪夫：《杜尚之后的康德》，第183页。
② 同上。

内，这两个文本之间到底发生了什么？

德·迪夫（Thierry de Duve）发现，这里的微妙之处在于，前文说的是绘画，后文说的是艺术。而这样一种描述实际上已经背离了形式主义的推理。一块空白画布，就像是在艺术用品店里面发现的，只是一个物品，一个注定要被涂画的世俗之物。这意味着，他已经不自觉地屈服于他的对手极简主义，而一旦不能被称作是一幅画，那它自动地被称作艺术。德·迪夫据此抽丝剥茧，做了细致入微的分析和阐释，其中可以肯定的是，"空白画布"在此至少提供了两个选项：要么继续捍卫作为形式主义的绘画，要么通往作为艺术的极简主义或概念艺术。按照罗萨琳·克劳斯的说法，这是一个格式塔难题：要么看作是鸭子，要么看作是兔子，就是不能同时将它看作两者。但毋庸置疑的是，格林伯格在此已经自觉或不自觉地做出了妥协：艺术几乎是不可逃脱的，即使多半是坏艺术。也是在这一点上，德·迪夫认为它与1874年马奈那幅未完成的绘画《剧院里的假面舞会》所处的情境是一样的。评委们以未完成的理由拒绝了这幅画，而马拉美当时就对此予以了辩护，他希望不要超出"名义"上的裁定，以让观众自由判断。这里的关键其实是"名义"这个词，德·迪夫认为差不多一个世纪以后，格林伯格恰好执行了马拉美的这个任务，任空白画布处于一种"名义"的状态，从而将有关品质的问题交给观众。这显然已经超出了形式主义的理论模式，而成了一个理论实践或体制性实践的问题。由此也可以理解，何以在反形式主义的现成品和概念艺术这里，是它们所处的文化和社会语境，而非审美判断，决定了其"艺术身份"。这一点不光是科苏斯，连格林伯格也是深以为然。当然，这种体制性的实践，不仅可以追溯到杜尚的理查德·穆特事件，还可以延伸到库尔贝对抗1855年世界博览会的策略，乃至他与1851年沙龙的论战。在德·迪夫看来，所谓的"前卫"其实那个时候就已经开始了。[1]一如既往，这里的"空白画布"不仅未丧失审美判断，而且同样构成了对于体制和惯例的一种冒犯。

之所以在此援引这段历史和理论公案，我想说的是，虽然施坦伯格并未专门讨论过"空白画布"，也没有将形式主义引申到艺术体制的层面，但是他的论述已触及形式主义如何作为理性实践的问题。而德·迪夫更像是将这样一种理性实践具体化到"空白画布"及其所关涉的艺术体制和艺术命名的向度上。换句话说，正是透过后者，我们发现形式主义自我解体的节点即"空白画布"，亦正是"绘画"转向"艺术"的关键之处。因此，他是在杜尚的基础上，重申了作为专名的"艺术"及其存在。我们也发

---

[1] 德·迪夫：《杜尚之后的康德》，第184—224页。

现,施坦伯格并不是没有涉及关于绘画和艺术的命名问题,在《另类准则》一文中,有一节专门讨论了——甚至整篇文章都在追问——到底什么是绘画本身,什么是艺术本身。但他并没有像德·迪夫那样诉诸审美判断和体制实践双重的维度,而是通过绘画的自我指涉这一图像—视觉机制的辨析和延展性的思考,提示我们二者的关联和区分所在。

施坦伯格曾多次提到,他所针对的并非是抽象表现主义画家及其实践,而是作为艺术史描述方式的形式主义。但他并没有将绘画本身悬置起来。形式主义主张绘画的自足性或所谓的"回到绘画本身",在施坦伯格看来,其实所有的主流艺术,至少是过去600年中的主流艺术,都在坚持不懈地"提醒(或关注)艺术本身"[①],他说:"一切重要的艺术,至少是14世纪以来的艺术,都高度关注自我批判。无论艺术还关心些别的什么东西,它首先关心的总是艺术本身。所有富有创造性的艺术都在探索它的边界,而老大师与现代主义者之间的差别,并不在于自我界定的事实,而是这种自我界定所采取的的方向。"在格林伯格这里,所谓的绘画本身就是能否还原到纯粹性,但凡·艾克其实早就说过:"绘画的自我实现并不是还原,而是扩

---

① 施坦伯格:《另类准则:直面20世纪艺术》,第94页。

展。"① 基于此，施坦伯格提出了"新老错觉主义"这一命题，这一点则直接关系到格林伯格对于前现代艺术（pre-modern art）的处理，以及他是如何将自己与老大师们对立起来进而界定自己的。格氏认为："写实主义、错觉主义艺术掩饰了媒介，运用艺术来掩盖艺术"；而"现代主义却运用艺术来提醒艺术本身的存在"。"人们在看到绘画本身之前，往往先看到的是老大师们画中所画的东西，而人们看到的现代主义绘画则首先是一幅画"。② 在他看来，这也正是现代主义的本质所在，即如何"以一个学科特有的方式批判学科本身，不是为了颠覆它，而是为了更加牢固地奠定它的范围"③。就此，早在1950年代就已经遭到贾德（Donald Judd）的质疑，他发现纽约画派的平面性其实包含着"虚空"和"错觉主义空间"，他并不觉得罗斯科的绘画是纯粹的平面，而是存在着一定的深度。④ 在施坦伯格看来，这意味着格林伯格的理论图式其实已经在崩溃了。⑤ 后来，在迈克尔·莱杰（Michael Leja）的《重构抽象表现主义》中，形式主义这套理论

---

① 施坦伯格：《另类准则：直面20世纪艺术》，第100页。
② 同上，第90—91页。
③ 同上，第89页。
④ 同上，第93页。
⑤ 同上，第94页。

模式几乎被连根拔起。①

因此,回到绘画本身并不限于形式,施坦伯格认为主题也是其动因之一,而且在前现代老大师们的绘画中,原本就不乏诸如这样的自我指涉意识和实践。施坦伯格以文艺复兴早期意大利画家皮耶特罗·格里尼(Niccolò di Pietro Gerini)(?)的《耶稣上十字架》(图 B-3)为例,透过画面四角伸手的先知提示观众如何跳出画面内容,而指向绘画本身。类似的例子不胜枚举,而这在斯托伊奇塔的《自我意识的图像:早期现代元绘画的洞察》②一书中已经做了详尽而系统的考察和论述,书中所举的那些案例比格里尼这张画无疑更为典型。不过在斯氏艺术中,尚未或极少涉及画面的形式媒介层面,更侧重图像和视觉,但在施坦伯格这里,确证艺术本身的既包括镜像这样的"转置图像",亦包括颜料、色彩和笔触等纯形式语言,以及二者之间可能的张力,比如书中所举的伦勃朗的晚年作品

---

① 迈克尔·莱杰:《重构抽象表现主义:20 世纪 40 年代的主体性与绘画》译后记,毛秋月译,南京:江苏凤凰美术出版社,2015。
② Victor I. Stoichita, *The Self-Aware Image:An Insight into Early Modern Meta-Painting, Trans. by Anne-Marie Glasheen*, New York: Cambridge University Press,1997. 本书聚焦于文艺复兴至 17 世纪期间的元绘画实践,除此,2015 年劳特利奇出版社出版的彼得·伯克迪(Peter Bokody)的《意大利绘画中的图中图(1250—1350)》(*Images-within-Images in Italian Painting, 1250—1350*)则追溯到中世纪晚期和文艺复兴早期,次年同样是由劳特利奇出版社出版的凯瑟琳·罗赫(Catherine Roach)的《19 世纪英国的画中画》(*Pictures-within-Pictures in Nineteenth Century Britain*)则将这一问题视域延伸到 19 世纪。

图B-3 皮耶特罗·格里尼（？），《耶稣上十字架》，其他信息不详

《读书的女人》（1639—40）中，笔触、水墨的物质性与他所刻画的形象之间便暗藏着紧张和拉扯。然而，无论形式，还是主题，它们终究都限于画面内部，并未超出或脱离画布之外。

尽管如此，以上所述都还只是停留在画面内部，并没有溢出画外。而施坦伯格真正关心的显然不止于此。在他文章一开始提出艺术作为工作或职业，"形式主义"作为新教伦理的一部分的时候，已经暗示我们无论是绘画，还是艺术，其自我指涉不再停留在画布上，而已通向了画外。他敏锐地发现,"最近15到20年的绘画开始坚持一种激进的新方向,其中绘画表面不再是自然的视觉经验的类推,而是操作过程的相似物"①。它标志着艺术主题的激进转移,即从自然向文化的转移。②就此而言,最典型的莫过于波普艺术,其自我指涉性便体现在生产逻辑中,并将画布与画外连接了起来。按乔斯利特所言,"如果说绘画(主要指现代主义或形式主义绘画)的自指性与自反性曾经是媒介的材料特性,要求回归绘画本质,参与情境变化的话,那么,上世纪七十年代以后指的则是画布内和画布外的通道"③。这里除了前面所说的生产机制以外,还隐含着观看方式、视觉行为以及艺术主题的变化——当然,这些原本就是一体的。

施坦伯格认为,劳森伯格(Robert Rauschenberg)便是一个典型的案例。他说,在我们关于前现代老大师作品的诠释中,始终有一条中心线贯穿其中,甚至贯穿到立体派和抽象表现主义之中:"绘画再现一个世界的观念,这是某种世界空间(worldspace),它可以从画面上读出与人类的直立姿势相一致的东西。画作的上部对应于我们头

---

① 施坦伯格:《另类准则:直面20世纪艺术》,第109页。
② 同上。
③ André Rottmann, "Introduction: Remarks on Contemporary Painting's Perseverance", *Thinking through Painting: Reflexivity and Agency beyond the Canvas*, pp.11—12.

部所在的空间,而其底边针对应于我们双脚所站立的地方。"即便是波洛克的滴洒和倾倒画,最终还是要挂到墙上。① 然而,到了劳森伯格(包括杜布菲)这里,尽管我们依然将他们的绘画挂在墙上,但这些画"不再模拟垂直区域,而是神秘的平台水平面",它"象征性地暗指诸如桌面、工作室地板、航海图、公告板等坚硬的表面——暗示任何物体得以在其上分散开来、材料得以进入、信息得以收到、印刷、压痕的接受体表面——不管是井然有序的还是乱七八糟的"。② 从图像作为框内风景的"大自然"范式,转向了图像作为信息网络的"文化"范式,施坦伯格将这一转向看作是后现代艺术创作的开端。但哈尔·福斯特指出,这种从垂直到水平方向的转变仍然只是操作层面上的;它的社会维度要到波普中才得以发展起来。波普不是将艺术"冻结在金字塔的一层层之上",而是置于文化的"一种连续体当中"。③

严格地说,这里已经不再是惯例意义上的绘画创作,而更像是名义上的艺术实践。面对如此混杂的信息,并不是说它丧失了自我指涉的可能,毋宁说是将艺术的路径再度变得非线性和不可捉摸了。这意味着,它远不止是一种

---

① 施坦伯格:《另类准则:直面20世纪艺术》,第108页。
② 同上,第109页。
③ 哈尔·福斯特:《实在的回归:世纪末的前卫艺术》,第212页。

表面特征，如果它被理解为一种绘画中的变革，那么它改变的正是艺术家与图像、图像与观众之间的关系。在施坦伯格看来，"这是艺术震荡的一部分，它足以使艺术纯粹的范畴变得不纯粹"。[1] 此时，甚至可以说，这里连形式主义也变得不纯粹了，作为一种伦理形式，其自我指涉已不再限于画布内部。借用福斯特的说法，形式主义原本的反身性就是过于自恋，可问题是，一旦通往画外，这种反身性是否可能会丧失必要的担当呢？

琼斯曾经感慨，劳森伯格是20世纪自毕加索以来发明了最多东西的人。而在施坦伯格看来，在劳森伯格的发明中，首先是使世界再度进入绘画的表面，它是为那些浸泡在城市大脑里的意识而创作的。也因此，它超越了"抽象"与"再现"、波普与现代主义这样的划分准则。包括利希滕斯坦、沃霍尔等，他们不仅重新确认了艺术家或艺术家—技术人员的概念，并再度让艺术的路径变得非线性、不确定和不纯粹。[2] 按照乔斯利特的说法，它们像"病毒"一样，不断地反馈、干扰和侵蚀着非艺术的领地。[3] 那么从此，还有建构唯一解释准则的可能吗？数年

---

[1] 施坦伯格：《另类准则：直面20世纪艺术》，第115页。
[2] 同上。
[3] 乔斯利特：《反馈：录像艺术的媒体生态学》，郭娟译，长沙：湖南美术出版社，2017，第54页。

后，围绕《十月》(OCTOBER)杂志的新的艺术评论，以及视觉文化和新艺术史的兴起，标志着一个新的艺术史描述和艺术批评时代的开始。

施坦伯格的这篇文章最初以演讲的方式发表于1968年，迄今刚好过去半个世纪。五十年来，艺术批评理论的几乎所有命题都多多少少可以在这篇演讲中找到蛛丝马迹，甚或说，这篇文章几乎涵盖了形式主义及其之后的所有艺术理论命题，包括形式主义的历史—社会机制、潘诺夫斯基的图像学、斯托伊奇塔的"元绘画"、罗萨琳·克劳斯"扩展的场域"、哈尔·福斯特"实在的回归"、乔斯利特"反馈的干扰"、德·迪夫关于现成品和现代主义的知识考古学以及艺术作为工作/职业、行动等理论，而且，今天的艺术实践和艺术史研究似乎依然笼罩在这些理论的阴影之下。也因此，它仍未过时，仍然常读常新，依旧为我们重新进入历史与现实不断地提供着新的认知视角和解释路径。

参考文献

中文论著和译著

阿尔珀斯(Svetlana Alpers).伦勃朗的企业：工作室与艺术市场.冯白帆译.南京：江苏美术出版社，2014.

阿尔托(Antonin Artaud).剧场及其复象.刘俐译注.杭州：浙江大学出版社，2010.

阿多(Pierre Hadot).伊西斯的面纱：自然的观念史随笔.张卜天译.上海：华东师范大学出版社，2014.

阿拉斯(Dainel Arasse).绘画史事.孙凯译.董强审校.北京：北京大学出版社，2007.

阿姆斯特朗(Tim Armstrong).现代主义：一部文化史.孙生茂译.南京：南京大学出版社，2014.

阿威罗伊(Averroes).论诗术中篇义疏.刘舒汉译.北京：华夏出版社，2009.

艾克曼(Diane Ackerman).感官之旅：感知的诗学.庄安祺译.台

北：时报出版，2012.

巴钦（Geoffrey Batchen）.热切的渴望：摄影概念的诞生.毛卫东译.北京：中国民族摄影艺术出版社，2016.

伯瑞奥德（Nicolas Bourriaud）.关系美学.黄建宏译.北京：金城出版社，2013.

伯瑞奥德.后制品.熊雯曦译.北京：金城出版社，2014.

博尔坦斯基（Luc Boltanski）、西亚佩洛（Eve Chiapello）.资本主义的新精神.高銛译.南京：译林出版社，2012.

博瓦（Augusto Boal）.被压迫者剧场.赖淑雅译.台北：扬智文化出版，2000.

毕夏普（Claire Bishop）.人造地狱:参与式艺术与观看者政治学.林宏涛译.台北：典藏家庭出版，2015.

布拉伊多蒂（Rosi Braidotti）.后人类.宋根成译.郑州：河南大学出版社，2016.

布赫洛（Benjamin H. D. Buchloh）.新前卫与文化工业：1955到1975年间欧美艺术评论集.何卫华等译.南京：江苏美术出版社，2014.

达米施（Hubert Damisch）.云的理论：为了建立一种新的绘画史.董强译.南京：江苏美术出版社，2014.

德布雷（Régis Debray）.图像的生与死：西方观图史.黄迅余、黄建华译.上海：华东师范大学出版社，2014.

德布雷、赵汀阳.两面之词:关于革命问题的通信.张万申译.北京：中信出版社，2014.

德里达.书写与差异.张宁译.北京:生活·读书·新知三联书店,2001.

迪弗(Thierry de Duve).杜尚之后的康德.沈语冰等译.南京:江苏美术出版社,2014.

费斯克(John Fiske).解读大众文化.杨全强译.南京:南京大学出版社,2006.

福柯.疯癫与文明.刘北成、杨远婴译.北京:生活·读书·新知三联书店,1999.

福柯.临床医学的诞生.刘北成译.南京:译林出版社,2011.

弗雷德(Michael Fried).艺术与物性:论文与评论集.张晓剑、沈语冰译.南京:江苏美术出版社,2013.

福斯特(Hal Foster).实在的回归:世纪末的前卫艺术.杨娟娟译.南京:江苏美术出版社,2015.

甘阳.政治哲人施特劳斯.香港:牛津大学出版社,2003.

高嘉谦.遗民、疆界与现代性:汉诗的南方离散与抒情(1895—1945).台北:联经出版股份有限公司,2016.

高名潞.中国前卫艺术.南京:江苏美术出版社,1997.

葛兆光.何为中国?——疆域、民族、文化与历史.香港:牛津大学出版社,2014.

郭斯嘉.语言、空间与表演:安托南·阿尔托的残酷戏剧.上海:复旦大学出版社,2014.

格林伯格(Clement Greenberg).艺术与文化.沈语冰译.桂林:广西师范大学出版社,2006.

格罗斯伯格（Lawrence Grossberg）等.媒介建构：流行文化中的大众媒介.祈林译.南京：南京大学出版社，2014.

格洛托夫斯基（Jerzy Grotowski）.迈向质朴戏剧.魏时译.刘安义校.北京：中国戏剧出版社，1984.

格罗伊斯（Bois Groys）.走向公众.苏伟、李同良等译.北京：金城出版社，2012.

贡布里希.艺术的故事.范景中译.林夕校.北京：生活·读书·新知三联书店，1999.

哈特、奈格里.大同世界.王行坤译.北京：中国人民大学出版社，2015.

哈特、奈格里.帝国.杨建国、范一亭译.南京：江苏人民出版社，2005.

哈特利（John Hartley）.全民书写运动.郑百雅译.简妙如审定.台北：漫游者事业文化股份有限公司，2012.

韩炳哲.倦怠社会.庄雅慈、管中琪译.台北：大块文化出版，2015.

赫伊津哈.中世纪的衰落.刘军等译.杭州：中国美术学院出版社，1997.

黄建宏.电影、剧场和运动.北京：金城出版社，2015.

霍克尼.隐秘的知识：重新发现西方绘画大师的失传技艺.万木春等译.杭州：浙江人民美术出版社，2012.

吉登斯.民族—国家与暴力.胡宗泽、赵力涛译.王铭铭校.北京：生活·读书·新知三联书店，1998.

克拉克（T. J. Clark）.现代生活的画像：马奈及其追随者艺术中的巴黎.沈语冰、诸葛沂译.南京：江苏美术出版社，2013.

克拉里（Jonathan Crary）.24/7：晚期资本主义与睡眠的终结.许多、沈清译.北京：中信出版社，2015.

克拉里.观察者的技术：论19世纪的视觉与现代性.蔡佩君译.台北：行人出版，2007.

克劳斯（Rosalind Krauss）.前卫的原创性及其他现代主义神话.周文姬、路珏译.南京：江苏美术出版社，2015.

克劳斯.现代雕塑的变迁.柯乔、吴彦译.北京：中国民族摄影艺术出版社，2017.

迈克尔·莱杰.重构抽象表现主义：20世纪40年代的主体性与绘画.译后记.毛秋月译.南京：江苏凤凰美术出版社，2015.

克洛（Thomas Crow）.大众文化中的现代艺术.吴毅强、陶铮译.南京：江苏美术出版社，2016.

拉铁摩尔.中国的亚洲内陆边疆.唐晓峰译.南京：江苏人民出版社，2005.

朗西埃.历史之名.魏德骥、杨淳娴译.台北：麦田出版，2014.

朗西埃.美感论：艺术审美体制的世纪场景.赵子龙译.北京：商务印书馆，2016.

朗西埃.图像的命运.张新木、陆洵译.南京：南京大学出版社，2014.

劳埃德（Lloyd G. E. R.）.古代世界的现代思考：透视希腊、中国的科学与文化.上海：上海科技教育出版社，2008.

雷曼（Hans-Thies Lehmann）.后戏剧剧场.李亦男译.北京：北京大学出版社，2010.

李猛.自然社会：自然法与现代道德世界的形成.北京：生活·读书·新知三联书店，2015.

卢梭.卢梭论戏剧.王子野译.北京：生活·读书·新知三联书店，2007.

鲁明军.视觉认知与艺术史：福柯 达弥施 克拉里.桂林：广西师范大学出版社，2014.

鲁明军.书写与视觉叙事：历史与理论的视野.桂林：广西师范大学出版社，2013.

米勒（James Miller）.福柯的生死爱欲.高毅译.上海：上海人民出版社，2003.

米歇尔（W. J. T. Mitchell）编.风景与权力.南京：译林出版社，2014.

奈格里.超越帝国.李琨、陆汉臻译.北京：北京大学出版社，2016.

奈格里.艺术与诸众：论艺术的九封信.尉光吉译.重庆：重庆大学出版社，2016.

奥尼恩斯（John Onians）.神经元艺术史：从亚里士多德和普林尼到巴克森德尔和萨基.梅娜芳译.南京：江苏美术出版社，2015.

彭慕兰、史蒂文·托皮克.贸易打造的世界：1400年至今的社会、文化与世界经济.黄中宪、吴莉苇译.上海：上海人民出版社，2017.

普雷齐奥西主编。艺术史的艺术：批评读本.易英、王春辰、彭筠等译.上海：世纪文景出版集团上海人民出版社，2016.

普雷齐奥西、法拉格.艺术并非你想的那样.张建威译.北京：中国工信出版集团·电子工业出版社，2016.

乔斯利特.反馈：录像艺术的媒体生态学.郭娟译.长沙：湖南美术出版社，2017.

桑塔格.在土星的标志下.姚君伟译.上海：上海译文出版社，2006.

水天中.中国现代绘画评论.太原：山西人民出版社，1990.

斯托伊奇塔（Vitor Stoichita）.影子简史.常宁生等译.北京：商务印书馆，2013.

孙歌.历史与人.北京：生活·读书·新知三联书店，2018.

汪晖.现代中国思想的兴起.北京：生活·读书·新知三联书店，2008.

汪民安.论家用电器.郑州：河南大学出版社，2015.

马克斯·韦伯.新教伦理与资本主义精神.于晓、陈维纲译.北京：生活·读书·新知三联书店，1987.

维利里奥.消失的美学.台北：扬智文化，2001.

维利里奥.无边的艺术.张新木等译.南京：南京大学出版社，2014.

维利里奥.解放的速度.陆元昶译.南京：江苏人民出版社，2004.

沃尔夫林.美术史的基本概念：后期艺术中的风格发展问题.潘耀昌译.北京：北京大学出版社，2008.

夏皮罗.现代艺术：19和20世纪.沈语冰、何海译.南京：江苏美术出版社，2015.

阎云翔.私人生活的变革：一个中国村庄里的爱情、家庭与亲密关系（1949—1999）.龚小夏译.上海：上海人民出版社，2017.

杨立华.一本与生生：理一元论纲要.北京：生活·读书·新知三联书店，2018.

詹明信.晚期资本主义的文化逻辑.张旭东编.陈清侨等译.北京：生活·读书·新知三联书店，1997.

英文论著

Alpers, Svetlana, *The Art of Describing: Dutch Art in the Seventeenth Century*, Chicago：University of Chicago Press, 1984

Crary, Jonathan, *Suspensions of Perception:Attention, Spectacle and Modern Culture*, Cambridge and London：The MIT Press, 2001

Damisch, Hubert, *The Origin of Perspective*, Trans. by John Goodman, Cambridge and London: The MIT Press, 1995

Foucault, Michel, *Discipline & Punish:The Birth of the Prison*,New York:Vintage Books, 1995

Foster, Hal,*Bad New Days:Art,Criticism,Emergency*, London:Verso Press, 2015

Gell, Alfred, *Art and Agency: An Anthropological Theory*, Oxford: Oxford University Press, 1998

Graw, Isabelle, *The Love of Painting: Genealogy of a Success Medium*,

Berlin : Steinberg Press, 2018

Panofsky, Erwin, *Perspective as Symbolic Form*, Trans. by Christopher S. Wood, New York: Zone Books, 1991

Scolari, Massimo, *Oblique Drawing: A History of Anti-Perspective*, Cambridge and London: The MIT Press, 2012

Oettermann, Stephan, *The Panorama: History of a Mass Medium*, Trans. by Deborah Lucas Schneider, Cambridge and London : The MIT Press, 1997

Stoichita, Victor., *The Self-Aware Image:An Insight into Early Modern Meta-Painting*, Trans. by Anne- Glasheen, Marie, New York: Cambridge University Press, 1997

论文

阿尔托.梵高：被社会自杀的人.lightwhite（白轻）译."豆瓣网".http://www.douban.com/note/269144253/.

阿甘本.瓦尔堡与无名之学//阿甘本著.潜能.王立秋译.桂林:漓江出版社，2015.

本杰明·H.布拉顿.黑栈.叶斯译//"道器"公众号.http://philochina.org/本杰明·h·布拉顿－黑栈/.

陈玺安、墨虎恺（Chris Moore）.专访黑特·史德耶尔//Ran Dian 访谈.2016年6月21日.

迪弗（Thierry de Duve）.原谅我的语法：艺术的发明//《艺术论坛》

（Artforum）.2013年，第10期.

福柯.话语的秩序.语言与翻译中的政治.许宝强等译.北京：中央编译出版社，2001

Foster, Hal. 真实的虚构：论"替代事实"的替代方案 //Artforum中文网.http://artforum.com.cn/inprint/201704/10465.

福斯特.革命与反革命，1917—2017.范刚垲译//"保马"微信公众号.2018年4月14日.

顾虔凡.从"全景监狱"到"斯诺登事件"：数字时代的监控与反监控//"Art-Ba-Ba"网站.http://www.art-ba-ba.com/main/main.art?threadId=92700&forumId=8.

顾学文.技术是解药，也是毒药——对话法国哲学家贝尔纳·斯蒂格勒//《解放日报》（解放周末/对话）.2018年4月27日.

海德格尔.手工作坊札记//"商务印书馆学术中心"公众号.https://mp.weixin.qq.com/s/pkAnBOdAhCezheqKX CjMJg.

海德格尔.艺术作品的本源.孙周兴译//"豆瓣网".https://www.douban.com/note/196698096/.

郝建.与老大哥对视：反转监控摄像头的中国电影//"纽约时报中文网".https://cn.nytimes.com/china/20171011/cc11bigbrother/.

贺婧.尼古拉斯·伯瑞奥德访谈//《艺术界》.2014年，第4期.

贺潇.大智慧还是小聪明？//《艺术时代》.2014年，总第36期.

黄专.一个观念主义的反题：论张培力//张培力：确切的快感.香港: Blue Kingfisher Limited, 2011

Leap. 社会工厂：对话上海双年展策展人//艺术界·上海秋季特

辑.2014年11月.

帕梅拉·M.李（Pamela M. Lee）.边界问题：全球主义标志下的艺术世界//安静主编.白立方内外:当代艺术评论50年.北京：生活·读书·新知三联书店，2017.

鲁明军.从方法到文化："没顶"的系统实践//艺术界.2014年，第1期.

鲁明军.制像术、绘画与艺术史//中国当代艺术研究（第1辑：感官媒介与认知方式的转变）.北京：中国青年出版社，2014.

鲁明军."物"的解放与形式的抵抗——dOCUMENTA（13）的政治//中外文化与文论（第22辑）.成都：四川大学出版社，2013.

茅海建.再论康有为与进化论//中华文史论丛.2017年，第2期.

莫莉·内斯比特（Molly Nesbit）.宇宙主义射线：宇宙主义的兴起.郭娟译//"艺术论坛"中文网.http://artforum.com.cn/inprint/201802/11175.

Morgan, Nicholas.僵尸形式主义.关赛译//Artforum中文网.http://artforum.com.cn/archive/10177#.

皮力.周啸虎访谈//美术文献.2009年，第3期.

萨默斯（David Summers）."形式"——19世纪的形而上学与艺术史描述的问题//普雷齐奥西编著.艺术史的艺术：批评读本.上海：世纪文景出版集团，2015.

施路赫特.信念与责任——马克斯·韦伯论伦理.李康译//李猛编.韦伯：法律与价值（思想与社会第一辑）.上海：上海人民出版社，2001.

黑特·史德耶尔（Hito Steyerl）.为坏图像辩护.刘倩兮译//"豆瓣"

网 .https://site.douban.com/241514/widget/notes/17071275/note/508304633/.

乔丹·斯金纳.许煜:在当下的危机中重新思考中国的技术思想.莫修译介 // "澎湃新闻". https://www.thepaper.cn/newsDetail_forward_1713518.

苏伟.让现代继续:沉浸,等待,理想主义 // "深圳 OCAT 当代艺术中心的博客".http://blog.sina.com.cn/s/blog_888a50890101gh8o.html.

Szewczyk, Monika. "MadeIn Company" //Parkett. Vol. 96. 2015.

谈晟广.以"传统"开创"现代":艺术史叙事中被遮蔽的民国初年北京画坛考 // 文艺研究.2016 年,第 12 期.

王辛.扯画家 // 中国好画家祝你爽(文章部分).南京:四方美术馆出品,2014.

杨北辰.赵要:"你看不见我,你看不见我"//Artforum 中文网.http://artforum.com.cn/archive/4379#.

姚嘉善.距离公式:张培力艺术中的观众互动 // 张培力:确切的快感.香港: Blue Kingfisher Limited, 2011.

易英.抽象艺术的理论死亡 // 黄宗贤、鲁明军编.视觉研究与思想史叙事(上):形式—观念—话语.桂林:广西师范大学出版社,2013.

易英.坏画探源 // "雅昌艺术网".http://news.artron.net/20170103/n899228.html.

渔飞.梅亚苏的相关主义批判 // "上河卓远文化"公众号.https://mp.weixin.qq.com/s/GgIbGru9Ycpe_o_pzQsILg.

张霄.马克思与正义——评当代英美马克思主义伦理学研究中的一场争论 // 道德与文明.2010 年,第 3 期赵梦莎.连续上演//艺术界.2013年,第7期.

赵洋、杜可柯、陈玺安.宇宙与"宇宙主义":历史、现实与未来//"OCAT研究中心"公众号.https://mp.wei xin.qq.com/s/bDgC8rOs8CND4UQvPA2knw.

周彦华.当代批评的"情动转向"//艺术当代.2017年,第2期.

朱海.亚里士多德喜剧理论研究.复旦大学硕士论文.2009.